W0201044

Für meine wunderbare Frau, Yvonne - danke, daß Du mich gewählt hast.

Dieses Buch ist Dir gewidmet, Süße!

Erreichen sie Höchstform in MLM

Ihr Training für den Weg zur Spitze in einem , der am schnellsten wachsenden Wirtschaftssysteme der Welt

von JOHN KALENCH

"John Kalench ist ein Mann von unvergleichbarer Integrität, der sich mit Leib und Seele für die Förderung des Network Marketing einsetzt. *Erreichen Sie Höchstform in MLM* vermittelt klar und verständlich die für den Aufbau einer großen Organisation erforderlichen Kenntnisse. Johns wertvolles Werk wird sowohl von unseren neuesten Mitgliedern als auch von unseren erfahrensten Beratern erfolgreich eingesetzt."

Wayne B. Watson
Präsident/CEO
Life Trends International

"John's professionelle und ethische Lehren erfüllen jeden in MLM Tätigen mit Stolz. Jeder kann diese bewährten und erprobten Prinzipien anwenden. Und alle, die es tun, werden ihre persönliche Höchstform erreichen... inspirierend und machtvoll!"

Doris Wood
Präsidentin
MLMIA (Multi-Level Marketing International Association)
und Exekutivberaterin für TWIG

"Wenn Sie "*Erreichen Sie Höchstform in MLM*" gelesen haben, müssen Sie einfach mit sich, Ihrem Geschäft und Ihrer Zukunft zufrieden sein. Seit Jahren besuchen und fördern wir Johns Seminare... dieses Buch ist ein günstiges Nachschlagewerk, das jeder besitzen sollte."

Sharon und John Farnsworth
Executive Directors (Top 5)
Sunrider International

Dank an die Freunde

Tausend Dank an Carolyn, Jeff, Betty, Bob, Katherine, Carol, Jim und insbesondere an John (JMF). Besondere Freunde, die diesem Buch etwas Besonderes gegeben haben - und, was noch mehr zählt, meinem Leben auch!

Und ein besonderer, vom Herzen kommender Dank an meinen wichtigsten, meinen besten Mann, Tom. Von Anfang an, durch dick und dünn, warst Du an meiner Seite. Ich kann Dir einfach nicht mit Worten sagen, wie viel mir Deine Treue, Dein Vertrauen und Deine Hilfe bedeutet. Ihr sollt wissen, daß ich Euch schätze und liebe für alles, was Ihr getan habt - und dafür, daß Ihr so seid, wie Ihr seid!

ERREICHEN SIE HÖCHSTFORM IN MLM

John Kalench:
Erreichen Sie Höchstform in MLM
ISBN 978-3-902114-10-X

Copyright 1990 by John Kalench/MIM Publications
Copyright der deutschen Ausgabe 2004 - 2008 bei Life Success Media GmbH

Titel der amerikanischen Originalausgabe:
„Being the best you can be"

Erstausgabe / September 1990

Deutsche Erstausgabe / Mai 1994
4. Neuauflage 2008

Herausgegeben von:

Life Success Media GmbH
6020 Innsbruck, Austria

Weder dieses Buch noch Teile oder Ausschnitte davon dürfen ohne schriftliche Genehmigung des Autors oder des Verlages mit irgendwelchen Mitteln reproduziert, vervielfältigt, veröffentlicht oder öffentlich vorgeführt werden, noch darf dieses Buch in elektronische oder mechanische Medien gespeichert oder in solche übertragen werden. Ausgenommen sind Rezensenten, die kurze Passagen von nicht mehr als insgesamt 250 Wörtern zitieren.

In Memoriam John Kalench
1944 - 2000

Printed in Europe
Schrift- und Umschlagdesign von Jim Benson

"John Kalench's treffendes Buch hat mir enorme Einsichten in unsere dynamische Industrie ermöglicht. Lebendig geschrieben und voll von wertvollen Ratschlägen, ist es wirklich jedem in Network Marketing Beschäftigten zu empfehlen. Ich begrüße sein Werk!"

J.F. Robert Bolduc
Mitbegründer/Mitvorsitzender
Matol Botanical International
Vorsitzender der MLMIA
(Multi-Level Marketing International Association)

"Sie werden immer in "*Erreichen Sie Höchstform in MLM*" nachschlagen wollen. Es ist leicht zu lesen und enthält die schönsten Geschichten und unzählige Lektionen, die gelernt werden wollen."

Tom "Big Al" Schreiter
Autor der Big Al Bücherreihe

"Johns Buch enthält das *Herz* des Network Marketing. Kein anderes mir bekanntes Buch beschreibt den Weg zum Erfolg in unserem Geschäft so vollständig und lebendig wie dieses. Light Force ist stolz darauf, jeder Beratererstausstattung eine Ausgabe von "*Erreichen Sie Höchstform In MLM*" beizulegen. Danke, John, für diesen großartigen Beitrag zu unserer dynamischen Industrie!"

Pope McElvy
Vize-Präsident
The Light Force Company

Inhalt

Vorwort xi

Wie Sie Mit Diesem Buch Arbeiten Sollen xv

Ihre Einführung:
MLM/Network Marketing Richtig Verstehen 1

1. Ihre Ziele und Absichten 21

2. Die Vier Brennstoffe 45

3. Training: Ihr Erster Schritt 73

4. Die Produkte 91

5. Die "Goldsuche" 103

6. Die Vorstellung Ihres Geschäfts 137

7. Einwände 165

8. Am Ball bleiben 185

9. Ihr Geschäft in der Ausstellungsvitrine 203

10. Das Trainieren neuer Berater 229

11. Das Duplizieren 251

Nachwort und persönliche Mitteilung 271

Vorwort

Erreichen Sie Höchstform in MLM... wollen Sie das wirklich?

Denken Sie bitte eine Weile darüber nach. Wollen Sie wirklich Ihre persönliche *Höchstform* erreichen?

Wenn Ihre gut überlegte und vom Herzen kommende Antwort "Ja!" lautet - dann kann ich Ihnen garantieren, daß John Kalenchs Buch Ihnen dabei helfen wird.

"*Erreichen Sie Höchstform in MLM*" ist über Sie und Ihre Zukunft in dem wohl außergewöhnlichsten und spannendsten Geschäft der Welt.

Zunächst werden Sie das *Weshalb* Ihres Geschäfts betrachten. John wird Ihnen zeigen, wie Sie Ihren Lebenszweck entdecken und eine Reihe antreibender und kraftvoller Ziele entwickeln, um diesen zu erfüllen. Danach lernen Sie die vier Kraftstoffe kennen, die Ihre Ziele und Lebensabsichten mit kraftvoller, lebendiger Energie aufladen.

Bereiten Sie sich vor auf eine kunstvoll gestaltete Reise der Selbstentdeckung. Sie werden praktische und bewährte Methoden erlernen, die Sie zum Aufbau eines privaten und geschäftlichen Lebensstils anwenden können, der Ihre kühnsten Träume und Wunschvorstellungen übertrifft. Dieses Buch ist voll von Versprechungen und Möglichkeiten - speziell für Sie!

Die Möglichkeit, all Ihre Lebensziele zu erreichen... einen kreativen, erfüllenden und finanziell lohnenden Berufsweg einzuschlagen..., Ihr höchstes Maß an menschlichem Potential zu entwickeln und auszuschöpfen..., den greifbaren Traum finanzieller Freiheit zu erfahren... und auf besondere Art und Weise zum Leben anderer beizutragen.

Und die Versprechungen...? Das ist das Beste von allem. "*Erreichen Sie Höchstform in MLM*" zeigt Ihnen tatsächlich, wie Sie all das erreichen können!

John begleitet Sie Schritt für Schritt durch jeden Aspekt der Gründung und des Weiterführens Ihres eigenen erfolgreichen MLM/Network Marketinggeschäfts. Sie werden Förder- und Kommunikationsfähigkeiten entdecken, die Sie sofort umsetzen können. Sie werden lernen, professionelle Präsentationen zu gestalten, die es in sich haben und wirkliche Ergebnisse erzielen. Außerdem lernen Sie, wie Sie Einwände geschickt beantworten und eine bewährte Methode des Nachfassens anwenden können, die Ihnen einen wachsenden Stamm regelmäßiger Kunden und einen steten Fluß neuer Interessenten für Ihr Geschäft bescheren. Ob Treffen daheim, Trainings für neue Berater, oder das mühelose Duplizieren Ihrer Bemühungen - hier finden Sie einfach alles!

John Kalench spricht mit der sachkundigen Stimme langjähriger Erfahrung. Er war schon dort, wo Sie jetzt sind, und er weiß, was funktioniert und was nicht. John kennt sich in diesem Geschäft bestens aus. Er hat schon eine Beraterorganisation aufgebaut, die Millionen Dollar umsetzt, hat sein eigenes MLM-Unternehmen gegründet und geführt, und hat durch sein jetziges Unternehmen, Millionaires In Motion (MIM), Tausenden von Männern und Frauen dabei geholfen, erfolgreiche MLM-Geschäfte aufzubauen. Für zwei aufeinander folgende Jahre erhielt MIM den "Presidents Award for Training Excellence" der Multi-Level Marketing International Association (ML-MIA) als Anerkennung für diese hervorragende Arbeit. John ist in der Tat ein Meistertrainer des Geschäftsaufbaus.

John hat mit sämtlichen "Geheimnissen" dieser rätselhaften und komplexen Industrie gründlich aufgeräumt. Sie werden sich beim Lesen häufig dabei ertappen, wie Sie das Buch hinlegen und sagen: "Das ist ja großartig!" ... oder ... "Ach, *so* macht man das!" Ich habe beinahe jedes Buch zum Thema MLM gelesen. Manche waren gut, andere weniger, doch keines ist so vollständig und sorgfältig geschrieben wie dieses.

Es ist ausführlich, mitfühlend, mitreißend, praktisch und voll von "Aha!-Entdeckungen", die Sie sofort werden anwenden wollen. Sein persönlicher Stil macht das Lesen zur Freude. Es ist, als wäre John ein guter Freund, der mit Ihnen in Ihrem Wohnzimmer sitzt und sein Wissen und seine Erfahrungen mit Ihnen teilt, damit Sie daraus lernen können.

Seit Jahren habe ich auf *das* ultimative MLM-Buch schlechthin gewartet - und ich schätze John sehr dafür, daß er es geschrieben hat. Ich halte so viel von "*Erreichen*

Sie Höchstform In MLM", daß ich ein Freiexemplar an jeden Abonnenten unseres Mitteilungsblattes verschenke! Es ist einfach eine Pflichtlektüre für alle, die den Erfolg in diesem Geschäft erreichen wollen.

Am besten lesen Sie es immer und immer wieder, und sorgen Sie dafür, daß jeder neue Berater bzw. Berater in Ihrer Organisation eine Ausgabe erhält, bevor die Tinte auf seinem Antragsformular getrocknet ist. Wenn Sie das tun, garantiere ich Ihren Erfolg in MLM.

John Fogg
Herausgeber
Upline™

Wie Sie Mit Diesem Buch Arbeiten Sollen

Dieses Buch unterscheidet sich von anderen, die Sie gelesen haben mögen, und vielleicht sollten Sie anders an es herangehen.

Ich habe einige Vorschläge, wie Sie mit diesem Buch arbeiten könnten, die ich Ihnen unterbreiten möchte.

Zuerst, lassen Sie sich von der Menge der darin enthaltenen Information nicht abschrecken. Schließlich stellt es mehr als zehn Jahre des Lehrens und Trainings mit Tausenden von Menschen dar.

Ich erwarte nicht, daß Sie sich hinsetzen und alles auf einmal lesen. Vielleicht werden manche von Ihnen es doch tun - und das wäre völlig in Ordnung. Sir Francis Bacon sagte einmal: "Manche Bücher sind zum Anbeißen da, andere, um verschlungen zu werden, und einige wenige sollte man gut durchkauen und verdauen."

Dieses gehört zu der Sorte "gut durchkauen und verdauen". Darin besteht der wesentliche Unterschied. So wesentlich wie der, ob ich Ihnen einen Fisch gebe, von dem Sie einen Tag leben können, oder ob ich Ihnen das

Angeln beibringe, womit Sie sich Ihr Leben lang ernähren können. Das Angeln zu erlernen und zu meistern, dauert einige Zeit. Und ich habe mir vorgenommen, aus Ihnen einen Meister oder eine Meisterin im Angeln zu machen. Also lassen Sie sich Zeit.

Zweitens: Dieses Buch ist "benutzerfreundlich". Ich betrachte mich nicht als einen großen Schreiber. Ich ziehe das Sprechen vor. Also ist dies ein sprechendes Buch. Betrachten Sie es als ein Gespräch zwischen sich und mir. So möchte ich es auch verstanden wissen.

Drittens: Dieses Buch ist ein Buch über das Tun. Es ist also ein "Wie-mache-ich-das" Buch. Die von mir gelehrten Prinzipien sind alle von vielen Menschen erprobt und haben sich bewährt - Sie sind also keinesfalls ein Versuchskaninchen.

Lesen Sie "Ihre Einführung" und Kapitel Eins und Zwei zuerst. Wenn möglich, sollten Sie diese drei Abschnitte auf einmal durchlesen. Machen Sie auf jeden Fall die Übungen - wenn nötig, zwingen Sie sich dazu. Sie werden viel über das äußerst wichtige "*Weshalb Sie diesem Geschäft nachgehen*" erfahren. Das *Weshalb* ist unumgänglich, wenn Sie wirklich ernsthaft "Höchstform in MLM" erreichen wollen!

Danach lesen Sie die verbleibenden Kapitel nacheinander. Lesen Sie sie, lernen Sie, was Sie in den verschiedenen Bereichen Ihres MLM-Geschäfts zu tun haben, und setzen Sie die Prinzipien und Techniken in die Tat um. Ich möchte Sie darauf hinweisen, daß ich in diesem Buch der Einfachheit halber Multi-Level Marketing (MLM) bzw. MLM/Network Marketing Industrie als Network Marketing bezeichne. Sie sind ein und dasselbe, es ist nur eine Frage des persönlichen Geschmacks. Verwenden wir also den progressiveren Namen: Network Marketing.

Egal, was Sie in jedem Kapitel entdecken mögen, ich weiß, daß Sie ein, zwei, drei oder mehrere "Aha-Erlebnisse" haben werden. Das sind die großartigen Ideen, die ebenso großartige Ergebnisse erzielen. Wenden Sie sie an und sehen Sie, was passiert. Und wenn Sie erleben, was diese Ideen für Sie tun können, teilen Sie sie mit anderen in Ihrem Network.

Sie müssen nicht abwarten, bis das ganze System in Kapitel Zehn (Training neuer Berater*) zusammenläuft, bevor Sie damit beginnen, die einzelnen Teile des Buches anderen zu vermitteln. Das ist auch der Sinn des ganzen Buches.

"Den besten Lehrerfolg haben wir in den Dingen, die wir selbst am dringendsten lernen müssen."

Viertens: Kennen Sie die Geschichte des jungen Mannes in New York, der einen weltberühmten Geigenspieler fragte, wie man am besten zur Carnegie Hall komme? "Üben, üben, üben!" lautete die Antwort des großartigen Mannes.

Hier gilt das Gleiche. Dieses Buch ist eine Schatztruhe guter Ideen - und das *soll* es auch sein. Es wird nur dann lebendig, wenn Sie es benutzen und die Ideen anwenden.

"*Wissen ist erst dann Macht, wenn es in Taten umgesetzt wird*". Es ist ein wenig wie die Geschichte des alten Seebären, der gefragt wird: "Wenn ein Mann von diesem Pier aus ins Wasser fällt, würde er ertrinken?" Der alte Seebär

* Anm.d.Übers.: In diesem Buch wird der Einfachheit halber grundsätzlich die Bezeichnung "Berater" benutzt.

antwortete: “Er stirbt nicht, wenn er ins Wasser fällt - aber er wird sterben, wenn er dort bleibt.”

Lesen Sie also dieses Buch und setzen Sie das Gelernte sofort in Taten um. Ich weiß, daß die Prinzipien funktionieren - seit Jahren helfe ich Tausenden, sie erfolgreich anzuwenden - doch das wissen Sie noch nicht. Und Sie werden es nur erfahren, wenn Sie es ausprobieren. Danach handeln Sie nach dem Sprichwort: “Wenn es funktioniert - weitermachen!”

Ich habe noch einen Vorschlag: Wenn Sie das Buch fertig gelesen haben - dann lesen Sie es nochmal. Und dann noch einmal. Das dritte Mal ist das schönste. Selbst wenn Sie es zwanzigmal lesen sollten, verspreche ich Ihnen, daß Sie jedesmal etwas Neues lernen werden.

Und denken Sie daran, “smart” zu arbeiten, indem Sie dieses Buch in Ihrer Organisation für Sie arbeiten lassen.

Jedes Mal, wenn Sie neue Berater oder Berater fördern, sollten Sie darauf bestehen, daß sie “Ihre Einführung” sowie die Kapitel Eins und Zwei lesen, bevor sie an Ihrem Trainingsprogramm teilnehmen. Wenn sie erst einmal verstehen, *weshalb* sie diesem Geschäft nachgehen wollen, wird es ein Leichtes sein, ihnen das “*Wie-man-es-macht*” beizubringen. Diese bewährte Methode wird ihnen - und Ihren Geschäftspartnern -einen schnellen und sicheren Start ermöglichen.

Und wenn Ihre Berater das Buch Kapitel für Kapitel durcharbeiten und beginnen, die Prinzipien selbst anzuwenden, werden Sie entdecken, daß Sie ein machtvolles, unschlagbares System des Duplizierens im Gang gesetzt haben.

Es ist der Schlüssel, um finanzielle Sicherheit auf dem sichersten und schnellsten Weg zu erreichen. Und genau so "*Erreichen Sie Höchstform in MLM*!"

Viel Vergnügen!

Ihre Einführung: MLM/Network Marketing Richtig Verstehen - Sie Müssen Sich Darin Verlieben!

Würden Sie gerne neue Horizonte unbegrenzter Möglichkeiten in Ihrem Leben aufdecken? Ja? Großartig! Und so können Sie es tun: Verlieben Sie sich in MLM/ Network Marketing. Ich meine nicht, daß Sie sich des Geldes wegen verlieben sollen. Auch meine ich nicht, daß Sie das Ganze für eine "ziemlich schlaue Idee" halten sollen. Ich meine, Sie müssen sich richtig verlieben. Wenn Sie dieses Geschäft so sehr lieben wie Ihre Produkte und Ihr Unternehmen, ist Ihr Erfolg unausweichlich. Doch was ist die Liebe? Genau darum geht es in dieser Einführung.

Es ist über zehn Jahre her, daß ich diese Industrie zum erstenmal kennenlernte.

Ich wurde ins Haus eines Freundes eingeladen, um an einer Geschäftspräsentation, wie wir es jetzt nennen, teilzunehmen. Ich saß da und hörte einem Mann zu, der über ein Unternehmen, ein Produkt, und eine Geschäftsgelegenheit sprach, die man damals Multi-Level-Marketing (MLM) nannte.

Er zeichnete einige Kreise auf die Tafel. Es war das erste Mal, daß ich diese Kreise sah. Sie kennen sie schon: dieser Kreis sind Sie, und diese fünf Kreise sind diejenigen, die Sie persönlich fördern.... und diese 25 Kreise sind die.... und so weiter.

Mich haute es buchstäblich vom Hocker!

Auf dem Weg nach Hause konnte ich diese Kreise nicht aus meinem Kopf kriegen. Ich war so aufgeregt, daß ich dachte, ich müsse explodieren. Noch nie *in meinem ganzen Leben* hatte ich mich für eine Sache so begeistert.

WORUM GEHT'S DENN ÜBERHAUPT?

Es war nicht das Unternehmen, das ich so aufregend fand. Die Produkte waren es auch nicht. Es war auch nicht der Fall, daß ich gedacht hätte: "Nach all den Jahren in einem aussichtslosen Job habe ich endlich die Chance, erfolgreich zu sein." Ich war schon erfolgreich - mein medizinisches Unternehmen wurde Jahr für Jahr größer und erfolgreicher.

Das war es nicht. Vielmehr war es so, daß mir zum ersten Mal in meinem Leben ein Geschäftsprinzip gezeigt wurde, das vollkommen einleuchtend und in sich stimmig war.

Hier war ein Weg, alles im Leben zu erreichen, was ich erreichen wollte - *indem ich anderen half*! Hier war ein Weg, der meinen Erfolg im Leben davon abhängig machte, wie sehr ich *andere unterstützte und ihnen diente*. Unglaublich!

In jener Nacht lag ich in meinem Bett und schaute zur Decke hoch, und in meinen Vorstellungen sah ich ein riesiges Fenster ungeahnter Möglichkeiten. Die ganze Nacht lang dachte ich daran, wie dieses unglaubliche System *wahrhaftig* freien Unternehmertums es mir ermöglichen würde, wirklich das Beste aus mir zu machen... und mir außerdem ermöglichen würde, die größte und positivste Veränderung im Leben anderer zu bewirken.

Als ich dort lag, mit weit aufgerissenen Augen und vollkommen elektrisiert, wußte ich, daß ich dieses Geschäft für den Rest meines Lebens betreiben würde.

EIN LEBENSZIEL

Ich wußte, daß ich mir ein Ziel - ein Lebensziel - setzen mußte, das meine Energie bündeln und mir helfen würde, dieses neue Abenteuer optimal zu gestalten. Die ganze Nacht dachte ich darüber nach. Und als am nächsten Morgen die Sonne aufging, hatte ich mein Ziel gefunden.

Mein Lebensziel lautet: *Bevor ich sterbe, möchte ich eine Million Freunde gewonnen haben.*

Danach habe ich jeden Tag gestrebt, seit jener langen und wunderbaren Nacht vor zehn Jahren. Ich weiß ohne jeden Schatten eines Zweifels, daß alles in meinem Leben für sich selbst sorgen wird, solange ich mich auf mein Ziel konzentriere.

Ich mache mir keine Sorgen wegen Geld. Solange ich mich auf mein Ziel konzentriere, eine Million Freunde zu gewinnen, kommt das Geld von allein. Kennen Sie das Buch mit dem Titel "*Do What You Love And the Money Will Follow*"? Nun, ich tue das, was ich liebe, und das Geld kommt tatsächlich!

Ich mache mir selten Sorgen darüber, welche Entscheidungen ich in bestimmten Situationen treffen sollte. Diese stellen sich automatisch ein. Wenn etwas meinem Ziel dient, eine Million Freunde zu gewinnen - dann mache ich es! Wenn nicht - lasse ich es sein. Es ist phantastisch!

Dieses Ziel konnte ich mir nur deshalb setzen, weil ich zum ersten Mal im Leben ein System gefunden hatte, das die Verwirklichung dieses gigantischen Ziels in erreichbare Nähe rückte. Bitte verstehen Sie mich hier richtig. Bevor ich Network Marketing kennenlernte, war dieses Ziel, welches meinem Leben heute einen so kraftvollen und mühelosen Antrieb verleiht, völlig undenkbar...sogar unvorstellbar.

Network Marketing machte es möglich!

WAS BIETET IHNEN NETWORK MARKETING WIRKLICH?

Der Grund, warum ich Ihnen das erzähle, liegt nicht darin, Sie zu ermutigen, sich ein Ziel von einer Million Freunde zu setzen - obwohl es super wäre, wenn Sie es wollten. Der Grund dafür ist folgender:

Network Marketing ist ein wirklich einmaliges und außergewöhnliches System, und ich bin der Überzeugung, daß es Ihnen genauso neue Horizonte eröffnen wird, wie es sie für mich und Tausende anderer Menschen öffnete.

Wenn Sie das unbegrenzte Potential des Network Marketing begreifen, werden Sie beginnen können, Ihre tiefsten Wünsche und Träume zu erfüllen - jene Wünsche und Träume, über deren Verwirklichung Sie sich bisher nicht erlauben konnten, nachzudenken.

Wieso? Weil Network Marketing das Unmögliche möglich macht.

Wie?

Network Marketing wirkt als treibende Kraft. Es verkürzt Ihre "Lehrzeit", Sie entwickeln und entfalten Ihre Persönlichkeit schneller und weitreichender. Es ermöglicht Ihnen, mehr zu erreichen und einen größeren Beitrag zu Ihrer eigenen Welt zu leisten. Network Marketing ist ein System, daß Sie in die Lage versetzt, Ihre eigenen kreativen Fähigkeiten einzusetzen und eine dramatische und sehr positive Wirkung auf das Leben Hunderter, Tausender oder sogar *Millionen* anderer Menschen auszuüben.

Lassen Sie mich erklären.

DIE WAHRHEIT ÜBER NETWORK MARKETING

Kein anderes mir bekanntes System, das Menschen unterstützt - sei es im Sport, in der Geschäftswelt oder in zwischenmenschlichen Beziehungen - achtet die Freiheit und Eigenverantwortlichkeit des Einzelnen so sehr wie Network Marketing.

Vom ersten Tag an in Network Marketing sind Sie frei und unabhängig!

Sie bestimmen, mit wem Sie zusammenarbeiten wollen - mit welchem Unternehmen, mit welchen Produkten oder Dienstleistungen, und *wie* Sie damit arbeiten wollen. *Sie bestimmen*, wann Sie arbeiten: an welchen Tagen und zu welchen Zeiten. *Sie bestimmen*, wo Sie arbeiten: zu Hause, vom Büro aus oder während Sie unterwegs sind. *Sie bestimmen*, wie Sie arbeiten: durch persönliche Kontakte, am Telefon, durch Schriftverkehr, in kleinen Gruppen oder bei riesigen Veranstaltungen. Sie entscheiden über jeden einzelnen Aspekt Ihres Geschäfts. *Sie bestimmen*, weil es *Ihr Geschäft* ist.

Mit einem Network Marketinggeschäft bleiben Sie von der Mehrzahl der üblichen funktionellen und finanziellen Sorgen herkömmlichen Unternehmertums unberührt. Das Unternehmen, mit dem Sie als unabhängiger Berater oder Berater zusammenarbeiten, erledigt diese teilweise recht lästigen Aufgaben für Sie. Geldbeschaffung, Verwaltung, Buchhaltung, Datenverarbeitung, Produktentwicklung, sämtliche Aspekte der Produktion, Verpackung, Marketing, Umsetzung des Marketingplans, Herstellung verkaufsfördernder Hilfen, Lagerhaltung, Versand.... dies sind Aufgaben des Unternehmens - und *nicht Ihre*!

Worin besteht also Ihre Aufgabe? Gute Frage!

Ihr Aufgabe ist es, die drei folgenden Dinge zu tun.

1. BENUTZEN UND LIEBEN SIE DIE PRODUKTE

Nur so geht es - und das ist gut so! Network Marketing bietet einige der außergewöhnlichsten Produkte und Dienstleistungen dieser Welt an. Dieses Geschäft ist voll von einmaligen und phantastischen Produkten, die die erstaunlichsten Ergebnisse erzielen.

Produkte, die vielen Menschen geholfen haben, abzunehmen und schlank zu bleiben - auch solchen, die früher keine Diäterfolge erzielen konnten. Ernährungs- und Gesundheitsprodukte, die Krankheitssymptome lindern und den natürlichen Heilungsprozeß des Körpers unterstützen.

In Network Marketing finden Sie auch Haushalts- und Körperpflegemittel, die Unmögliches vollbringen. Reinigungsmittel, Shampoos, Seifen, Zahnpasta und viele andere Produkte, die von wesentlich besserer Qualität und höherem Wert sind als ihre im Einzelhandel erhältlichen Gegenstücke - Sie müssen sie ausprobieren, um es glauben zu können.

Es gibt Dienstleistungen im Bereich der Telekommunikation, die Ihnen ein kleines Vermögen sparen können. Geräte und Zusätze, die die Leistungsfähigkeit Ihres Autos erhöhen - und gleichzeitig Sprit sparen und die Umwelt schonen.

Network Marketing hat die Wasserfiltration im Privathaushalt zu einem $1-Milliarden-Geschäft gemacht. Einige Network Marketing Dienstleistungen ermöglichen weniger betuchten Menschen die Teilnahme an Reisen oder an Investmentfonds, die früher nur den Reichen und Berühmten zugänglich waren.

Die Liste hervorragender Produkte und Dienstleistung ließe sich ohne Ende fortsetzen. Unsere Industrie bietet einige der unglaublichsten Produkte höchster Qualität an, die diese Welt je gesehen hat!

Von daher sollte Ihnen Punkt 1 ganz leicht fallen - lieben Sie Ihre Produkte. Seien Sie selbst Ihr bester Kunde - denn so können Sie einfach nicht verlieren!

2. EMPFEHLEN SIE IHR PRODUKT WEITER UND TEILEN SIE ES MIT ANDEREN

Es ist so einfach. Sie machen es schon jeden Tag. Wir alle tun es. Wir können gar nicht anders - es sei denn, wir verbringen unser Leben als eine Art "Geheimagent"!

Wenn wir uns einen hervorragenden Film ansehen oder in einem tollen Lokal ausgezeichnetes Essen serviert bekommen, ist es natürlich, anderen davon zu berichten. Sicherlich haben Sie sich schon einmal auf Grund der Empfehlung eines Freundes für etwas entschieden, sei es ein Buch, ein Urlaubsziel oder vielleicht sogar Ihr Auto. Sie sprachen mit anderen, die ihre Erfahrungen mit Ihnen teilten, und trafen Ihre Entscheidung an Hand dieser Information oder Empfehlung.

Professionelle Marketingmanager wissen, daß sie drei Dinge erreichen müssen, um einen anhaltenden Erfolg zu garantieren:

1. Sie müssen Sie dazu bringen, ihr Produkt auszuprobieren.

2. Sie müssen Sie dazu bringen, ihr Produkt oder Dienstleistung immer wieder zu benutzen bzw. in Anspruch zu nehmen.

   Und das Wichtigste von allem - das, wovon alle Marketingmanager träumen:

3. *Sie* müssen von dem Produkt so begeistert sein, daß Sie es anderen empfehlen.

Network Marketing Unternehmen belohnen Sie dafür, daß Sie ihre Produkte weiterempfehlen. Sie wissen, wie wertvoll Ihre Empfehlung für den Absatz ihrer Produkte ist. Von daher ziehen sie es vor, Sie, den einzelnen Berater oder Berater, zu belohnen.

Es ist beinahe so, also würden Sie dafür bezahlt, ein guter Freund zu sein. Wenn Sie ein tolles Produkt oder eine hervorragende Dienstleistung mit vielen Vorteilen entdecken, erzählen Sie naturgemäß Ihren Freunden davon. In Network Marketing werden Sie dafür bezahlt. Betrachten Sie es als eine Art finanziellen Dank. Und je mehr Freundschaften Sie schließen, um so größer wird Ihr Potential, Ihr Beitrag zum Leben anderer - und Ihre Belohnung.

3. FÖRDERN SIE ANDERE

Wenn andere sehen, wie Sie mit Spaß Ihr Geschäft aufbauen... wenn sie sehen, daß es einfach ist... daß Sie Geld verdienen... daß die Leute in Ihrer Organisation aktiv dabei sind... werden sie ernsthaft darüber nachdenken, sich von Ihnen ins Geschäft bringen zu lassen.

Network Marketing hat nichts damit zu tun, anderen den "Arm zu verdrehen". Vielmehr geht es darum, anderen die Gelegenheit anzubieten und ihnen die Entscheidung zu überlassen. Es ist kein Geschäft des Überredens oder Überzeugens. Es ist ein Geschäft des *Sortierens*. Sie bieten die Gelegenheit immer wieder an, bis Sie die richtige Person zur richtigen Zeit finden. Mehr nicht.

Sie fördern so viele oder so wenige Personen, wie Sie wollen. Wenn Sie andere fördern, übernehmen Sie die Verantwortung, ihnen beizubringen, was Sie bereits tun. Sie lehren Ihre Leute folgende drei Schritte:

1. Das Produkt zu benutzen und zu lieben.
2. Es mit anderen zu teilen.
3. Andere ins Geschäft zu bringen.

ES LIEGT IN IHRER HAND

Die Maßstäbe für den Erfolg Ihres Geschäfts setzen Sie. Nur Sie messen und beurteilen Ihre Leistung. Es gibt keinen Boss, der Ihnen sagt, wie und wann Sie was zu tun haben.

Nur Ihre eigenen ethischen und geschäftlichen Vorstellungen zählen. Ihre Gedanken und Gefühle finden Ausdruck in den Ergebnissen, die Sie erzielen. Sie werden ehrlich und manchmal reichlich für Ihre Bemühungen belohnt - und zwar in direktem Verhältnis dazu. Es gibt nichts und niemand in dieser Industrie, der Sie davon abhalten kann, "nebenher gerade genug zu verdienen" oder die höchsten Gipfel des Erfolgs zu erklimmen. *Es liegt in Ihrer Hand.*

Niemand mit besserer Ausbildung, geerbtem Reichtum, "angeborenem Talent" oder sonstigen Vorteilen hat eine bessere Chance als Sie, in Network Marketing erfolgreich zu sein.

In diesem Geschäft sind wir alle gleichgestellt.

In diesem Geschäft hängt der Erfolg davon ab, wie wir unsere Freiheit mit unseren Verpflichtungen verbinden.

WIE SIE NETWORK MARKETING SEHEN

K. Dean Black, Ph.D., ist ein Mensch, für den ich höchsten Respekt empfinde. In seinem hervorragenden Blatt "The MLM Simple Success Guide" bietet er eine der zusammenfassendsten und klarsten Erklärungen dafür, wie MLM funktioniert. Dr. Black's Erklärung geben wir hier auszugsweise wieder:

"Wenn Menschen nicht vorankommen, wenn sie frustriert, verärgert oder entmutigt sind, liegt es oft daran, daß sie die Dinge nicht so sehen, wie sie tatsächlich sind. Wenn sie ihre Sicht der Dinge ändern, wenn sie die Wahrheit erkennen, kommen sie wieder voran, und sie sind glücklich.

Erfolgreiche Berater erkennen die Wahrheit über vier bestimmte Dinge: (1) Multi-Level (Network) Marketing; (2) das Unternehmen; (3) sich selbst; (4) andere Leute. Erfolglose Berater sind sich nicht im klaren über ein oder mehrere dieser vier Dinge.

Die Wahrheit über Multi-Level Marketing erkennen

Manche Leute lehnen Multi-Level Marketing ab, doch am Prinzip selbst gibt es nichts auszusetzen, nur daran, wie manche damit arbeiten.

Hier sind die Fakten über das Multi-Level-Prinzip:

1. Multi-Level- oder Pyramidenstrukturen dienen der Verteilung. Ab einer gewissen Größe nimmt jede Organisation, die Produkte oder Dienstleistungen vertreibt, die Form einer Pyramide an mit vielen Ebenen, die nach unten hin immer breiter werden. Das Delegieren erzeugt eine Pyramide mit vielen Ebenen. Unsere Regierung ist eine solche Pyramide, unsere Schulen und Kirchen auch. Alle erfolgreichen Unternehmen, die Produkte und Dienstleistungen vertreiben, nehmen letztendlich die Form einer Pyramide an.

2. In jeder Multi-Level-Struktur kommt die Macht von unten. Unsere Regierung vertreibt Dienstleistungen von oben nach unten, ihre Macht jedoch kommt von der Basis in Form von Wählerstimmen. Marketingunternehmen vertreiben ihre Produkte ebenfalls von oben nach unten, ihre Macht jedoch besteht aus dem Geld, welches von unten nach oben fließt. Pyramiden stellen also einen fluß her, der in zwei Richtungen fließt: erst von oben nach unten, dann von unten nach oben. Bestimmte Werte fließen nach unten;

im Gegenzug strömt Macht nach oben. Wenn aus irgendeinem Grund keine Werte mehr nach unten fließen, endet auch der Machtfluß (in Form von Geld oder Wählerstimmen), und das System bricht zusammen.

3. Multi-Level-Strukturen funktionieren nur, wenn die Verantwortung von den untersten Stellen getragen wird. Diese Idee stammt von den Gründervätern des MLM. Sie sagten, vereinfacht ausgedrückt, daß jeder für'sich tun muß, was er tun kann. Was wir nicht leisten können, wird zur Ausführung an eine höhere Stelle weitergegeben. Wir können beispielsweise nicht unsere eigenen Straßen oder Schulen bauen, also übernimmt die Stadt diese Aufgabe. Was die Stadt nicht leisten kann, übernimmt der Staat, usw.

Wenn die oberen Ebenen jene Aufgaben übernehmen, die die unteren ebenso gut ausführen können, lahmt das System, alles verlangsamt sich, und es bricht zusammen.

Multi-Level Marketing ist nichts weiter als ein Wirtschaftssystem, welches die Verantwortung an die niedrigste Ebene überträgt - an Individuen - und deswegen können Multi-Level Marketingunternehmen so schnell wachsen. Das bedeutet aber auch, daß jedes MLM-Unternehmen nur so stark sein kann wie das Wesen seiner Berater.

Multi-Level Marketingunternehmen brechen dann zusammen, wenn die Führungskräfte oder die Berater vergessen, daß Macht nur dann nach oben fließt, wenn echte Werte nach unten fließen. In anderen Worten: wenn Leute Geld machen wollen, ohne zuerst einen wirklichen Wert zu liefern. Die schlimmsten Fälle sind die kettenbriefartigen Schneeballsysteme, wo der einzige Wert darin besteht, andere rekrutieren zu dürfen, was aber kein echter Wert ist. In anderen Fällen versuchen Personen eine Illusion von Werten zu erzeugen, indem sie Produkte anbieten, die jedoch nicht Hauptbestandteil des Geschäfts sind und wesentlich weniger wert sind als das dafür verlangte Geld. Solche Illusionen werden immer aufgedeckt, der Geldfluß nach oben kommt zum Stillstand, und das Unternehmen bricht zusammen.

Außerdem versagen Multi-Level Marketingunternehmen - oder bekommen bestenfalls einen schlechten Ruf - wenn die Berater keinen Charakter besitzen. Manche Berater rekrutieren durch arglistige Täuschung. Andere meckern ständig und versuchen, sich gegenseitig niederzumachen. Manche Organisationen bekämpfen sich. Gerüchte werden in Umlauf gebracht. Diese und andere menschliche Schwächen kommen häufiger in MLM-Unternehmen als in herkömmlichen Unternehmen ans Tageslicht, weil den Menschen soviel Freiheit gelassen wird.

Aus welchen Gründen auch immer, MLM-Unternehmen scheitern nicht auf Grund des MLM-Konzepts, sondern wenn das Prinzip nicht von Ehrlichkeit und Aufrichtigkeit getragen wird. Glauben Sie also an das MLM-Konzept, seien Sie stets ehrlich und aufrichtig, und geben Sie sich nur mit dem Besten zufrieden."*

AN DAS MLM-PRINZIP GLAUBEN

Was genau bedeutet das?

Es bedeutet, die natürliche Struktur zu achten und zu schätzen. Dr. Black nennt zwei weitere Beispiele, die ich unbedingt mit Ihnen teilen will:

> "Wenn Sie Ihre Kunden und Berater oder Berater als Geldquelle betrachten, werden Sie es wahrscheinlich nicht sehr weit bringen. Diese werden Ihre egozentrischen Interessen verachten und sich von Ihnen entfernen. Wenn Sie sie andererseits als eine Gelegenheit betrachten, anderen zu dienen und sie zu unterstützen, werden sie es aufgreifen und mittragen."*

* "The MLM Simple Success Guide" by K. Dean Black, Ph.D. (Brerie Enterprises, Springville, UT), p. 1-5.

"Als eine Gelegenheit betrachten, anderen zu dienen und sie zu unterstützen." Ich kann Ihnen nicht deutlich genug sagen, wie wichtig dieser Punkt ist. Wenn Sie dem ganzen Buch nur diesen einzigen Punkt entnehmen und ihn beherzigen, werden Sie den Schlüssel zum Erfolg in Network Marketing besitzen.

Hier noch ein Beispiel von Dr. Black:

> "Im Geiste erlebt der Mensch entweder Völle oder Leere, er öffnet oder verschließt sich dementsprechend und schafft sich so eine Umgebung, die seine Gefühle exakt widerspiegelt. Sehen Sie die Völle des Lebens, und sehen Sie, wie Sie anderen dazu verhelfen können, sie ebenfalls zu sehen."*

Noch einmal: "...wie Sie anderen dazu verhelfen können...". Freunde, das ist es, worum es geht. Das ist es, was Network Marketing auch für Sie funktionieren läßt!

NETWORK MARKETING IST WIE DAS LEBEN

Network Marketing besitzt die gleiche "natürliche" Struktur, die Sie in Ihrem alltäglichen Leben vorfinden. Deswegen ist diese einmalige Geschäftsform etwas ganz Besonderes - sie widerspiegelt das wahre Leben.

Was passiert, wenn Sie sich eigensüchtig oder egozentrisch verhalten? Wie denken Sie dann über sich und andere? Wie zufriedenstellend verläuft Ihr Leben unter solchen Umständen?

Was passiert, wenn Sie anderen gegenüber offen und ehrlich sind? Wie fühlen Sie sich dann? Und wie verläuft Ihr Leben?

Im Network Marketing ist es mit den Folgen Ihres Verhaltens so wie im Leben: Sie fallen zurück auf Sie - direkt und ohne Umschweife. Sie selbst verursachen Ihren Erfolg oder Mißerfolg.

Sie wissen genau, was mit Nationen, Organisationen und Individuen passiert, die von Gier, Unehrlichkeit, Unverantwortlichkeit und Angst geleitet werden. Wie Dr. Black bemerkt: Menschen - und das Leben selbst - entfernen sich davon. Das gleiche Schicksal erwartet diejenigen in Network Marketing, die sich von diesen Dingen leiten lassen.

Andererseits bewegen sich Menschen und das Leben selbst auf denjenigen zu, der sich "dienend und unterstützend" verhält. Das gleiche gilt für Network Marketing.

NETWORK MARKETING RICHTIG VERSTEHEN

Der Hauptgrund, weshalb Menschen in Network Marketing versagen, liegt darin, daß sie es nicht richtig verstehen. Sie begreifen seine Grundprinzipien nicht, und können sie von daher auch nicht in ihrem Verhalten umsetzen.

Hierin liegt eine große Herausforderung. Denn nur, wenn Sie Network Marketing und seine treibenden Kräfte wirklich verstehen, können Sie es auch wirklich lieben. Ich glaube, daß Sie in Network Marketing *verliebt sein müssen*, um darin erfolgreich zu sein.

Als man mir Network Marketing in jener Nacht vor zehn Jahren vorstellte, habe ich es nicht wirklich verstanden. Mein Kopf war voll von den Möglichkeiten und Andeutungen, die es bot. Ich wußte, daß ich etwas Großartiges entdeckt hatte - doch was es genau war, wußte ich nicht, obwohl ich es so sehr verstehen wollte.

Ich lag hellwach in meinem Bett. Die Zimmerdecke war wie eine Leinwand voller Möglichkeiten, Andeutungen und Bildnisse, die mir keine Ruhe ließen. Als die Sonne aufging, wußte ich genau, worum es in diesem Geschäft geht. Ich habe es verstanden - und geliebt. Meine Liebe ist in den vergangenen Jahren gewachsen und hat sich zu einem leidenschaftlichen Feuer entwickelt.

WAS MÜSSEN SIE TUN?

Sie müssen es lieben! Dies ist eines der wenigen Dinge, wo es nicht anders geht.

Und wie können Sie das tun?

Es gibt zwei Möglichkeiten: die eine ist, sich zu verlieben, wie die berühmte "Liebe auf den ersten Blick". So ist es mir ergangen. Doch ich habe auch die zweite Möglichkeit erlebt - ich habe es *liebengelernt*.

Vielleicht kann ich mit diesem Buch Ihnen und Ihren Freunden helfen, sich in Network Marketing zu verlieben. Doch ganz sicher bin ich mir nicht, denn ob Sie es tun, liegt in Ihren Händen, nicht in meinen.

Wie auch immer, *ich bin der Überzeugung, daß ich Ihnen zeigen kann, wie Sie dieses Geschäft liebenlernen können*. Das ist meine Aufgabe. Meine Erfüllung besteht darin, Männern und Frauen wie Ihnen beizubringen, wie sie in Network Marketing erfolgreich sein können. Ich habe schon Tausende unterrichtet - und bin meinem Ziel, eine Million Freunde zu gewinnen, ein ganzes Stück näher gekommen.

SIND SIE BEREIT, ANZUFANGEN?

Ja? Wunderbar! Doch zuerst will ich Ihnen erzählen, was wir machen werden.

DER SINN DIESES BUCHES

Ein alter Spruch besagt: "Der beste Weg, ein Fachgebiet zu beherrschen, ist, darin zu unterrichten". Und das stimmt tatsächlich, zu 100 Prozent! Deswegen ist dieses Buch keine gewöhnliche "Jetzt-helfe-ich-mir-selbst"-Anleitung. Es ist vielmehr ein Trainingsbuch, das Sie anwenden können, *um Ihre Leute zu unterrichten und trainieren und ihnen so zum Erfolg zu verhelfen.*

Aus eigener Erfahrung als Lehrer, der Tausende zu MLM-Lehrern und -trainern ausgebildet hat, weiß ich, daß dieser der schnellste und effektivste Weg ist, sie zu unterrichten und gleichzeitig erfolgreich werden zu lassen.

Im Laufe des Lesens werden Sie viele neue und wertvolle Werkzeuge, Tips und Techniken kennenlernen, die Sie zur Steigerung Ihres Könnens und Ihrer Produktivität sofort anwenden können. Schon das nächste Telefongespräch oder die nächste Geschäftspräsentation werden Sie danach planen.

So soll es auch sein, denn es war meine Absicht. Doch für Sie besteht der echte Wert dieses Buches in seinem Geheimnis. Dieses Geheimnis werden Sie entdecken, wenn Sie erleben, wie alles ins Lot fällt, und Sie zum ersten Mal begreifen, wie einfach, duplizierbar und außergewöhnlich kraftvoll dieses systematisch aufgebaute Lehrprogramm ist.

DIESES BUCH IST IN ZWEI ABSCHNITTE UNTERTEILT

Kapitel Eins und Zwei befassen sich damit, *weshalb* Sie dieses Geschäft betreiben. Wenn Sie das *Weshalb* verstanden haben, haben Sie bereits 90% des ganzen Geschäfts gemeistert. Schnell werden Sie feststellen, daß Sie Ihren Leuten helfen müssen, ebenfalls das *Weshalb* zu entdekken. Auch das werde ich Ihnen beibringen.

Die nächsten sechs Kapitel werden Sie Schritt für Schritt durch die grundlegenden Aspekte dieses Geschäfts führen, vom Fördern neuer Berater bis zum Veranstalten großer Geschäftspräsentationen. Und auf dem Weg dorthin werden Sie Hunderte von Ideen entdecken, die Sie sofort umsetzen können, um Ihren Erfolg und den Ihrer Leute zu steigern.

Im Kapitel Zehn, "Das Trainieren neuer Berater", laufen alle Fäden zusammen, und Kapitel Elf wird Ihnen zeigen, wie Sie sich vielfach duplizieren können, um eine große Organisation aufzubauen. Eine Organisation, die Ihnen ein Einkommen bescheren kann, das Ihnen für den Rest Ihres Lebens nicht nur finanzielle Sicherheit, sondern finanzielle *Freiheit* bietet.

LASSEN SIE UNS JETZT ANFANGEN

Nur noch ein Punkt:

Wie werde ich es wissen, wenn Sie diese Prinzipien gemeistert haben und ein hervorragender MLM-Lehrer und -Ausbilder geworden sind?

Das ist recht einfach - *Sie werden darin besser sein als ich.*

Erschreckt Sie das ein wenig? Das sollte es nicht, denn genau darin besteht meine Aufgabe. Wenn meine Studenten besser sind als ich, dann weiß ich, daß ich meine Aufgabe erfüllt habe. Das ist mein Ziel mit diesem Buch. Ein Ziel ist so etwas wie ein Versprechen, das ich mir selbst gegenüber leiste. Und wenn ich auf eines im Leben achte, dann ist es, meine Versprechen einzuhalten!

Lassen Sie uns eine angenehme Umgebung aufsuchen, wo wir alles in Ruhe besprechen können. Ich habe alles dabei, was wir benötigen, bis auf einen ruhigen Ort, einen Notizblock und einen Bleistift. Ich zähle auf Sie, diese Dinge zu besorgen! Und ich möchte Sie wissen lassen, daß ich mich auf die Zusammenarbeit freue. Wollen wir also anfangen?

Kapitel Eins: Ihre Ziele und Absichten

Wenn Sie neue Menschen in Ihr Geschäft bringen, sollten Sie ihnen helfen, ihre Ziele und Absichten festzustellen. Nur wenn Sie Ziele und Absichten Ihrer Interessenten kennen, können Sie Ihr Geschäftsangebot mit den Faktoren in Einklang bringen, die für sie in ihrem Leben wirklich von Wichtigkeit sind. Die persönlichen und beruflichen Ziele mit der Freiheit und Kraft des Network Marketing in Übereinstimmung zu bringen, ist der erste Schritt zum Erfolg in diesem Geschäft.

Wenn Sie Bücher so angehen wie ich, werden Sie die Kapitel “Wie Sie mit diesem Buch arbeiten sollen” und “Ihre Einführung: Network Marketing richtig verstehen” wahrscheinlich überflogen haben - damit Sie gleich zum Kern des Buches gelangen können. Ihren Eifer, gleich loslegen zu wollen, kann ich gut verstehen. Die in jenen erwähnten Abschnitten steckende Information ist jedoch für den Rest des Buches von sehr großer Bedeutung. Nehmen Sie sich also bitte die Zeit und lesen Sie sie durch. Wenn Sie es bereits getan haben, können wir gleich beginnen.

Als Network Marketing Trainer liegt mir das *Wie* dieses Geschäfts sehr am Herzen. Eine der größten Herausforderungen liegt darin, daß kaum einem von uns gezeigt wurde, wie er das Geschäft zu betreiben hat. Die grundlegende Aufgabe eines Trainers und Förderers ist mit der von guten Eltern vergleichbar.

Doch so wichtig das *Wie* auch sein mag, das *Weshalb* kommt stets zuerst. Es wurde einmal gesagt, daß die wahre Beherrschung einer Sache zu 10% im *Wie* und zu 90% im *Weshalb* liegt. Wenn Sie das Weshalb verstehen, wird sich das Wie von alleine einstellen.

Ich erkläre Ihnen, weshalb dies so ist.

ÜBER ZIELE HINAUS

Es wurde schon sehr viel über Ziele gesagt und geschrieben. In meiner intensiven Zusammenarbeit mit Tausenden Menschen in Workshops, Seminaren, und Beratungen in vielen Jahren habe ich begonnen, Zielsetzung und alles, was damit zusammenhängt, zu hinterfragen.

Das größte Mißverständnis, das es in diesem Bereich

gibt, liegt meines Erachtens darin, daß die Menschen ihre Ziele gleichzeitig als das zu erstrebende Endergebnis betrachten. Das sind sie aber nicht! Ein Ziel ist etwas ganz anderes. Und es ist sehr wichtig, daß Sie als Trainer und Lehrer in Network Marketing diesen Unterschied erkennen und verstehen.

ZIELE SIND EINE FORM DER ANERKENNUNG

Meistens basieren unsere Ziele auf Ergebnissen, die wir uns wünschen, wie z.B. Dinge, die wir mit mehr Geld kaufen oder tun könnten. Wir arbeiten sehr hart und gewissenhaft daran, diese Ziele zu erreichen.

Ich habe entdeckt, daß die meisten Ziele, wenn wir sie erreichen, nicht die Befriedigung oder Genugtuung bringen, die wir uns mit dem Erreichen dieser Ziele vorgestellt haben. Meiner Meinung nach liegt es daran, daß wir die Ziele als Antwort oder Lösung betrachten.

Ich möchte vorschlagen, daß wir Ziele in einem anderen Licht betrachten.

Ich möchte, daß Sie Ziele nicht als Endergebnis betrachten, sondern als "Mittel zum Zweck".

Betrachten Sie Ziele als eine Art Anerkennung auf Ihrem Weg, etwas Höheres zu erreichen. Ich lege keinen Wert darauf, den Punktestand ständig aufzuschreiben. Das hört sich nach Vergleichen und Wettbewerb mit anderen an. In Wirklichkeit sollten wir uns nach unseren eigenen Maßstäben beurteilen, nach dem, was wir aus uns machen wollen und wonach wir streben - und *nicht* nach dem, was andere wollen oder scheinbar erreicht haben.

Man könnte sagen, daß das Erreichen eines Ziels die Selbstbestätigung ist, daß wir auf dem richtigen Weg sind, die Person zu werden, die wir sein wollen.

Manche nennen es den Pfad der Meisterschaft.

IHR LEBENSZIEL

Als wir noch Kinder waren, haben die meisten von uns erkannt, daß wir besondere Talente, Eigenschaften und Träume hatten, die uns einmalig machten. Wir wußten, daß wir etwas Besonderes und Einmaliges waren. Können Sie sich daran erinnern?

Nehmen Sie sich jetzt ein wenig Zeit. Denken Sie zurück an eine Zeit, als Sie als Kind wußten, daß Sie etwas Besonderes waren. Konzentrieren Sie sich auf Ihre damalige Überzeugung und die Erkenntnis, wie einmalig Sie waren.

Schließen Sie jetzt die Augen und denken Sie zurück. Atmen Sie tief durch, entspannen Sie sich, und erinnern Sie sich an diese Momente Ihrer Kindheit. Vielleicht war es während eines Spiels, das Sie spielten, oder vielleicht war es eine Phantasiegestalt, die Sie werden wollten, wenn Sie "groß" sein würden. Erinnern Sie sich an diese vergangenen Gedanken und Gefühle.

Sehr gut. Sie sollten wissen, daß es unerheblich ist, ob Sie Lokführer, ein großartiger Politiker, eine Schauspielerin oder Ärztin werden wollten. Wichtig ist nur das Gefühl, das Sie hätten, würden Sie diesen Traum tatsächlich leben. Lassen Sie uns diese Gedanken und Gefühle auf hier und heute - auf Ihre jetzige Situation - übertragen.

WAS WÄRE, WENN...

Es folgt eine großartige Übung, die ich ständig anwende. Sie werden dazu Ihre persönliche Ausgabe dieses Buches oder einen Notizblock sowie ein ruhiges Plätzchen und etwas Zeit benötigen.

Entspannen Sie sich, damit Ihre Gedanken freien Lauf haben, und beantworten Sie die folgenden drei Fragen. Beurteilen Sie bitte nichts, was Sie niederschreiben. Schreiben Sie einfach, egal was Ihnen einfällt. Keine Bedingungen. Keine Einschränkungen. Lassen Sie Ihre Gedanken auf dem Papier fließen.

1. **Wenn ich nicht arbeiten müßte, um leben zu können, was würde ich am liebsten tun?** (Um Klarheit zu schaffen - es geht darum, "das zu tun, was Sie lieben").

____

____

____

____

____

____

____

2. **Wenn man mir eine Million Mark gäbe - steuerfrei - was wäre das erste, was ich damit tun würde?** (Sagen Sie bitte nicht "Meine Rechnungen begleichen" oder "Meine Schulden bezahlen". Natürlich würden Sie das tun. Vergessen Sie das nackte *Überleben*. Wir reden

über VIEL Geld. Ich möchte, daß Sie sich gehen lassen und darüber nachdenken, was Sie *wirklich* am liebsten tun würden).

3. **Wenn ich erführe, daß ich noch sechs Monate zu leben hätte - was würde ich mit dem Rest meines Lebens tun?** (Es geht hier um sechs Monate in bester Gesundheit. Keine Krankheiten oder Schmerzen. Was würden Sie tun?)

Wenn Sie diese schöne Übung abgeschlossen haben, nehmen Sie sich Zeit und Ruhe und lesen Sie Ihre Antworten sorgfältig durch - tun Sie es so bald wie möglich.

Manche Ihrer Worte werden Ihnen lächerlich oder unerhört erscheinen. Das ist gut so. Manche werden Ihnen geradezu ins Gesicht springen! Auch das ist in Ordnung. Diese Übung soll Ihnen das *Wesentliche* verdeutlichen. Das, was im Kern Ihrer Worte steckt.

Eine großartige Frage, die Sie sich über das Niedergeschriebene stellen sollten, lautet: Wenn ich dieses oder jenes tun oder besitzen würde, was würde es mir bringen?

Möglicherweise werden Sie sich diese Frage mehr als einmal stellen müssen, für jede Ihrer Antworten. Und jedesmal, wenn Sie die Frage beantworten, werden Sie ein Stückchen näher an das Wesentliche Ihrer Antwort herankommen.

Das Wesentliche haben Sie erreicht, wenn Sie die Frage auf keine andere Art und Weise beantworten können. Wenn das passiert, stellen Sie sich die Frage nicht mehr. Akzeptieren Sie die Antwort und - wenn sie Ihnen zusagt - nehmen Sie sie in Ihrem Herzen auf.

TRÄUME UND HOFFNUNGEN

Das Wesentliche der Träume, die Sie als Kind träumten und die Sie während dieser Übung offen legten, ist ein Hinweis auf das Leben, das Sie führen, und auf die Person, die Sie werden wollen. Es sind die Schlüssel zu Ihrem wahren Lebensziel. Seien Sie sich bitte im Klaren darüber - *jeder hat ein Lebensziel.*

SCHREIBEN SIE ES JETZT AUF

Bevor ich Sie bitte, Ihr Lebensziel niederzuschreiben, möchte ich, daß Sie verstehen, weshalb Sie es tun sollten.

Vielleicht haben Sie schon den Spruch gehört: "Der Mensch ist, was er ißt". Nun, da bin ich mir nicht so sicher, doch eines kann ich Ihnen sagen: "Sie sind das, was Sie sich vorstellen"!

Unsere Gedanken sind sehr mächtig. Sie bestimmen, was in unserem Leben entsteht und was daraus wird. Eine Möglichkeit, Ihre Gedanken zu konzentrieren, ist, sie aufzuschreiben.

Das Schreiben ist eine kraftvolle Tätigkeit. Mit dem Niederschreiben gehen Sie eine Verpflichtung ein und legen gleichzeitig Ihre Worte in Ihrem Unterbewußtsein fest. Sind Ihre Verpflichtungen positiver Natur und in der Gegenwart verfaßt, wird Ihr Unterbewußtsein sie als bereits vollbrachte Tatsachen akzeptieren. Ihr Unterbewußtsein wird jeden Aspekt Ihres Lebens so behandeln, als wären Ihre Vorstellungen bereits Wahrheit geworden. Überwältigend, nicht wahr?

Doch bevor Sie beginnen, möchte ich mein Lebensziel mit Ihnen teilen.

Ich verpflichte mich, all jenen zu dienen, die sich Unterstützung und Weiterbildung auf Ihrem Weg zur persönlichen Verbesserung und Vervollkommnung wünschen. Ich verpflichte mich, Integrität und Mitgefühl als meine Werkzeuge zu benutzen. Dies tue ich mit Liebe, um so eine Bereicherung anderer zu sein und um glücklich zu sein und um persönlich zu wachsen. Alles, was ich tue, jede Gelegenheit, die ich wahrnehme, jede Tat, die ich vollbringe, muß in Überein-

stimmung mit meinem Lebensziel stehen. Ich weiß, daß ich bei der leidenschaftlichen Verfolgung meines Lebenszieles wachsen werde, und wenn ich wachse, so wächst auch mein Ziel. Ich werde mein Ziel niemals erreichen. Ich werde es aber ständig verfolgen. Als Folge davon werde ich mehr erreichen, mehr tun und mehr sein als jemals zuvor - sowohl für mich selbst als auch für andere.

Ein Lebensziel ist etwas Endloses. Es kann nicht erreicht, abgehakt und vergessen werden. Wenn Sie ein Ende Ihres Lebensziels erkennen können, dann ist es nicht Ihr wirkliches Lebensziel.

Nehmen Sie sich also soviel Zeit, wie Sie brauchen - jetzt sofort - und schreiben Sie ein oder zwei Absätze lang darüber, wie Sie sich Ihr Lebensziel vorstellen. Auch wenn Ihr aufgeschriebenes Lebensziel länger ist als eine Seite - Sie können es bestimmt noch klarer definieren.

Wählen Sie Ihre Worte mit Sorgfalt. Bestimmen Sie Ihre Lebensziel so klar, genau und liebevoll wie möglich. Machen Sie nur - und tun Sie es jetzt.

MEIN LEBENSZIEL - KLAR DEFINIERT

Wie denken Sie jetzt darüber? Wie fühlen Sie sich?

Lassen Sie mich Ihnen erzählen, wie es mir erging, als ich (endlich!) mein Lebensziel aufschrieb:

Ich saß in einem Flugzeug mit meinem Geschäftspartner Tom. Wir flogen nach Minneapolis, um ein zweitägiges Seminar durchzuführen. Ich hatte meinen Notizblock vor mir und arbeitete daran, mein Lebensziel niederzuschreiben. Es war etwas, das ich schon lange vorgehabt hatte. Tom schlief im Sitz neben mir, und der Zeitpunkt war genau richtig.

Ich schrieb und schrieb, meine Worte wählte ich mit Sorgfalt und Bedacht. Ich arbeitete hart daran, und es dauerte anderthalb Stunden, bevor ich den einzigen, einfachen Absatz fertig hatte.

Als ich endlich fertig wurde, war ich in Hochstimmung! Ich glaubte, platzen zu müssen. Ich sprang von meinem Sitz hoch und lief aufgeregt hin und her mit einem großen Lächeln auf meinem Gesicht. Am liebsten wäre ich nach vorne gelaufen und hätte jedem über die Bordanlage mein Lebensziel mitgeteilt! Es war einer der bemerkenswertesten Momente meines Lebens!

Wieso?

Nun, wenn Sie Ihr wahres Lebensziel - man könnte es auch Lebensbestimmung nennen - entdecken, besitzen Sie eine endlose und außergewöhnliche Kraft, die es Ihnen ermöglicht, in allen Bereichen Großes zu vollbringen. Es ist, als hätten Sie die Staudämme, die Ihren kreativen Energiefluß bislang zurückhielten, niedergerissen - diese Energie fließt jetzt ungehindert in Ihr Leben ein.

Das Gefühl der Kraft, das Sie dabei spüren, ist wirklich unglaublich. Diese Kraft ist Ihre Leidenschaft.

LEBENSZIEL = LEIDENSCHAFT

Leidenschaft, liebe Freunde, ist der Schlüssel zu Ihrer persönlichen Kraft!

Haben Sie jemals einen Menschen kennengelernt, der sein Leben mit wahrer Leidenschaft lebt? Vielleicht haben Sie ein Buch über einen solchen Menschen gelesen oder einen solchen Film gesehen. Solche Lebensgeschichten sind wirklich bemerkenswert, nicht wahr?

Erinnern Sie sich an die Rede des Dr. Martin Luther King? Oder an die Lebensfreude des jungen Präsidenten Kennedy und seinen unerschütterlichen Glauben daran, daß der Mensch den Mond betreten würde? Vielleicht erinnern Sie sich an Ghandi unbeirrbaren Entschluß, sein Volk in die Freiheit zu führen.

Denken Sie einen Augenblick an diese Menschen. Was besitzen sie, das sie zu immer höheren Leistungen antreibt?

Ich glaube, die Antwort lautet: Leidenschaft!

Der persönliche Lebensstil ist dabei unbedeutend. Alle großartigen Frauen und Männer besitzen das Feuer der Leidenschaft. Und ihr *Lebensziel* ist der Brennstoff dieser Leidenschaft.

Diese Menschen teilten eine weitere Eigenschaft - ihre Ziele waren größer als das Leben selbst.

AUCH SIE SIND AUSSERGEWÖHNLICH

Oftmals spricht man von den "gewöhnlichen" Menschen. Ich glaube aber, daß es keine gewöhnlichen Menschen gibt! Ich bestreite meinen Lebensunterhalt mit der Zusammenarbeit mit Tausenden sogenannter "gewöhnlicher" Menschen (sie bezeichnen sich sogar selbst als solche), doch *den* gewöhnlichen Menschen muß ich noch kennenlernen!

Nun ja, vielleicht leben sie eine Zeitlang in ganz gewöhnlichen Umständen. Doch wenn sie ihr wahres Lebensziel erkennen und entdecken, welche Möglichkeiten ihnen das Leben bietet, dann zeigen sie mir, wie außergewöhnlich sie wirklich sind. Ich verspreche Ihnen: Wenn ein Mensch sein wahres Lebensziel entdeckt und Sie ihm helfen, das wirklich Wichtige in seinem Leben wiederzufinden, dann passen Sie gut auf! Seine Überzeugung und sein Engagement fangen Feuer und explodieren geradezu! Es ist phantastisch!

ENGAGEMENT

Und da wir gerade von Engagement sprechen, bleiben wir gleich dabei. Engagement ist nicht etwas, das wir entwikkeln müssen. Es ist uns angeboren. Es ist eine angeborene Eigenschaft, die darauf wartet, entdeckt zu werden. Doch wie sollen wir diese Eigenschaft entdecken? Indem wir unser Lebensziel entdecken.

Sie können sich nämlich nur für eine Sache engagieren, die mit Ihrem Lebensziel übereinstimmt. Ich möchte mit Ihnen eine der besten Erklärungen des Begriffs Engagement teilen, die ich je gehört habe. Sie stammt von W. H. Murray, einem Mitglied der zweiten Himalaja-Expedition.

"Solange man sich nicht zu 100% engagiert, besteht immer ein Zögern, besteht immer die Möglichkeit, sich zurückzuziehen, besteht immer Wirkungslosigkeit. Alle Initiative und kreative Taten unterliegen einer Wahrheit, die zu ignorieren Tausende Ideen und großartige Pläne zerstört: In dem Moment, wenn ein Mensch sich engagiert und einer Sache verpflichtet, setzt sich auch die Vorsehung in Bewegung. Viele Dinge geschehen, die einem helfen, die aber ansonsten ungeschehen geblieben wären. Aus dieser Entscheidung entsteht ein ganzer Fluß von Ereignissen, der unzählige unvorhersehbare Geschehnisse, Treffen und Formen der materiellen Hilfe und Unterstützung mit sich bringt, von denen ein Mensch niemals hätte träumen können."

Ich empfinde größte Bewunderung für folgendes Verspaar von Goethe: "Was immer du tun kannst, oder wovon du dir erträumst, es zu können, beginn' es. Die Kühnheit besitzt Genie, sie besitzt Macht und Zauberkraft."

"Genie, Macht und Zauberkraft..." Da haben Sie ein paar nette Kleinigkeiten in Ihrem Werkzeugkoffer! Meinen Sie nicht auch? Dann wollen wir sie doch Ihren eigenen Zielen dienstbar machen!

ZIELE SIND WIE KLEINE SCHRITTE

Jetzt haben wir eine große, mächtige Vision von wirklich bemerkenswerten Ausmaßen (Ihr Lebensziel). Doch wie wollen Sie diese Vision verwirklichen? Die Antwort lautet: Schritt für Schritt.

Ein altes chinesisches Sprichwort lautet: Eine Reise von eintausend Meilen beginnt mit dem ersten Schritt. Ihre Ziele stellen jenen ersten Schritt dar, und alle Schritte, die danach folgen. Ihre Ziele halten Sie auf dem richtigen Weg Ihrer Reise zu dem einen zeitlosen Ziel - Ihrem Lebensziel. Diese Ziele machen Ihre Reise außerdem zu einem vergnüglichen Unterfangen.

ZIELE HELFEN AUF VERSCHIEDENSTE WEISE

Ziele helfen uns, dorthin zu gelangen, wo wir ankommen wollen. Es ist vergleichbar mit einer langen Fahrt. Zunächst erreicht man einen bestimmten Punkt auf der Landkarte, dann kommt man zur nächsten Stadt, zur nächsten Autobahn, über die Grenze und so weiter. Ziele zeigen uns, ob wir auf dem richtigen Weg sind oder ob wir vom Weg abgekommen sind und eine Kurskorrektur einleiten müssen.

Ein wichtiger Punkt ist, daß sie uns helfen, Schwung aufzubauen. Jedesmal, wenn wir ein Ziel erreicht haben, gewinnen wir Kraft, um das nächste Ziel zu erreichen, dann das nächste, und so weiter. Wenn Sie sich ein Ziel setzen.... sich dafür engagieren... es sich vor Augen halten... sich dem Ziel Schritt für Schritt nähern und es erreichen, haben Sie wirklich etwas vollbracht. Doch noch wichtiger als das, was Sie vollbracht haben, ist, was aus Ihnen *geworden* ist.

Welche Art Person setzt sich Ziele und erreicht sie?

Richtig - *eine erfolgreiche Person.*

Welche Art Person macht es sich zur Gewohnheit, sich Ziele zu setzen und sie zu erreichen?

Richtig - *eine erfolgreiche Person.* Eine Person, die immer mehr Leidenschaft entwickelt, die sie zur Verfolgung ihres Lebensziels einsetzt. Eine mächtige Person. Eine Person, die auch anderen *Kraft* geben kann.

Und ich sage Ihnen noch etwas über das Lebensziel einer Person, die mit so vielen außergewöhnlichen Menschen zusammenarbeitet - *ihr Lebensziel steht immer im engen Zusammenhang damit, anderen zu helfen und ihnen Kraft zu geben!*

VERFOLGEN SIE IHR LEBENSZIEL

Ihr Lebensziel ist wie ein Leuchtfeuer, das Sie auf den richtigen Weg lotst und Sie vor Ablenkungen schützt. Ihre Ziele sind Wegweiser, die Sie befolgen, um selbst zu Ihrem eigenen Lebensziel zu *werden*. Deswegen sage ich, daß Ihr Lebensziel unendlich ist.

Ihr Lebensziel ist nicht etwas, was Sie *tun*. Ein Lebensziel ist etwas, was Sie *sein und leben* sollen. Das ist ein sehr großer und wichtiger Unterschied. Ihr Lebensziel zu leben macht Sie zu dem, was Sie *sind*. Das ist die Bedeutung des Wortes "Sein". Denken Sie daran, wir führen ein Da-*sein*, kein Da-*tun*.

Mit einem klaren, artikulierten Lebensziel können Sie nicht vom Weg abweichen, egal was in Ihrem Leben passieren mag. Sie werden wissen, welche Entscheidungen Ihrem Lebensziel dienlich sind und welche nicht.

In schlechten Zeiten kann Ihr Lebensziel Ihnen über die Runden helfen. Ohne Lebensziel werden Sie nicht wissen, weshalb Sie sich durch die Schwierigkeiten hindurchkämpfen.

Wenn Ihr Lebensziel hoch vor Ihnen steht und Sie in einem Tal der Verzweiflung stecken, werden Sie hinter dem nächsten Berg immer ein Licht erkennen. Sie überwinden Ihre Schwierigkeiten und verwandeln Blockaden in Wegweiser. Am Ende werden Sie aus dem Dunkel in das helle Licht Ihres Erfolgs aufsteigen.

Ihr Lebensziel und die daraus fließende Leidenschaft gibt Ihnen die Kraft, es zu tun - egal, wie schwer das Leben werden mag.

WAS IST SO BESONDERS AN NETWORK MARKETING?

Network Marketing ist die perfekte Umgebung, anderen zu ihrem Erfolg zu verhelfen. Gleichzeitig ermöglicht es Ihnen, einen bedeutenden Beitrag zum Leben anderer zu leisten. Es belohnt Sie beruflich, privat und finanziell - nur dafür, daß Sie so sind, wie Sie sind.

Nicht schlecht für eine Nebentätigkeit!

Lassen Sie uns also darüber reden, was Sie *tun* können, um Ihre Ziele zu erreichen und wie Sie die "lebens-zielstrebige" Person *sein* können, die Sie durch Network Marketing werden wollen.

IHR ERFOLGREICHES NETWORK MARKETING-GESCHÄFT

Zu allererst betrachten Sie Ihr Lebensziel in der einen Hand und Ihr Network Marketinggeschäft in der anderen. Jetzt stellen Sie sich eine grundlegende Frage:

"Sind mein Geschäft, mein Unternehmen, seine Philosophie und seine Leute, diese Produkte oder Dienstleistung - hier und jetzt - die perfekten Mittel, um mich in der Verfolgung meines Lebensziels zu unterstützen?"

Es kann nur "Ja" oder "Nein" sein. "Vielleicht" ist nicht die richtige Antwort!

Es ist wichtig, daß Sie bei der Beantwortung dieser Frage sich selbst gegenüber ehrlich sind. Wenn Sie wirklich glauben, daß es einen besseren oder schnelleren Weg gibt, um dort anzukommen, wo Sie sein möchten - prima. Ich schlage Ihnen vor: beenden Sie Ihr Geschäft und beginnen Sie das zu tun, was Sie lieben und wirklich tun wollen. Sie können die Produkte oder Dienstleistung weiterhin benutzen, wenn Sie wollen, doch es liegt weder in Ihrem Interesse noch im Interesse anderer, Ihr Geschäft weiter zu betreiben. Sie werden einfach nicht die Dinge tun, die notwendig sind, um selbst Kraft zu entwickeln und anderen Kraft zu geben. Können Sie sehen, weshalb es so wichtig ist, dies rechtzeitig zu entdecken, bevor Sie Geld und Zeit investieren?

Wenn Sie aber mit "Ja" antworten können - *ist es großartig!* Das heißt nämlich:

"Ja, mein Network Marketinggeschäft, dieses Unternehmen, diese Produkte oder Dienstleistung, die Leute im Unternehmen, das ganze Konzept sind die perfekten Mittel, um mich in der Verfolgung meines Lebensziels zu unterstützen. Sie werden mir die finanziellen Mittel bringen, die ich benötige, den Bereich meines Einflusses erweitern, mein Geschäftswissen schärfen und mein Selbstbewußtsein stärken."

Wenn Sie sich das sagen können, dann frage ich Sie... *Warum das Geschäft nicht mit Leidenschaft betreiben?*

Warum es nicht als das erkennen, was es wirklich ist? Nämlich eine Gelegenheit, Ihr Leben so zu gestalten, wie Sie wollen und es voll und ganz auszuleben. Hören Sie auf, damit bloß zu spielen. Gehen Sie die bedingungslose Verpflichtung ein, *wirklich* daran zu arbeiten, bis es funktioniert.

Wenn Sie nur acht Stunden pro Woche haben, dann engagieren Sie sich acht Stunden wöchentlich. Tun Sie alles, um diese acht Stunden so produktiv wie möglich zu gestalten. Wenn Sie wöchentlich 60 oder 80 Stunden erübrigen können - dann tun Sie es!

Vielleicht wissen Sie nicht, wie Sie das tun sollen. In Ordnung. Ich kann Ihnen helfen.

Mein Versprechen ist, Sie zu unterrichten und Ihnen beizubringen, wie Sie die in diesem Buch enthaltenen bewährten und mächtigen Prinzipien anwenden können. Ichwerde aus Ihnen einen *Meister des Lehrens und Trainierens* formen. Ich werde Ihnen zeigen, wie Sie Ihr Network Marketinggeschäft benutzen können, um Ihre Lebensträume zu verwirklichen. Das ist mein Versprechen.

Es mag vielleicht etwas unerhört klingen, doch mein Versprechen kann ich leicht erfüllen. Denken Sie daran: *Ihr Erfolg besteht zu 90% aus dem Wissen, Weshalb - und das wissen Sie bereits.* Das *Wie* stellt die restlichen 10% dar. Und das kommt als nächstes.

DIE EIGENEN ZIELE FESTSETZEN

Lassen Sie uns mit etwas Wichtigem anfangen. Geld.

Viele Menschen fühlen sich des Geldes wegen von Network Marketing angezogen. Es ist eine Tatsache, daß dieses Geschäft hervorragende Möglichkeiten bietet,ein phänomenales Einkommen zu erzielen. Doch, liebe Freunde, *es geht hier nicht nur um das Geld!*

Leben Sie Ihr Lebensziel - und das Geld kommt von allein.

Nehmen wir den Namen meines Unternehmens - *Millionaires In Motion*. Manchmal bekommen Leute den falschen Eindruck. Der Name hat nichts mit Geld zu tun. Er bezieht sich auf mein Ziel, *eine Million Freunde zu gewinnen*.

Ich habe den größten Respekt für unsere Sprache und das Wörterbuch, doch ich meine, daß bei dem Wort "Millionär" ein Fehler unterlaufen ist. Das Wörterbuch sagt, Millionär ist, wer DM 1 000 000,00 oder mehr in Geld besitzt. Sollte es nicht heißen, wer eine Million von etwas Wertvollem besitzt? Außerdem, vergleichen Sie eine Million Freunde mit einer Million Mark. Was hätten Sie lieber?

Ich kenne viele wohlhabende Leute in diesem Geschäft. Manche verdienen Hunderttausende, ja sogar Millionen im Jahr. Und obwohl manche von ihnen sich anfänglich des Geldes wegen angezogen fühlten, haben alle bald erkannt, daß es nicht nur das Geld ist, was dieses Geschäft ausmacht.

Vielleicht müssen Sie erst soviel Geld verdienen, um diese Tatsache erkennen zu können. Ich kann Sie jetzt schon sagen hören: "Hey, John, das würde ich gern *heute* erleben!"

Ich weiß es, und glauben Sie mir, das werden Sie bald tun. Sie werden glücklicher, erfüllter und erfolgreicher sein, wenn Sie diese Tatsache von vornherein verstehen. Geld kann einige "versäumte" Jahre ausgleichen. Aber nicht alle. Bei weitem nicht!

SCHAUEN SIE SICH DIE FÜHRER AN

Jede führende Persönlichkeit in Network Marketing weiß, daß ihr Erfolg direkt vom Erfolg der Männer und Frauen in ihrer Organisation abhängt. Ich weiß: wenn Sie ein hervorragender Trainer geworden sind, werden Sie Ihrer ganzen Organisation beibringen können, erfolgreich zu sein. Und wenn Sie das tun, wird das Geld ganz von alleine in Ihr Leben und auf Ihr Konto fließen.

Es gibt noch etwas, das Sie über Geld wissen sollten. Geld ist nur ein Symbol für Kaufkraft. An und für sich ist es wertlos. Wenn Sie also an ihren Zielen arbeiten, sollten Sie sich nicht auf Geld beschränken. Konzentrieren Sie sich auf das, was Sie *haben*, *tun* und *sein* wollen.

DER KERN IHRER ZIELE

Ein sicherer Weg, kraftvolle Ziele zu entwickeln, besteht darin, deren Kern zu entdecken.

Nehmen Sie jedes beliebige Ziel und, wie mit Ihrem Lebensziel, stellen Sie sich die Frage: "Wenn ich dieses Ziel erreiche, was wird es mir bringen?" Stellen Sie sich diese Frage immer wieder, bis Sie zum harten Kern Ihres Zieles vordringen.

So wird Ihr Ziel zu einer mächtigen Vorstellung, die Sie verwenden können, um jene Lebensqualität darzustellen, die Sie erstreben. Ich sage Ihnen: der beste Weg, ein Ziel zu verinnerlichen, besteht darin, die Ergebnisse dieses Zieles stets vor Augen zu haben. Es ist eine gewaltige, magnetische Kraft. Im nächsten Kapitel werde ich Ihnen einige gute Techniken vermitteln, um genau dies zu tun.

Noch ein Wort zum Thema Ziele verinnerlichen. In der Regel können Sie Ihr Ziel nicht sofort erreichen. Versuchen Sie, die Augen zu schließen und einen Mercedes auf Ihren Parkplatz zu zaubern. Es geht natürlich nicht. *Doch das Gefühl, diesen Mercedes zu besitzen, können Sie jetzt schon entwickeln*

Bedeutet dieser Mercedes für Sie Freiheit oder Sicherheit? Vielleicht bedeutet der Besitz eines solchen Wagens ein tiefes Gefühl von Zufriedenheit und Selbstwert. Nun, all diese Gefühle können Sie *sofort* empfinden! Und wie ich bereits sagte: das innere Gefühl der Freiheit, der Zufriedenheit und des Selbstwerts ist der beste Weg, die Vorstellung Ihres Mercedes - oder den Inhalt Ihres sonstigen Zieles - wahr werden zu lassen.

SIE BESITZEN DEN SCHLÜSSEL

Ich will ehrlich mit Ihnen sein. Der Schlüssel zu diesem Kapitel und zu Ihrem Erfolg mit diesem Buch besteht darin, Zugang zu den Quellen Ihrer Empfindungen zu finden. Mit Ihrem Lebensziel und der Überzeugung, daß Network Marketing Ihr Ziel vollkommen unterstützt, haben Sie Ihre Leidenschaft entfacht. Und, mein Freund, eine entfachte Leidenschaft macht alles möglich!

“Also gut, John,” sagen Sie jetzt, “mein Lebensziel ist klar. Ich kann Network Marketing als die Gelegenheit erkennen, die mir all das bietet, was ich in meinem Leben erreichen will. Doch das ist nur jetzt, in diesem Augenblick. Mir ist klar, daß die Begeisterung schwinden wird. Vielleicht sogar erheblich. Wie soll ich sie am Leben erhalten? Wie soll ich lernen, dieses Geschäft zu beherrschen und wirklich erfolgreich zu werden?”

Sie sind großartig! Sie stellen immer die richtigen Fragen. Also, los geht's...

Blättern Sie bitte um, damit ich Ihnen zeigen kann, wie Sie aus diesem Energiefunken ein *Feuer der Leidenschaft* entfachen können. Wenn Sie dies gelernt haben, werden Sie Ihr eigenes Leben und das Tausender, vielleicht sogar Millionen anderer grundlegend verändern können.

Danach werde ich den Rest dieses Buches damit verbringen, Ihnen ein einfaches, sicheres und bewährtes Schritt-für-Schritt-Programm zu zeigen, das Sie zu einem Meister des Trainings und Lehrens in Network Marketing machen wird.

Fangen wir gleich damit an!

Kapitel Zwei: Die Vier Brennstoffe

Lassen Sie uns aus dem Funken, den Sie zündeten, als Sie Ihr Lebensziel entdeckten, ein hell brennendes Feuer der Leidenschaft entfachen. Das erreichen wir, indem wir dem Feuer Brennstoff zuführen, sodaß es größer und heller brennt als je zuvor. Ich werde Ihnen vier "Brennstoffe" für anhaltenden Erfolg liefern: Vorstellungskraft, unerschütterlichen Glauben, Bildung und Wissen und eine Umgebung, die uns unterstützt.

Was ist Leidenschaft *wirklich*?

Ich meine, Leidenschaft ist ein unerschütterlicher Glaube, eine uneingeschränkte Verpflichtung, ähnlich der bedingungslosen Liebe für das Leben selbst. Deswegen ist Ihr Lebensziel die Quelle Ihrer Leidenschaft. Versuchen Sie einmal, ein ähnlich tiefes und starkes Gefühl für etwas anderes zu empfinden - es geht einfach nicht.

Echte und tiefe Leidenschaft können Sie für eine geliebte Person oder ein Projekt empfinden, ebenso für eine Sportart oder Hobby. Und in jedem dieser Fälle erleben Sie die einmalige Selbstverwirklichung Ihres Lebensziels. Leidenschaft und Lebensziel gehen eindeutig Hand in Hand, sie sind unzertrennlich.

Leidenschaft ist sogar ein heißes Gefühl. Deswegen kennt unsere Sprache Ausdrücke wie “brennende Leidenschaft” oder “Flamme der Leidenschaft”. Es ist eine sehr starke Empfindung.

Leidenschaft entströmt dem Kern Ihres Daseins. Und wenn Sie eine klare Vision Ihres Lebensziels besitzen, wenn Sie Leidenschaft erleben und wenn das, was Sie in Ihrem Leben tun und daraus machen, das perfekte Mittel ist, um Ihr Lebensziel zum Ausdruck zu bringen - dann haben Sie eine direkte Verbindung zur Quelle Ihrer kreativen Energie.

ALSO - WIE HALTEN SIE DIESES FEUER DER LEIDENSCHAFT AM BRENNEN?

Eine weitere großartige Frage. Wie halten Sie überhaupt ein Feuer am Brennen? Sie fügen Brennstoff hinzu.

Sie wissen, weshalb Sie dieses Geschäft betreiben. Das

ist Ihr Funke des Verlangens. Wir werden vier verschiedene Brennstoffe hinzufügen, die Sie benutzen werden - wann und wo immer Sie wollen - um diese Flamme am Brennen zu halten und um daraus ein nie erlöschendes Feuer zu machen.... eine kraftvolle, treibende Leidenschaft, die Ihnen ermöglicht, alle Ihre Ziele zu erreichen und Ihr Lebensziel vollkommen auszuleben! Hier sind sie:

- Vorstellungskraft
- Unerschütterlicher Glaube
- Bildung und Wissen
- Ihre Umgebung, die Sie unterstützt

Gehen wir sie Punkt für Punkt durch.

BRENNSTOFF 1 - VORSTELLUNGSKRAFT

"Ein Bild sagt mehr als tausend Worte". Wissen Sie, ich bin mir nicht ganz sicher, ob das so wirklich stimmt. Ich glaube, ein Bild sagt mehr als *Millionen Worte,* vielleicht sogar mehr. Das stimmt - vorausgesetzt, daß dieses Bild oder diese Vorstellung etwas darstellt, was Sie wirklich haben wollen und daß Sie es stark genug in Ihrem Kopf verankern.

Wir müssen unseren Geist in die Lage versetzen, sich das, was wir im Leben erreichen wollen, bildlich vorzustellen. Wir müssen unsere Fähigkeit entwickeln, geistige Bilder zu entwickeln, die unsere kreative Energie bündeln und auf das lenken, was wir im Leben verwirklichen wollen.

ANGSTVORSTELLUNGEN

Als ich in diesem Geschäft begann, löste die Vorstellung, vor vielen Leuten sprechen zu müssen, Todesängste in mir aus. Ja, es ist wahr - und außerdem nicht ungewöhnlich! Jede Untersuchung über Ängste zeigt, daß die Angst vor dem Sprechen in der Öffentlichkeit an erster Stelle rangiert. Es ist zwar erstaunlich, doch ich kann es wirklich verstehen.

Wissen Sie, was Angst ist?

In ihrer natürlichen, ursprünglichen Form ist Angst ein Selbstschutzmechanismus. Damals, als der Mensch noch in Höhlen lebte, war es die Angst, die ihn dem Säbelzahntiger immer einen Schritt voraus hielt. Zu der Zeit war diese Angst nützlich - sie ist es immer noch. Es ist dieses Gefühl der Angst, das uns davon abhält, einfach so auf eine dichtbefahrene Straße zu treten. Diese Angst empfinden wir, wenn wir an Krieg denken, an die Konsequenzen, die uns bei unrechtem oder gar kriminellem Verhalten drohen, und ähnliche Dinge.

Und dieser "Sinn", den wir besitzen, entstammt den in unseren Köpfen entstehenden Bildern.

Es gibt aber eine andere Art von Angst, die nicht nützlich ist. Ich nenne sie eine "künstliche" Angst (im Gegensatz zur natürlichen Angst). Ich nenne sie so, weil sie nicht diese ursprüngliche, schützende Angst ist, die uns dient. Es sind die von uns selbst hervorgerufenen, angstvollen Bilder einer ungewissen Zukunft, die unser Leben und unsere Möglichkeiten darin einschränken.

Ich erzähle Ihnen eine Geschichte. Währenddessen möchte ich, daß Sie sich folgendes vorstellen:

ALTE LÖWEN KÖNNEN *DOCH* JAGEN

Die Natur fasziniert mich, und ich verwende viele Beispiele aus der Natur in meinen Seminaren und Workshops. Ein besonderes Beispiel handelt von Löwen.

Löwen verlieren mit zunehmendem Alter ihre Kraft, ihre Beweglichkeit und ihre Zähne. Sie sind nicht mehr die gefährlichen Jäger von einst. Doch der Platz im Rudel bleibt ihnen trotzdem erhalten, denn ihr Beitrag zur Jagd ist nach wie vor wertvoll.

Das Rudel wählt eine Herde Antilopen aus, die es angreifen will. Die jungen, kräftigen Löwen nähern sich der Herde von der einen Seite, die älteren Löwen von der anderen. Just im richtigen Moment richten sich die älteren Löwen auf und täuschen laut brüllend einen Angriff vor. Die verängstigten Antilopen rennen instinktiv in die entgegengesetzte Richtung - hinein in die Zähne und Klauen der auf sie wartenden Junglöwen.

Wir Menschen sind ebenfalls Tiere. Doch wurden wir mit der Fähigkeit gesegnet, zwischen den echten Gefahren des Lebens und den scheinbaren, eingebildeten Gefahren unterscheiden zu können. Wir sind keine Antilopen, dazu verdammt, auf Grund von Dummheit und Angst das Abendessen eines Löwen zu werden.

Wir können es schon viel besser machen. Doch oftmals gelingt es uns nicht. Wieso?

Nun, manchmal spielen wir verrückt.

SIND AUCH SIE VERRÜCKT?

Sie wissen ja, die Definition eines Verrückten lautet: jemand, der die Realität nicht mehr erkennen kann. Nehmen wir einfach das soeben beschriebene Beispiel. Jene

Antilopen waren einfach verrückt. Sie haben die Wirklichkeit nicht erkennen können.

Wenn sie nur einen Moment lang hätten nachdenken können, hätten sie begriffen, daß ein alter, zahnloser Löwe ihnen nichts tun kann. Sie hätten den alten, brüllenden Löwen angeschaut und gesagt "Ja, spinnst du?" - und wären über seinen Kopf hinweg in die Freiheit gesprungen.

Natürlich denken Antilopen nicht so. So weit wir wissen, können nur Menschen solche Gedankengänge vollziehen. Doch dauernd lassen wir irgendwelche unbegründeten Ängste über eine unsichere Zukunft in unseren Köpfen herumspuken. Und haben dabei jedesmal das Gefühl, *verrückt* werden zu müssen.

Sowie ich mit meiner Angst, vor einer Gruppe reden zu müssen.

Als ich in diesem Geschäft begann, hatte ich das Glück, Leute zu kennen, die genau wußten, was ich gerade durchmachte. Sie wußten, daß ich mich "verrückt" machte und halfen mir, meine Angst in eine meiner stärksten Fähigkeiten zu verwandeln. Heute rede ich vor Hunderten von Menschen, und zwar mit einer Natürlichkeit, Mühelosigkeit und Sicherheit, daß mir einfach niemand glaubt, wenn ich von meinen früheren Ängsten berichte! Doch es stimmt! Und so lernte ich, was ich zu tun hatte.

DREHEN SIE IHRE ÄNGSTE IM KOPF UM

Zu der Zeit lernte ich, mir den positiven Ausgang einer Geschäftsvorstellung, den ich erreichen wollte, *bildlich vorzustellen*, bevor ich sie gab.

Ich begann, mir ein kleines Treffen in einer Wohnung

oder Haus vorzustellen... am Ende des Treffens klatschten alle Gäste, schüttelten mir die Hand und sagten: "John, diese Gelegenheit ist großartig, danke, daß du uns davon erzählt hast." Und sie sagten: "Es ist einfach unglaublich! Ich will in dieses Geschäft sofort eintreten. Ich kann wirklich sehen, was es mir bringen kann. Es ist toll! Danke, daß du uns diese Möglichkeit bietest."

Vor dem Treffen ging ich auf und ab und stellte mir immer wieder vor, welchen Gewinn die Leute aus der Präsentation ziehen würden. Wie motiviert sie sein würden. Sie würden erkennen, wie sie mit ihrem eigenen Network Marketinggeschäft ihre Träume und Wünsche erfüllen könnten. Ich konzentrierte mich darauf, wie großartig sie sich fühlen würden, und wie sie aus dem Treffen die besten Ergebnisse gewinnen würden.

Ich fing klein an - Gruppen von vier oder fünf Personen. Nach kurzer Zeit redete ich vor immer größeren Gruppen.

Zehn Jahre später rede ich vor Tausenden auf der ganzen Welt - mühelos und einfach - ich habe viel Spaß dabei und erziele großartige Ergebnisse.

Diese Übung des Vorstellens führe ich immer noch vor jedem Seminar oder Workshop durch. Wissen Sie, weshalb? Nun, ich mache mich immer noch manchmal ein wenig verrückt, auch nach all diesen Jahren. Also stelle ich mir einfach vor, wie sehr die Leute meinen Vortrag genießen, wie sie für sich tolle Ergebnisse erzielen, wesentlich mehr, als sie jemals glaubten. Dabei stelle ich mir nicht vor, wie *ich* das erreichen werde, sondern nur, welche Ergebnisse *meine Zuhörer* erzielen werden.

FÜNFJÄHRIGE SPIELEN MOZART

Lesen Sie die folgende Geschichte - sie ist wirklich Klasse.

In Philadelphia gibt es eine ziemlich fortschrittliche Musikschule. Ich glaube, sie heißt die "Neue Schule". Dort werden Kinder aufgenommen, denen man die erstaunlichsten Dinge in einem bemerkenswerten Alter beibringt. Das Konzept basiert auf der Tatsache, daß wir wesentlich mehr Fähigkeiten besitzen, als die, von denen wir Gebrauch machen. Die Kinder, die früh üben, werden Erstaunliches leisten können. Eine fabelhafte Methode dieser Schule möchte ich Ihnen vorstellen.

Diese Kinder lernen mit vier oder fünf Jahren, die Geige zu spielen. Doch wissen Sie, wie die erste Unterrichtsstunde aussieht? Alle - Kinder, Eltern, Lehrer, Freunde - ziehen sich festlich an und versammeln sich im Theater der Schule. Ein Kind nach dem anderen betritt mit Geige und Bogen die Bühne. (Bedenken Sie: es geht hier um die *erste* Unterrichtsstunde). Wenn ein Kind die Mitte der Bühne erreicht hat, verbeugt es sich, und das gesamte Publikum applaudiert, pfeift anerkennend und ruft "Bravo! Bravo!". Danach verläßt das Kind die Bühne und nimmt wieder Platz.

Das ist alles. Die erste Unterrichtsstunde ist beendet.

Ist das nicht großartig! Stellen Sie sich das Bild vor, das diese Kinder sich vom Geigenspielen vorstellen!

EIN SCHLÜSSEL ZUR VISUALISIERUNG

Es gibt etwas, daß ich äußerst interessant finde. Ich hatte nie darüber nachgedacht, bis ein Freund mich darauf aufmerksam machte.

Mir war gar nicht bewußt, daß meine Vorstellung des erfolgreichen Ausgangs meiner Rede *nichts mit mir zu tun hat!* Ich konzentriere mich voll und ganz auf das, was meine Zuhörer davon haben werden. "John den Großen" mit seinen ihn anhimmelnden Fans stelle ich mir nicht vor. Ich sehe *sie*, die Menschen, die meiner Rede soviel Positives abgewinnen, daß sie regelrecht ausflippen. Ich sehe sie als erfolgreich und inspiriert - und das ist ein wichtiger Punkt!

Ihre Vorstellungen sind am effektivsten, wenn sie sich auf Ihren Beitrag zum Leben anderer konzentrieren - genauso wie mit Ihrem Lebensziel. Lenken Sie Ihre Aufmerksamkeit von sich weg und projizieren Sie sie auf andere. Das ist das Ergebnis, daß Sie erzielen müssen. Und Sie können sicher sein, daß Sie alles bekommen werden, was Sie sich wünschen - und mehr - wenn Sie ihnen helfen, dieses Ergebnis *für sich* zu erzielen.

Damit Sie sich angewöhnen, sich das Endergebnis vorzustellen, müssen Sie es üben. Und eine der besten Möglichkeiten, dies zu tun, heißt "Schätze sammeln".

SCHÄTZE SAMMELN

Eine Schatzsammlung ist eine Collage aus Bildern, die Ihren Visualisierungprozess anregen. Sie besteht aus Bildern, die darstellen, was Sie *tun*, *haben* und *sein* wollen. Eine Kollektion sorgfältig ausgewählter Bilder, die für Sie die Ergebnisse darstellen, die Sie in Ihrem Leben erzielen wollen. Eine Schatzsammlung enthält Bilder, die diese Ergebnisse genau darstellen, und solche, die das Gefühl oder den Inhalt dessen, was Sie anstreben, eindringlich nahelegen.

Eine Schatzsammlung kann jede Größe, Form und

Zusammenstellung haben. Sie können sie als Riesenposter zusammenstellen oder als Buch - etwa wie ein Fotoalbum, in dem Sie blättern können. Mehrere kleine Schatzsammlungen sind ebenfalls möglich - vielleicht eine für das Auto, eine auf dem Badezimmerspiegel, eine in Ihrem Taschenkalender, etc. Ihre Schatzsammlung besteht aus Bildern, die Sie aus Zeitschriften ausschneiden oder selber malen.

Eine meiner Schatzsammlungen sieht so aus:

DAS HAUS AUF DEM HÜGEL

Ich lebe im Süden Kaliforniens - einem der schönsten Orte dieser Erde. Vor einigen Jahren fuhr ich jeden Tag auf dem Weg ins Büro an einigen wunderschönen, exklusiven Häusern vorbei. Junge, waren die schön! Und ich träumte davon, eines Tages in einem dieser Häuser zu leben.

Auf eines dieser Häuser hatte ich mein besonderes Augenmerk gerichtet. Eines Tages, als ich über Schatzsammlungen etwas gehört hatte, nahm ich meinen ganzen Mut zusammen und fuhr zu diesem Haus, um es zu fotografieren. Ich fuhr die Auffahrt hinauf, schnappte meine Kamera, ging zur Haustür und klingelte. Eine nette Frau öffnete, und ich sagte: "Hi, ich heiße John Kalench. Jeden Tag fahre ich hier vorbei auf dem Weg zu und von meinem Büro, und ich habe mich in dieses Haus verliebt. Ich habe gerade mit meinem neuen Geschäft begonnen, und es läuft so gut, daß ich dieses Haus in ein paar Jahren werde kaufen können. Ich habe schon immer von einem solchen Zuhause geträumt. Ich möchte nicht aufdringlich sein, doch würden Sie mir vielleicht erlauben, einige Fotos von Ihrem Haus zu machen, damit ich sie mir jeden

Tag ansehen und mich so auf meinen Traum konzentrieren kann?"

Nun, die Frau schaute mich eine Weile recht komisch an. Dann lächelte sie und sagte: "Kommen Sie herein. John, ich würde mich freuen, wenn Sie Fotos machten. Ich rufe meinen Mann, wir zeigen Ihnen gemeinsam das Haus."

Sie waren wirklich toll. Sie zeigten mir das ganze Haus, die wunderbare Aussicht, einfach alles. Sie baten mich, mich zu setzen, schenkten mir ein Glas Wein ein, und wir redeten stundenlang über uns, was wir machten, das Haus, und vieles mehr. Was für ein Tag!

Wir machten viele Fotos. Sie machten sogar Aufnahmen, die mich im Wohnzimmer des Hauses meiner Träume zeigen.

Als ich sie wieder verließ, fragte ich, ob ich hin und wieder vorbeischauen dürfte. Sie bejahten meine Frage, und genau das habe ich getan.

Ich brachte die Bilder zum Entwickeln und machte daraus eine phantastische Schatzsammlung, die mein Haus darstellte. Ich schaute sie mir täglich viele Male an. Es ging soweit, daß ich meine Augen schließen und mich in jedem Zimmer dieses Hauses sehen konnte. Es war großartig.

Nach etwas mehr als einem Jahr hatte ich genügend Geld, um das Haus zu kaufen. Ich rief die Besitzer an und fragte sie, ob sie es verkaufen wollten. Sie lehnten ab.

In den folgenden Monaten sahen wir uns regelmäßig, doch verkaufen wollten sie das Haus nicht. Sie fühlten sich dort wohl, und ich konnte sie gut verstehen. Eines Tages, als ich sie besuchte, sagten sie: "John, wissen Sie was? Ein guter Freund von uns, der ein paar Häuser weiter oben wohnt, war bei uns zum Essen. Er erzählte, daß er sein Haus vielleicht verkauft und wieder in seine Heimat zieht. Rufen Sie ihn einfach an und reden Sie mit ihm."

Genau das tat ich. Sein Haus war etwas weiter oben auf dem Hügel und war dem Haus meiner Träume sehr ähnlich. Es hatte einen großen Garten und eine noch bessere Aussicht. Um eine lange Geschichte kurz zu fassen: ich traf eine phantastische Vereinbarung mit dem Besitzer, der den Kauf finanzierte - und ich erwarb das Haus. Auch wenn es nicht genau das Haus war, das ich in meiner Schatzsammlung hatte, ich war mehr als zufrieden. Außerdem konnte ich auf das ursprüngliche Haus meiner Träume jederzeit hinunterblicken. Übrigens, die Besitzer des ersten Hauses sind inzwischen meine guten Freunde geworden.

Ist das nicht eine tolle Geschichte? Sie ist wahr. Schatzsammlungen sind sehr mächtig. Hier ist noch eine wundervolle Geschichte.

EIN SCHATZ AUS OLYMPISCHEM GOLD

Erinnern Sie sich an Bruce Jenner, den Goldmedaillengewinner im olympischen Zehnkampf? Nun, er war schon immer ein ziemlich guter Athlet gewesen, doch niemand konnte sich ihn als Gewinner der Goldmedaille im olympischen Zehnkampf vorstellen - zu allerletzt er selbst. Doch als er sich entschloß, die Medaille zu holen, stand der Sieg für ihn fest.

Er machte eine große Collage und klebte sie über sein Bett. Die Kollage bestand aus Bildern, die Jenner beim Siegen in jeder einzelnen Disziplin zeigten... Jenner gewinnt den Hochsprung... Jenner läuft als Erster ins Ziel - schon wieder gewonnen!... Jenner gewinnt den Stabhochsprung... Jede Nacht, bevor er einschlief, starrte er auf diese Bilder. Jeden Morgen war das erste, was er sah, er selbst - Bruce Jenner, olympischer Goldmedaillengewinner!

Der Rest ist, wie man sagt, Geschichte.

Ihre Schatzsammlung kann für Sie genauso mächtig sein wie meine für mich oder die des Bruce Jenner für ihn war.

Nehmen wir an, Sie wünschen sich ein neues Auto. Also gut, nehmen Sie Ihre Kamera, schnappen Sie die Familie und gehen Sie zum Autohaus. Bitten Sie den Verkäufer, Ihnen bei der Bestimmung der Sonderausstattung behilflich zu sein: Marke, Modell, Farbe, Sonderzubehör, einfach alles. Bitten Sie ihn, Ihnen dieses Auto zu zeigen. Setzen Sie sich mit Ihrer Familie in das Auto und lassen Sie den Verkäufer einige Bilder von Ihnen schießen - in *Ihrem* Auto. Suchen Sie ein anderes Autohaus auf, wenn es sein muß, um genau das Auto zu finden, das Sie sich wünschen. Wenn Sie fertig sind, bedanken Sie sich beim Verkäufer, teilen Sie ihm mit, an welchem Datum Sie das Auto abholen werden, und lassen Sie Ihre Filme entwikkeln.

Wenn Sie die fertigen Bilder zurückbekommen, nehmen Sie ein oder zwei in Ihre Schatzsammlung auf zusammen mit den anderen Bildern. Schauen Sie sich Ihre Schatzsammlung täglich mehrmals an. Sie ist voller Bilder, die Sie anregen und Sie daran erinnern, was Sie erreichen wollen. Und außerdem sind die Worte und Bilder Ihrer Schatzsammlung abgemachte Tatsachen. Sie sind nichts, was *irgendwann* in der Zukunft so sein wird. Im Gegenteil: Sie sehen sich, wie Sie Ihr Auto *heute* fahren, wie Sie

Ihren Urlaub *heute* genießen, wie Sie was auch immer tun, haben oder sind - *hier und heute*.

VERWENDEN SIE IHRE SCHATZSAMMLUNG FÜR IHRE ZIELE UND IHR LEBENSZIEL

Ihre Schatzsammlung ist nicht nur für die Dinge geeignet, die Sie haben möchten. Sie können sie für das, was Sie *werden* oder *sein* möchten, genauso einsetzen. Sie ist hervorragend geeignet, um den Aufbau Ihrer erfolgreichen Network Marketing-Organisation zu veranschaulichen.

Lassen Sie ein Bild von sich zusammen mit den führenden Persönlichkeiten Ihres Unternehmens beim nächsten gemeinsamen Treffen machen. Ein weiteres Bild zeigt Sie mit dem Präsidenten des Unternehmens. Sammeln Sie Fotos von Menschen, die erfolgreiche Präsentationen geben oder vor vielen Menschen sprechen. Worte und Schlagzeilen sind ebenfalls gut. Sammeln Sie solche, die Sie wirklich ansprechen: "Unternehmerin des Jahres", "Aufsteiger des Monats", etc.

Der Sinn Ihrer Schatzsammlung besteht darin, Ihrem Gehirn ein Bild nach dem anderen zu liefern, das Sie als erfolgreiche Person darstellt. Ihr Gehirn wird diese Bilder aufnehmen und als bereits vollbrachte Tatsachen im Unterbewußten verinnerlichen.

Schauen Sie - Ihr Gehirn unterscheidet nicht zwischen Dichtung und Wahrheit. Probieren Sie mal die folgende Übung, wenn Sie mir nicht glauben.

Schließen Sie die Augen, entspannen Sie sich, und lassen Sie sich von einem Freund oder Familienmitglied in den schillerndsten Farben und Punkt für Punkt beschreiben, wie Sie auf Zehenspitzen auf dem sehr schmalen äußeren Fenstersims des World Trade Center in New York City stehen - und zwar ganz oben. Das sind 110 Stockwerke hoch!

Bleiben Sie dabei, bis Sie den Wind spüren und schauen Sie dabei immer nach unten - hinab auf die winzigen Autos und ameisen-ähnlichen Menschen. Wie fühlen Sie sich? Sicher und geborgen? Wohl kaum. Ihr Unterbewußtsein hat nicht einen Moment gewartet, um herauszufinden, ob die Situation *echt* war oder nicht. Es war sofort zur Stelle, um Sie zu retten.

Dieselbe unbewußte Kraft können Sie auch zu anderen Zwecken einsetzen, als sich selber Angst einzujagen. Begreifen Sie, wie erstaunlich das ist?

Schatzsammlungen sind wirklich mächtig. Und glauben Sie mir: Selbst wenn Sie in Ihrem Leben Jahre des Selbstzweifels hinter sich haben, wird es nicht lange dauern, bis Ihre Schatzsammlung die Waage in Ihrem Kopf auf die "Ich kann es schaffen"-Seite kippt.

Ich möchte Sie jetzt dazu auffordern und ermutigen, Ihre Ziele - die Wegweiser - die Formen der Anerkennung - die Sie in Ihrem Leben als Ergebnis Ihres geschäftlichen Tuns herbeiführen wollen, aufzulisten und Prioritäten zu setzen.

Wie sehen Sie sich in zwölf Monaten von heute? Was möchten Sie nach Ablauf eines Jahres *haben - tun - und sein* auf Grund Ihres Network Marketinggeschäfts? Schreiben Sie alles auf, was Ihnen einfällt. Lesen Sie dann Ihre Liste durch und wählen Sie die fünf für Sie wichtigsten Punkte. Machen Sie diese Übung bitte jetzt!

Innerhalb der nächsten zwölf Monate werde ich....

____

____

____

____

____

____

____

Wie sehen Sie sich in drei bis fünf Jahren? Was möchten Sie *haben - tun - und sein* auf Grund Ihrer neuen geschäftlichen Tätigkeit? Schreiben Sie wieder alles auf, was Ihnen einfällt. Lesen Sie dann Ihre Liste durch und wählen Sie die fünf für Sie wichtigsten Punkte. Machen Sie diese Übung bitte jetzt!

Innerhalb der nächsten drei bis fünf Jahre werde ich....

____

____

____

____

____

____

____

Auf diese Ziele - Ihre zehn wichtigsten Ziele der nächsten fünf Jahre - sollten Sie Ihre Schatzsammlung aufbauen. Ein Bild Ihres Lebensziels sollte ebenfalls in Ihrer Schatzsammlung enthalten sein, sofern es sich bildlich darstellen läßt. Wenn Sie dies tun, werden Sie in Ihrem Wesen die Leidenschaft verinnerlichen, die Sie unaufhaltsam macht. Jene Leidenschaft, die andere Menschen anzieht, weil sie Ihre Begeisterung lieben werden!

BRENNSTOFF 2 - UNERSCHÜTTERLICHER GLAUBE

Haben Sie sich jemals gefragt, wieso Leute in Network Marketing sagen: "Du mußt deine Produkte einfach lieben"? Der Grund dafür liegt darin, daß viele Leute "Nein, danke, es interessiert mich nicht" sagen werden, wenn Sie mit ihnen über die Vorteile Ihrer Produkte und der geschäftlichen Gelegenheit sprechen.

Wenn Sie sich nicht sicher sind, daß die Produkte *wirklich* jene Vorteile bringen, die sie versprechen; wenn Sie daran zweifeln, daß dieses Geschäft *wirklich* einfach ist und Spaß macht; wenn Sie nicht glauben, daß Ihre Förderer Sie *wirklich* unterstützen und Ihnen helfen werden, Ihr Geschäft erfolgreich aufzubauen - was wird dann wohl passieren? Richtig - Sie hören ein paarmal das Wort "Nein" und geben auf.

Sie müssen in der Lage sein, daß Wort "Nein" zu akzeptieren und sich selbst sagen: "Ich weiß, daß meine Produkte und mein Geschäft es wert sind. Es wird daran liegen, daß der Zeitpunkt nicht der richtige für sie ist." Bedanken Sie sich - und machen Sie weiter. Das ist unerschütterlicher Glaube.

Wie entwickelt man unerschütterlichen Glauben? Hier ist eine Möglichkeit:

Ich möchte, daß Sie sich die folgenden Buchstaben einprägen, sie quasi in großer, schwarzer Schrift auf die Innenseite Ihrer Stirn tätowieren:

Manche Wollen, Manche Nicht, Na Und - *Der Nächste, Bitte*!

Im Network Marketinggeschäft sollen Sie keine Überzeugungsarbeit leisten... Sie sollen niemanden mit schönen Worten überreden oder manipulieren.

Network Marketing ist ein Geschäft des "Sortierens". Sie glauben an Ihr Unternehmen und Ihre Produkte auf Grund Ihrer eigenen Erfahrungen, und auf diesem Glauben basiert Ihr Angebot. Sie empfehlen anderen Ihre Produkte oder Dienstleistung. Und manche werden sie in Anspruch nehmen *wollen*, andere *nicht*, *na und? - der Nächste, bitte!*

In diesem Geschäft geht es darum, die *richtige Gelegenheit* zur *richtigen Zeit* mit den *richtigen Menschen* zu teilen.

Nichts wird Ihnen bei der Entwicklung des für den Erfolg in diesem Geschäft so wichtigen Grundsatzes so sehr helfen wie ein unerschütterlicher Glaube. "Toll," sagen Sie jetzt, "und wie komme ich *dazu*?" Gute Frage. Die Antwort lautet...

WEM VERTRAUEN SIE?

Vor einiger Zeit gab es im amerikanischen Fernsehen eine Sendung mit dem Titel "Wem vertrauen Sie?" Und diese wichtige Frage müssen Sie sich stellen. Denn letzten Endes gibt es nur einen Menschen, dem Sie wirklich bedingungslos vertrauen können. Und Sie wissen schon, wer dieser Mensch ist...

DER MENSCH IN DEINEM SPIEGEL

Ich habe einen lieben Freund, der seit längerer Zeit geschäftlich zu kämpfen hatte. Er ist ein toller Kerl, doch er machte eine Menge Schwierigkeiten durch.

Seine Freunde haben ihn nicht immer unterstützt. Er hatte sich mit dem für ihn falschen Geschäft eingelassen, und manche ihm wichtige Person wollte ihn zum Aussteigen überreden. Doch er liebt Menschen und Network Marketing - und er ist gut darin. Er glaubt voll und ganz an sich und weiß, daß es nur eine Frage der Zeit und der richtigen Gelegenheit ist, bevor er erfolgreich wird.

Eines Abends besuchte ich eine Veranstaltung, an der er ebenfalls teilnahm. Den ganzen Abend lang schaute er immer wieder in seinen Taschenkalender. Sein Verhalten machte mich neugierig, also ging ich nach der Veranstaltung zu ihm und fragte: "Wieso schaust du immerzu in deinen Taschenkalender?"

Er sagte, er hätte ein Gedicht gefunden und es in seinen Kalender geklebt. Wenn er sich entmutigt und unsicher fühlt und an seinem Entschluß zweifelt, liest er das Gedicht.

Es heißt: *Der Mensch In Deinem Spiegel.*

Wenn du einmal bekommst, wonach du strebst,
Und wirst König für einen Tag,
Dann schau in den Spiegel und sieh dich an,

Und höre, was der Mensch dir sagt.
Es ist nicht die Mutter, der Vater, oder Frau,
Die hier über dich befinden.
Der Mensch, dessen Urteil am meisten hier zählt,
Ist der Mensch in deinem Spiegel.
Dem mußt du gefallen, den anderen nicht,
Denn nur er bleibt dir bis zuletzt treu.
Und du hast deine schwierigste Prüfung bestanden,
wenn er sagt, er ist dein Freund.
Vielleicht bist du schlau, hast vieles vollbracht,
und willst weiterhin deinen Weg gehen,
Doch der Mensch im Spiegel sagt: "Du bist ein Nichts!"
Kannst du ihm nicht ins Gesicht sehen.
Die Welt kannst du täuschen über Jahre hinweg,
Wenn der Unehrlichkeit du dich fügst,
Doch die letzte Belohnung sind Tränen und Schmerz,
Wenn du den Menschen im Spiegel betrügst.

Anonym

Dieses Gedicht befindet sich jetzt auch in meinem Kalender.

SELBSTVERTRAUEN ENTWICKELT SICH AUS KOMPETENZ

Sie müssen Selbstvertrauen entwickeln. Das englische Wort "confidence" - also Selbstvertrauen - stammt aus dem Lateinischen und bedeutet "*von Herzen vertrauen*". Ist das nicht großartig? Also, entweder *vertrauen* Sie diesem Geschäft *von Herzen*, Ihren Produkten und Ihrem Geschäft - oder Sie tun es nicht. Kein anderer Mensch kann es für Sie tun. Selbstvertrauen kommt von innen heraus.

Benutzen Sie die Produkte. Erfahren Sie, wie gut sie sind und wie sie funktionieren. Besuchen Sie nach Möglichkeit jedes Meeting, jedes Training und jede Veranstaltung Ihres Unternehmens. Denn wenn Sie das tun, werden Sie ständig Männer und Frauen kennenlernen, die den unmittelbaren Erfolg mit Ihren Produkten und Ihrem Unternehmen erleben.

Vor allem am Anfang kann dies eine große Hilfe sein. Tun Sie es. Es wirkt.

Wissen Sie, weshalb ich darauf bestehe, daß Training so sehr wichtig ist? Nun, eine gut ausgebildete Person ist eine kompetente und selbstbewußte Person. Er oder sie weiß, was wann zu tun ist.

Vielleicht haben Sie Glück. Möglicherweise sind Sie einer der wenigen Menschen, denen diese Fähigkeiten angeboren sind. Doch wenn Sie so sind wie ich und Millionen anderer, wird es einiges an Training und Übung bedürfen - doch damit werden Sie sich Kompetenz erwerben, das verspreche ich Ihnen. Das Training ist meine Verantwortung. Die Übung obliegt Ihnen.

Ich meine es ernst. Mir ist klar, daß Ihnen das Gute an diesem Buch auffallen wird, doch das Geheimnis werden Sie erst ganz zum Schluß entdecken. "Aah! Jaa! Jetzt kommt eines zum anderen! Wahnsinn!"

BRENNSTOFF 3 - BILDUNG UND WISSEN

Dies ist von ungeheuer großer Bedeutung!

Es gibt Leute, die dort sind, wo Sie ankommen möchten und die bereit sind, ihr ganzes Wissen mit Ihnen zu teilen. Sie müssen nur offen sein, dieses Wissen in sich aufzunehmen. Das Rad neu zu erfinden, ist anti-Network Marketing.

An dieser Stelle möchte ich Ihnen meine Anerkennung dafür aussprechen, daß Sie zu den oberen 20% aller in diesem Geschäft Tätigen gehören. Sie haben eine so hohe Meinung von sich, Ihren Träumen und Ihrem Geschäft, daß Sie bereit sind, Geld und Zeit zu investieren, um sich das in diesem Buch enthaltene Wissen anzueignen.

Wissen Sie, eines erstaunt mich immer wieder: die Anzahl der Menschen, die glauben, Bildung und Wissen seien teuer. Es gibt sogar Leute, die den Preis dieses Buches als zu teuer empfinden!

Es gibt wahrscheinlich Menschen, die für das *Äußere* ihrer Köpfe durchschnittlich DM 800,00 im Jahr ausgeben - für Friseure, Packungen, Sprays, Fön, Hüte, und so weiter - die aber erschrecken, wenn man ihnen vorschlägt, sie sollten DM 150,00 für ein Seminar oder einen Weiterbildungskurs ausgeben - oder eben DM 29,50 für ein Buch. Denen, die Bildung und Wissen als teuere Angelegenheit betrachten, kann ich nur sagen: "Sie haben einfach noch nicht erkannt, wie teuer Unwissenheit kommt!"

Eine einzige Idee, die Sie einem Buch, einem Kurs oder Seminar entnehmen, kann Ihnen Tausende, ja sogar Zehntausende Dollar oder mehr einbringen. Einer meiner Geschäftspartner entnahm einer Wirtschaftszeitschrift (die er zum Preis von $100 pro Jahr abonniert hatte) eine Geschäftsidee und verkaufte sie eine Woche später an einen Klienten für $7000! Wissen ist Macht - besonders in finanzieller Hinsicht!

Benjamin Franklin sagte es sehr treffend:

Nehmen Sie alles, was Sie besitzen, und stecken Sie es in Ihren Kopf. So kann es Ihnen niemand stehlen.

Es ist unser Verstand, der uns von den anderen Tieren unterscheidet. Darin sollten Sie weiterhin investieren. Der aus dieser Investition entstehende Gewinn ist garantiert sehr, sehr hoch.

Als Person, die etwas Besonderes darstellt, haben Sie meine Anerkennung. Und ich verspreche Ihnen: Ihre Offenheit und Bereitschaft werden Ihnen große Erfolge bescheren. Es ist nur eine Frage der Zeit - sogar sehr kurzer Zeit!

BRENNSTOFF 4 - IHRE UMGEBUNG, DIE SIE UNTERSTÜTZT

Wenn Sie phänomenalen Erfolg in Network Marketing hätten... Wenn Sie zu den besten zehn Beratern dieser Welt gehörten... Wenn Sie ein Führer der Führenden wären, Berater des Jahres, eine Person, die allen Menschen Ihres Unternehmens, Ihrer Gesellschaft als Inspiration diente... Würde Ihr Leben dann anders aussehen?

Selbstverständlich.

Ich rede hier nicht von Bescheidenheit oder ob Sie Ihre alten Freunde auf Grund Ihres Erfolgs vergessen würden. Ich rede davon, wo Sie sein und was Sie tun würden und mit wem Sie Umgang hätten. All diese Dinge würden sich ändern, wahrscheinlich sehr dramatisch.

Na, und? Nun, warum nicht ein paar dieser Änderungen *jetzt* schon herbeiführen? Das heißt nicht, daß Sie den Erfolg vortäuschen sollen. Ebensowenig wie Sie Ihre

Kreditkarte vollkommen ausreizen sollen, um die Illusion des Erfolgreichen aufrecht zu erhalten. Ich meine, daß Sie Ihre Umgebung als Anreiz und Antrieb nützen sollen, um Ihre Wünsche in Erfüllung gehen zu lassen.

Der Rat eines alten Spruches lautet: "Wenn du den Erfolg willst, umgib dich mit Erfolgreichen". Genauso gut könnte es heißen:

Du kannst nicht wie ein Adler fliegen, solange du dich mit Puten umgibst.

Ich sage Ihnen nicht, daß Sie Ihre Stammtischkumpels zukünftig meiden oder den Kaffeeklatsch am Sonntagnachmittag fallen lassen sollen. Was ich vorschlagen möchte, ist, daß Sie Ihre Umgebung so gestalten, daß jeder Aspekt davon zu Ihrem Streben nach immer höheren Ebenen des persönlichen und geschäftlichen Erfolgs beiträgt.

Schatzsammlungen, unerschütterlicher Glaube an Produkt und Unternehmen, sowie die Verpflichtung, sich weiterhin um Bildung und Wissen zu kümmern, sind ein Teil Ihrer Umgebung. Doch es gibt noch mehr.

UMGEBEN SIE SICH MIT ERFOLG

Wissen Sie, was ich bei erfolgreichen Leuten entdeckt habe? Sie begnügen sich nur mit dem Allerbesten. Natürlich haben sie alle nach wie vor ihre liebenswürdigen Eigenarten. Ich kenne einen sehr erfolgreichen Topmanager, der darauf besteht, daß seine Wurstbrote so groß sein müssen, daß sie beide Hände ausfüllen, und der sein Bier am liebsten aus der Dose trinkt, während seine riesigen Sandwiches auf Tellern zu $260 das Stück serviert werden. Vielleicht mag er sich auch Boxkämpfe im Fernsehen anschauen. Aber das meine ich nicht.

Was ich damit sagen will, ist, daß Sie in allem, was Sie tun, sagen und sind, immer nach dem Allerbesten streben sollten. Umgeben Sie sich mit Männern und Frauen, die Ihre Vorstellungen, Wünsche und Ziele teilen. Setzen Sie sich von der Masse ab. Lesen Sie die besten Bücher, sehen Sie sich die besten Filme an, essen Sie die besten Speisen, tun Sie einfach alles, was Sie sich leisten können, um sich mit dem Allerbesten zu umgeben.

Suchen Sie jene Männer und Frauen Ihres Unternehmens, die anerkannte führende Persönlichkeiten sind. Lernen Sie von ihnen. Wenn Sie Umgang mit diesen Leuten haben können - dann *tun Sie es*! Es hat nichts damit zu tun, sich anmaßend zu verhalten. Es ist einfach schlau.

WEM SOLLEN SIE FOLGEN?

Jeder Mensch, der in allem, was er tut und ist, sein Bestes erreichen will, sollte in meinen Augen Vorbilder haben, denen er folgen kann. Er sollte die Eigenschaften und Individuen, die er respektiert und bewundert, sorgfältig auswählen. Und diese dann als glänzende Beispiele und Vorbilder betrachten, die er in seinem Verhalten nachahmen kann.

Ich persönlich habe einige Vorbilder. Eines davon ist mein Vater. Nicht auf Grund seines geschäftlichen Erfolges, sondern auf Grund seiner bedingungslosen Liebe zu meiner Mutter - seiner Ehefrau. Noch nie habe ich einen anderen Menschen kennengelernt, der so offen und voller Stolz seine Liebe und Zuneigung zu der wichtigsten

Person in seinem Leben zeigt. Ich kann Ihnen nicht sagen, wie sehr es mich berührt, wenn ich sie sehe. Was ich Ihnen sagen kann, ist, daß ich diese Art von Liebe in meinem Leben erfahren möchte. Mein Vater (mein Vorbild) erinnert mich stets daran, er ist, wenn Sie so wollen, mein Held, ein glänzendes Beispiel, dem ich folgen will. Wer sind Ihre Vorbilder?

GUT AUSSEHEN

Kleider machen Leute! Ziehen Sie einen Anzug und Krawatte oder ein schönes Kleid an, wenn Sie an Meetings teilnehmen. Kleiden Sie sich wie professionelle und erfolgreiche Leute und Sie werden sich entsprechend fühlen. Werden Sie Mitglied der Multi-Level Marketing International Association (MLMIA). Beziehen Sie die besten Publikationen. Lesen Sie die besten Bücher. Hören Sie die besten Cassetten. Umgeben Sie sich mit positiven, energiegeladenen und erfolgreichen Menschen.

Lassen Sie sich nicht auf negative Gespräche ein - auch nicht nach dem Motto: "Jetzt mal ganz realistisch...!" Suchen und kultivieren Sie in jeder Hinsicht höchste Qualität und größten Erfolg bezüglich Ihrer Umgebung und in allem, was Sie tun und sagen. Es färbt ab!

Ich weiß, daß diese vier Brennstoffe Ihren Funken des Verlangens zu einem Feuer der Leidenschaft machen werden! Für mich und Tausende anderer haben sie es bereits getan. Hier sind sie noch einmal:

Brennstoff 1 - Vorstellungskraft
Brennstoff 2 - Unerschütterlicher Glaube
Brennstoff 3 - Bildung und Wissen
Brennstoff 4 - Ihre Umgebung, die Sie unterstützt

Erkennen Sie, wie diese vier Brennstoffe Ihnen täglich neue Kraft und Energie geben können? Erkennen Sie, wie Sie Ihre Leidenschaft jederzeit anzapfen und Brennstoff zuführen können, damit sie stärker und heller brennt als jemals zuvor? Und erkennen Sie, daß Sie dies tun können, wann immer Sie wollen?

Diese vier Brennstoffe sind eine außergewöhnliche Quelle der Kraft. Und alle diese Brennstoffe sind stets verfügbar, denn *Sie tragen sie in sich*!

DA HABEN SIE ES!

Nun, was gibt's denn noch zu sagen? Jetzt wissen Sie alles. Gehen Sie hinaus und stecken Sie die Welt in Brand!

Was sagen Sie da? Es gäbe noch einen kleinen Punkt?

Ja, was denn?

Ach so - Sie wollen wissen, "Wie"?

Wahrscheinlich gehören Sie zu jenen Menschen, die immer sagen "Taten sind stärker als Worte", und den Sprecher großer Worte gerne herausfordern.

Also gut, mein Freund, ich nehme die Herausforderung an. Ich verspreche Ihnen, der Rest dieses Buches wird Ihnen das "*Wie*" zeigen.

Ich sagte Ihnen bereits, daß das "*Warum*" 90% dieses Geschäfts ausmacht, und Sie werden vielleicht fragen, weshalb 90% dieses Buches aus dem "*Wie*" besteht. Das ist eine gute Frage. Und, wissen Sie, ich bin mir nicht so sicher, warum es so ist.

Ich habe aber einen unerschütterlichen Glauben an das, was ich Ihnen beibringe - *und* an Ihren Erfolg. Und wenn

Sie dieses Buch gelesen haben, werden Sie diesen Glauben auch haben.

WICHTIGER HINWEIS

Mir ist klar, daß viele von Ihnen die "Ziele und Lebensziel"-Übungen beim ersten Durchlesen nicht gemacht haben werden. Ich weiß es deshalb, weil ich genauso gehandelt hätte - mit dem festen Vorsatz, mir die Übungen irgendwann zu einem späteren Zeitpunkt vorzunehmen!

Falls Sie es so vorhaben sollten, bitte ich Sie inständig, die Übungen jetzt sofort zu machen. Es ist so wichtig zu verstehen, *weshalb* Sie dieses Geschäft betreiben, *bevor* Sie erfahren, *wie* Sie es machen sollen. Darauf ist das gesamte Buch aufgebaut. Und Ihr zukünftiger Erfolg in Network Marketing hängt davon ab.

Ich möchte Ihnen vorschlagen, die schriftlichen Übungen mit einem Bleistift auszufüllen. Sie werden persönlich und geschäftlich wachsen - und werden vielleicht das eine oder andere neu schreiben wollen.

Kapitel Drei: Training - Ihr Erster Schritt

Das Training ist das Fundament Ihres Erfolgs in diesem Geschäft. Wie ich bereits sagte, besteht der schnellste und sicherste Weg, ein Fach zu meistern, darin, es andere zu lehren. Wenn Sie verstehen, weshalb Training so wichtig ist und wie Sie Ihr eigenes Trainingsprogramm beginnen können, unternehmen Sie den ersten großen Schritt zum Aufbau eines stets wachsenden, dauerhaften und erfolgreichen Network Marketinggeschäfts, und Sie werden auf dem besten Weg sein, sich wahre finanzielle Freiheit zu schaffen.

Es gibt im Grunde zwei Gruppen von Menschen, die Network Marketing beitreten.

Die erste Gruppe nenne ich Sigi und Susi Schaffer. Diese Leute wissen, daß es für jedes Gebiet bewährte und erprobte Prinzipien gibt, die zu dem erwünschten Erfolg führen. Sie wissen, daß sie von den Experten lernen und die gleichen Ergebnisse - oder sogar bessere - erzielen können, wenn sie das von den Experten Erreichte genau nachahmen. Sigi und Susi Schaffer sind Leute, die sich um dieses Wissen stark bemühen.

Manchmal organisieren ihr Unternehmen oder ihre Förderer Trainings, und Sigi und Susi sind stets mit Leidenschaft dabei. Sie brauchen nur ein oder zwei "Aha!"-Erlebnisse, die die weitere Entwicklung ihres Geschäfts stark beeinflussen können.

Es kann auch sein, daß Sigi und Susi nicht das Glück haben, Trainings besuchen zu können, oder sie wurden von Förderern gesponsert, die diese notwendigen Bildungsmaßnahmen nicht zur Verfügung stellen. Doch die Schaffers gehen hinaus und besorgen sich dieses Wissen anderweitig. Sie versuchen nicht, das Rad neu zu erfinden. Sie finden heraus - wenn es sein muß, auch im Alleingang - welche Prinzipien und Prozesse den Erfolg gewährleisten. Dieses Wissen besorgen sie sich von anderen Personen, von Seminaren oder von Trainingshilfen wie Cassetten und Büchern.

Nun, die Sigi und Susi Schaffers stellen ca. 20% der in unserem Geschäft Tätigen dar. Die anderen 80% nenne ich die Hermann und Hermine Hoffentlich-Klappt's.

DAS DENKSCHEMA DURCHBRECHEN

Der grundlegende Unterschied zwischen diesen beiden Pärchen liegt in ihrer jeweiligen Einstellung.

Sigi und Susi glauben aufrichtig von ganzem Herzen, daß sie den Erfolg und den damit verbundenen Lebensstil tatsächlich *verdienen*.

Hermann und Hermine Hoffentlich-Klappt's sind noch nicht soweit. Ihr Selbstbewußtsein ist sehr schwach. Vielleicht haben sie viele Niederlagen einstecken müssen; als Konsequenz glauben sie, daß sie nie *wirklich* erfolgreich sein können.

Hermann und Hermine haben sich eine negative Denkweise zur Gewohnheit gemacht, die den Mißerfolg zwangsläufig mit sich bringt. Nur selten denken sie an den Hauptbestandteil jeden Erfolgs - *nämlich den Glauben, daß sie es schaffen können, erfolgreich zu sein!* Also müssen sie zunächst ihr *Denkschema* durchbrechen.

DENKMODELLE, DIE FUNKTIONIEREN

Es gibt eine Aussage, die behauptet, Denkmodelle seien an sich falsch und funktionierten nicht. Dem stimme ich nicht zu. Ich behaupte, Denkmodelle, die *nicht funktionieren*, sind falsch.

Sigi und Susi Schaffer besitzen ein Denkmodell, das ihnen sagt, sie werden Erfolg haben. Dieses Denkmodell unterstützt sie und gibt ihnen Kraft!

Das Denkschema der Hoffentlich-Klappt's hingegen weist eine Fehlfunktion auf: Es schränkt ihre Möglichkeiten ein. Sie können sich nur ihrem vermeintlichen

Schicksal fügen und sich sagen: "Hoffentlich klappt's!" In Wirklichkeit glauben sie nicht daran, daß sie eine Chance besitzen - und mit diesem Denkschema besitzen sie, ganz ehrlich gesagt, nicht die geringste Chance.

Network Marketing macht es jedem sehr einfach, mit sehr geringem oder überhaupt keinem Risiko ein selbständiges Geschäft aufzubauen. Doch die phantastischen Möglichkeiten, die dieses Geschäft bietet - seien sie echt oder erträumt - ziehen viele Hermanns und Hermines an.

Die Konsequenz davon ist, daß sie von einer Gelegenheit zur nächsten springen in der Hoffnung, daß es beim nächsten Mal irgendwie für sie klappen wird. Sie glauben tatsächlich, daß sie den Erfolg erreichen werden, wenn es ihnen gelingt, das "perfekte Produkt" zu finden oder "rechtzeitig" bei der "richtigen Gelegenheit" einzusteigen.

Selbstverständlich ist es eine absolute Notwendigkeit, ein Produkt und ein Unternehmen zu finden, mit denen Sie sich mit Leidenschaft identifizieren können. Doch der Erfolg kommt nicht von außen herein. Er kommt von innen heraus. Wie Anton Tschechow sagte: *"Der Mensch ist, was er glaubt"*.

TRAINING BEGINNT MIT IHREM GLAUBEN

Welche ist wohl die größte Herausforderung, die Sie beim Aufbau eines großen und erfolgreichen Network Marketinggeschäfts annehmen müssen?

Wissen Sie, die meisten Menschen glauben, die größte Herausforderung bestehe darin, alles über die Vermarktung des Produkts zu lernen und dann dieses Wissen anderen zu vermitteln... oder sie bestehe darin, die Prinzipien des Geschäftsaufbaus zu meistern und anderen zu zeigen, wie sie es einem gleichtun können... oder man müsse ein guter Verkäufer sein oder ein guter Führer. Doch nichts davon trifft zu.

Die größte Herausforderung, die Sie beim Aufbau eines großen, erfolgreichen Geschäfts annehmen müssen, besteht darin, stets neue Wege zu finden, die Glaubenssysteme derjenigen, mit denen Sie Umgang haben, zu ändern und deren Selbstwertgefühl anzuheben. Und beginnen müssen Sie mit *sich selbst*.

SEIEN SIE EINE INSPIRATION

Als ich in diesem Geschäft begann, war es eines meiner Ziele, ein mächtiger Motivationstrainer zu werden. Nun, ich wurde einer - und wissen Sie was? Motivation ist nicht das Wahre.

Jetzt ist es mein Ziel, Leute zu *inspirieren*. Der Unterschied zwischen beiden besteht darin, daß Motivation nur vorübergehend ist. Sie ist lediglich eine Anregung von außen her. *Inspiration* ist etwas ganz anders.

Wenn Sie andere inspirieren, schalten Sie bei ihnen sozusagen ein *inneres Licht* an. Sie helfen ihnen, ihr eigenes Potential zu erkennen. Motivation kann aufregend sein, doch hält sie bei den meisten nicht lange an - denn in der Regel paßt sie nicht zum existierenden Denkschema.

Menschen können Sie mit phantastischen Erfolgsgeschichten motivieren und sie voller Energie pumpen, doch wenn sie glauben, sie verdienen den Erfolg nicht, oder sie hätten nicht das "Zeug" dazu - können Sie es getrost vergessen. Solche Information ist zwar toll, doch sie existiert nur außerhalb der Menschen.

Inspiration kommt von *innen* heraus. Wenn Sie einen Menschen motivieren, ist das, wie wenn Sie ihm einen Fisch geben, ihn zu inspirieren heißt, ihm das Fischen beizubringen. Wenn Sie Menschen inspirieren, verändern sie deren Denksysteme - und Sie helfen ihnen, ihr Leben zu verändern!

Das Fundament eines erfolgreichen Network Marketinggeschäfts, welches Ihr Trainingsprogramm zuerst schaffen muß, liegt darin, das Denkschema des Erfolgs zu installieren.

WIEDER UND WIEDER UND WIEDER

Wiederholungen sind wie das stete Tropfen von Wasser auf einen Stein. Durch die Jahre wird es eine bleibende Vertiefung verursachen. In diesem Buch werde ich manche Schlüsselthemen mehrmals wiederholen. Denn diese Schlüsselthemen sind einfach sehr wichtig!

Ich werde sie also mehrmals wiederholen (wie ich schon sagte!). Und das an sich ist ein sehr wichtiger Aspekt eines jeden Trainingsprogramms. Haben Sie keine Angst davor, immer und immer wieder die wirklich grundlegenden Punkte zu wiederholen und zu wiederholen und noch einmal zu wiederholen. Es ist der beste Weg, sicherzustellen, daß Ihre Leute diese Punkte begreifen und sich diese zu eigen machen.

Es folgt der erste Punkt, zu dem ich in diesem Buch immer wieder zurückkehren werde.

DER HÄUFIGSTE TRAININGSFEHLER

Ich nenne Ihnen jetzt den meiner Meinung nach häufigsten Fehler, wenn es in Network Marketing um das Training geht: *Die Trainer sind in der Regel die erfahrensten und erfolgreichsten Berater.*

Wenn Sie darüber nachdenken, werden Sie feststellen, daß jene erfahrenen Trainer schon seit sechs Monaten, ein Jahr oder länger im Geschäft sind. Während dieser Zeit haben sie sich ein ungeheures Wissen über die Produkte, das Unternehmen, den Marketingplan, über das ganze Geschäft und die Prinzipien des erfolgreichen Network Marketing angeeignet.

Es ist ein natürlicher Vorgang, doch wir vergessen sehr häufig, wie lange es dauerte, bis wir all das gelernt hatten. Und dann nehmen wir ein paar neue Berater und versuchen, sie auf unseren Wissensstand zu bringen - *in den ersten paar Stunden*. Es ist doch verrückt!

Auch wenn unsere neuen Leute von den Möglichkeiten vorübergehend völlig begeistert sind, mit diesem Verhalten schaffen wir im Endeffekt in ihrem Kopf ein Denksystem, das immerzu "Überlastung!" schreit. Unsere Leute können sich das, was wir ihnen erzählen, in seiner ganzen Tragweite einfach nicht vorstellen. Wir stopfen soviel Information in sie hinein, daß sogar der intelligenteste und willigste Mensch völlig durcheinander gerät!

Haben Sie jemals einem Menschen Ihren Marketingplan vorgestellt, der ihn beim ersten Mal sofort begriff? Es ist alles sehr verwirrend. Und wenn Menschen verwirrt und durcheinander sind, ist es ganz natürlich zu glauben: "Das schaffe ich einfach nicht. Vielleicht ist es doch nicht das Richtige für mich."

DENKEN SIE DARÜBER NACH

Wenn Sie schon länger dabei sind, denken Sie an jene neuen Leute zurück, von denen Sie glaubten, sie seien von Ihrem Geschäft völlig begeistert. Doch dann, als diese erfuhren, was für den Erfolg erforderlich war, hörten Sie nie wieder von ihnen. Oder Sie mußten sich Ausreden anhören, weshalb sie es nicht schafften.

Denken Sie darüber nach! Könnte es sein, jene Menschen hörten zuviel über das "*Wie*", bevor sie genug von dem "*Weshalb*" erfahren hatten? Könnte es sein, sie lernten zuviel über System und Methode des Geschäfts, bevor sie sich hinreichend mit den Gründen für ihre Entscheidung beschäftigt hatten?

Nun, wären sie sich ganz und gar im Klaren darüber gewesen, weshalb diese Gelegenheit für sie und ihre Zukunft so wichtig war - hätte ihr Vertrauen vielleicht doch stark genug sein können, um jene anfänglichen Phasen von Zweifel, Angst und Ablehnung überstehen zu können.

EIN SCHRITT NACH DEM ANDEREN

Worauf ich hinaus will, ist folgendes: Ich glaube, daß das Training in Abschnitte unterteilt sein sollte, und daß neue Leute, die dem Geschäft beitreten, ein Training für neue Berater absolvieren sollten, welches kurz und bündig veranstaltet wird. Und daß die Dinge, die sie zuerst entdecken und lernen sollen, auch zuerst gelehrt werden!

Der Sinn eines solchen Trainings ist, ein paar bestimmte Dinge zu vermitteln, aber nicht den neuen Berater mit Unmengen an Informationen zu überschütten - zumal er diese für seinen Anfang im Geschäft höchstwahrscheinlich nicht gebrauchen kann.

Ich will Ihnen noch nicht das genaue Format Ihres Trainingsprogramms nennen. Im Kapitel Zehn, "Training für neue Berater", werde ich Ihnen zeigen, wie dieses Training aussehen und wo es stattfinden sollte, und wie Sie es erfolgreich veranstalten.

Im Moment und durch das ganze Buch hindurch bis zu Kapitel Zehn möchte ich nur, daß Sie die einzelnen Bestandteile des gesamten Trainingsprozesses verstehen. Später werden Sie sehen, wie sich diese Bestandteile zu einem Ganzen zusammenfügen.

Übrigens: Wenn Sie nicht widerstehen können, diese Ideen sofort anzuwenden, ist das in Ordnung. Doch ich möchte Ihnen nahelegen, *das gesamte Buch mindestens dreimal durchzulesen*, bevor Sie diese Trainingsmethoden mit Ihren Leute anwenden.

EIN FUNDAMENT DER BEGEISTERUNG

Egal, mit welchen Produkten oder mit welchem Unternehmen Sie zu tun haben, jeder in Network Marketing ist im *Begeisterungsgeschäft*.

Die erfolgreichsten Männer und Frauen in unserem Geschäft sind jene, die ihre Begeisterung mühelos und natürlich mit anderen teilen können. Wir nennen es "Begeisterung übertragen".

Sie können anderen am besten helfen, ihre Begeisterung zu übertragen, wenn Sie ihnen dabei helfen, wirklich und vollkommen zu verstehen, wie großartig ihr Geschäft tatsächlich ist!

Mit anderen Worten: Wenn sie sich entscheiden, die Produkte und Gelegenheit mit anderen zu teilen, besitzen sie bereits ein gewisses Maß an Begeisterung. Was wir jetzt tun müssen, ist ihnen zu zeigen, wie sie diese Begeisterung effektiver auf andere *übertragen* können. Genau diesen Zweck soll das Training für neue Berater erfüllen.

Ich meine damit nicht, aus jenen Menschen Experten für Produkte oder Geschäft zu machen, sondern ihnen zu helfen, ihre *Begeisterung* über Produkte und Gelegenheit *verschenken* zu lernen.

Begeisterung ist eine wunderbare Sache. Sie besitzt sogar die wunderbare Eigenschaft, unbegrenzt zu wachsen und sich zu verbreiten - und zwar in direktem Verhältnis dazu, wieviel wir davon übertragen und anderen schenken.

Es spielt keine Rolle, wieviel Sie davon verschenken, Sie werden immer mehr davon besitzen, als vorher. Das liegt daran, daß Begeisterung nicht von außen her kommt. Begeisterung wächst von innen heraus.

Ein anderes Wort für Begeisterung ist Enthusiasmus. Dieser Begriff setzt sich zusammen aus den griechischen Wörtern *Enthos*, welches "innen" oder "inner" bedeutet, und *Theos*, welches "Gott" oder "Geist" bedeutet. Enthusiasmus bedeutet also wortwörtlich "innerer Gott oder Geist". Sie haben vielleicht wirklich enthusiastische Menschen schon einmal erlebt - haben sie diesen Begriff nicht vollkommen verkörpert?

WOHER STAMMT BEGEISTERUNG?

Sie ist ein Erzeugnis unserer Leidenschaft.

Deswegen begann ich dieses Buch mit einer Einführung über dieses wunderbare Network Marketinggeschäft

- welch ein Geschenk es ist, wie mächtig und mitreißend. Wenn Sie dieses Geschäft einmal verstehen und lieben, glauben Sie dann, daß Sie Ihre Begeisterung dafür werden übertragen können? Darauf können Sie wetten!

Aus dem gleichen Grund handelt Kapitel Eins von Ihren Zielen und Ihrem Lebensziel. Wenn Leute ihr Lebensziel erkennen und begreifen, daß Network Marketing der perfekte Weg ist, dieses Ziel zu verfolgen und zu erleben, dann sprudelt ihre Begeisterung mühelos und völlig natürlich aus ihnen heraus.

Deswegen gibt es Ihnen so gewaltige Kraft, sich Ihr Lebensziel stets vor Augen zu halten. Und wenn wir der Leidenschaft unseres Lebensziels die Vier Brennstoffe zuführen - immer und überall, wann und wo wir es wollen - sind wir nicht aufzuhalten!

Ich empfehle Ihnen sehr, Ihren Leuten das Lesen von "Ihre Einführung" sowie der Kapitel Eins und Zwei nahezulegen, bevor sie das Training für neue Berater besuchen. So werden Sie keine fehlfunktionierenden Glaubenssysteme, die sie vielleicht haben, durchbrechen müssen.

Ihre Leute werden wissen, *weshalb* sie teilnehmen und *weshalb* sie erfolgreich sein wollen. Sie werden ihnen nicht beibringen müssen, Begeisterung zu entfachen. Ihre Aufgabe wird einfach darin bestehen, die vorhandene Kraft der kreativen Leidenschaft und Energie in die richtige Richtung zu lenken.

Einfacher gesagt: Ihre Leute werden wissen, wo sie hingehen wollen - Sie müssen ihnen nur zeigen, wie sie dort ankommen können.

Ihr Trainingsprogramm für neue Berater sollte natürlich Grundkenntnisse über Produkte und Unternehmen vermitteln, doch müssen Sie darauf achten, daß es wirklich bei Grundkenntnissen bleibt.

EIN NEUER BERATER BRAUCHT EIN TRAINING *VON* NEUEN BERATERN

Noch einmal: Ich glaube, ein *neuer* Berater sollte von einem ebenfalls noch ziemlich neuen Berater trainiert werden, nicht von einem alten Hasen, der schon seit zwei Jahren im Geschäft ist.

Es hat keinen Zweck, wenn das erste,was ein neuer Berater lernt, aus zu speziellen Informationen über die Produkte oder über die zweite Hälfte des dritten Abschnitts des Marketingplans besteht. Mit solchen komplizierten technischen Details können sie sich zu einem späteren Zeitpunkt befassen.

Ich meine, ein Training für neue Berater sollte von einem relativ neuen Berater abgehalten werden, einem Berater, der großen Erfolg erlebt. Es sollte jemand sein, der noch ziemlich neu im Geschäft ist. Eine energiegeladene Person.

Und wieso ist das so wichtig?

Weil Network Marketing vom *Duplizieren* lebt.

Einem neuen Berater wird es kaum sofort gelingen, das Duplikat eines erfahrenen Profis zu werden, der seit Jahren im Geschäft ist und 100 000 DM im Monat verdient. Die meisten neuen Menschen sehen sich so etwas nur einmal an - und werden sofort entmutigt. Aus dem einfachen Grund, daß sie sich noch nicht vorstellen können, selbst so erfolgreich zu sein.

Ihr Trainer sollte jemand sein, *der wirklich von jedem dupliziert werden kann*. Und diese Person vermittelt jenen neuen Beratern die zwei Grundlagen des Geschäfts: Grundlage 1 sind die Produkte - also ein *wenig* Produktwissen - und Grundlage 2 ist das Geschäft - wiederum ein *wenig* Geschäftswissen.

Ich behaupte keinesfalls, es gäbe keinen Platz für die erfahrenen und erfolgreichen Profis. Ganz im Gegenteil. Abgesehen davon, daß diese Männer und Frauen eine wirkliche und gegenwärtige Inspiration darstellen, sind sie darüber hinaus die reichsten Hilfsquellen Ihres Networks. Sie alle sind "schon mal da gewesen", wo der neue Berater steht. Sie sind ausgezeichnete Trainer und Trainerinnen. Sie sind wie geschaffen, um fortgeschrittene Führungsfähigkeiten zu vermitteln, denn sie sind führende Persönlichkeiten.

Was ich sagen will, ist, daß am Anfang ein noch "neuer" Berater das Training für neue Berater abhalten sollte. Das hat zwei Gründe. Erstens: ein solcher Berater ist ein "erreichbares" Vorbild und Modell. Zweitens: es liegt sowohl in Ihrem eigenen Interesse als auch im Interesse Ihrer Leute, daß diese so bald wie möglich andere im Rahmen eines Trainings unterrichten. Vergessen Sie nicht, was ich Ihnen schon sagte: Sie beherrschen Network Marketing, indem Sie andere darin unterrichten. Je schneller Sie und Ihre Leute mit dem Unterrichten anderer beginnen, um so besser.

Und glauben Sie bitte nicht, es würde endlose Monate dauern, bis Sie einen guten Trainer ausgebildet haben. Mit dem in diesem Buch enthaltenen System werde ich Ihnen zeigen, wie Ihre neuen Berater bereits nach zwei oder drei Wochen in der Lage sein können, andere zu trainieren!

Bevor wir uns den einzelnen Elementen Ihres Trainings für neue Berater zuwenden, sollten wir uns über einen Punkt noch unterhalten.

MEHR ALS NUR EIN "LEHRLINGSGEHALT"

Network Marketing ist ein System, bei dem Sie bereits während des Lernens verdienen können. Es ist nicht wie herkömmliche Berufe, die Jahre der Ausbildung bedürfen, die oftmals vom Auszubildenden finanziert werden müssen. Network Marketing lernen Sie, indem Sie es tun - also "Learning by Doing" - und Sie werden dafür auch noch bezahlt!

Ein ziemlich revolutionärer Ansatz. Doch gehen wir noch einen bedeutenden und mächtigen Schritt weiter.

Sie werden nicht nur während Ihrer "Ausbildung" verdienen, sondern Sie werden schneller und gründlicher lernen - was sich wiederum positiv auf Ihren Verdienst auswirkt - *wenn Sie anderen beibringen, was Sie selbst gerade lernen.*

Heutzutage legen wir großen Wert auf die Erziehung unserer Kinder. Als Eltern ist es unsere Aufgabe, unseren Kindern die in unserer Gesellschaft geltenden Werte zu vermitteln, sie darin zu unterstützen, solide und starke Persönlichkeiten zu werden. Doch wissen Sie was? Fragen Sie irgendwelche Eltern: Wer lernt in dieser Beziehung am meisten, die Kinder oder die Eltern?

Ganz klar: wir lernen viel mehr durch das Lehren.

Es gibt nichts, was das Lehren des Gelernten übertreffen könnte, und zwar aus einem wichtigen Grund: *Während Sie lernen, sind Sie für alle Möglichkeiten offen. Sie seh-*

nen sich danach, Ihr Fach zu beherrschen, neue und bessere Wege des Verstehens zu entdecken und anzuwenden. Die Zen-Mönche nennen es "Den Geist des Neulings". Es ist ein grundlegender Aspekt meines Ansatzes.

Das Trainingsprogramm für neue Berater, das Sie in diesem Buch kennenlernen werden, ist so einfach zu duplizieren, daß Sie schon nach wenigen Tagen und Wochen die Prinzipien beherrschen und mit anderen teilen werden.

Denken Sie einen Moment darüber nach, welche Erkenntnisse Sie über Ihr Lebensziel und die Brennstoffe der Leidenschaft bereits gewonnen haben.

Wenn Sie die beiden Kapitel noch einmal lesen, und dann ein drittes Mal, und Sie diese Prinzipien in Ihrem Leben und Geschäft anwenden - glauben Sie, anderen zeigen zu können, wie sie ihr Lebensziel wiederentdecken können?

Könnten Sie jemandem beibringen, die vier Brennstoffe einzusetzen? Eine Schatzsammlung anzulegen? Wie sieht es mit der Bedeutung von Bildung und Wissen aus, oder mit unerschütterlichem Glauben? Wenn Sie sie gelesen haben und sie verstehen lernen, indem Sie sie anwenden - ja, dann können Sie anderen zeigen, wie sie es Ihnen gleichtun können!

Ich weiß, daß Sie all das und mehr erreichen können, denn ich habe unzählige Menschen beim selben Prozeß beobachtet. Darin besteht die bemerkenswerte Kraft dieses einmaligen Trainingssystems. Es entfesselt Ihre natürlichen Fähigkeiten, zu lernen und das Gelernte mit anderen zu teilen.

Verstehen Sie mich bitte richtig, denn es geht hier

nicht darum, perfekt und fehlerlos zu sein. Es geht darum, auf dem Weg zur Beherrschung des Network Marketing zu sein. Und Sie sind haben ein großes Stück dieser Reise bereits hinter sich.

Als Nächstes folgt eine Übersicht meines ganzen Lehrsystems. Der Rest dieses Buches handelt davon.

DIE HAUPTBESTANDTEILE IHRES TRAININGS FÜR NEUE BERATER

KAPITEL 4: DIE PRODUKTE

Lieben Sie Ihre Produkte bzw. Dienstleistung. Werden Sie ein meisterhafter Kenner der Vorzüge Ihrer Produkte. Haben Sie immer die richtige Antwort bereit (oder wissen, wie Sie sie erfahren können). Seien Sie sich im klaren, wer Ihr bester Kunde ist. Lernen Sie, Ihre Begeisterung mit anderen kraftvoll und natürlich zu teilen, sodaß andere sie (und Sie!) unwiderstehlich finden!

KAPITEL 5: DIE SUCHE NACH INTERESSENTEN

Raus aus dem Geschäft des Überredens, rein ins Geschäft des Sortierens. Arbeiten Sie smart (nicht hart). Setzen Sie Prioritäten. Machen Sie die Welt zu Ihrer Auster. Wie Sie das Telefon für sinnvolle Nah- und Ferngespräche einsetzen, und vieles mehr.

KAPITEL 6: PRÄSENTATIONEN

Alles einfach und duplizierbar halten. Nicht *was* Sie sagen zählt, sondern *wie* Sie es sagen. Noch besser: Wie Sie Ihren Interessenten dazu bringen, es zu sagen! Die Macht eines Präsentationsbuches. Helfen Sie Ihren Interessenten, die richtige Wahl zu treffen - wieder und immer wieder.

KAPITEL 7: EINWÄNDE

90% aller Einwände sind *wiederkehrende* Einwände - sie werden ständig erhoben und widerlegt. Wenn Sie sie gelernt haben, werden sie zu Gelegenheiten in Arbeitsbekleidung. Lernen Sie, Detektiv zu sein. Wie Sie versteckte Fragen Ihres Interessenten aufdecken, diese beantworten und sie so zu wertvollen Hilfsmitteln machen.

KAPITEL 8: NACHSETZEN UND DURCHSETZEN

Service am Kunden und Kundenzufriedenheit ist alles. Ihr "Geschäft in der Schachtel" hilft Ihnen, sich mühelos zu organisieren und äußerst produktiv zu sein. Wie Sie als Großmeister der Geschichten erstaunliche Ergebnisse erzielen - Ihr Schlüssel zu Macht und Erfolg.

KAPITEL 9: PRÄSENTATIONEN UND MEETINGS

Meetings können Spaß machen, sie können inspirierend, einfach und duplizierbar sein - und können für explosiven Schwung und Wachstum sorgen. Die fünf Schlüsselfragen in diesem Kapitel sind ein Vermögen wert!

KAPITEL 10: DAS TRAINING FÜR NEUE BERATER

Erziehen Sie Ihre "Kinder" richtig. Wie Sie sie auf die wirkliche Welt vorbereiten. Hier trifft alles zusammen. In diesem Kapitel bekommen Sie Schritt für Schritt einen umfassenden Einblick in das gesamte Trainingssystem - eine Ladung geballter Energie für Ihr Geschäft!

KAPITEL 11: DAS DUPLIZIEREN

Ihre Adlerküken sollen hoch hinaus fliegen! Hier steht, was Sie in den ersten zwei Tagen, zwei Wochen und zwei Monaten nach dem "Schlüpfen" Ihrer Adlerküken zu tun haben. Wenn Sie diese Prinzipien begreifen und anwenden, werden sich Erfolg und finanzielle Freiheit von selbst einstellen!

Da haben Sie's. Darauf können Sie sich jetzt freuen. Ich hoffe, die nächsten paar Stunden werden zu den spannendsten, aufschlußreichsten und produktivsten in Ihrem Leben zählen.

In Ihren Händen liegt der Schlüssel zum Erfolg in diesem Geschäft. Seit Jahren suchen unzählige Menschen danach. Hört sich das arrogant an? Das ist es nicht. Arroganz ist unbegründete Wichtigtuerei. Das will ich nicht vermitteln. Was ich sagen will, ist:

Erstens: *Sie halten den Schlüssel in Ihren Händen* - mit mir hat es nichts zu tun. Ohne Sie bedeuten diese bewährten Prinzipien und Methoden gar nichts.

Zweitens: Was Sie hier lernen, funktioniert wirklich! Um es zu beweisen, müssen Sie lediglich damit beginnen, die beschriebenen Prinzipien anzuwenden. Wählen Sie einfach eins und probieren Sie es aus. Sie werden sofort erkennen und erfahren, wie mächtig und zutreffend sie sind.

Sind Sie bereit für den außergewöhnlichen Erfolg? Großartig! Lassen Sie uns weitermachen. Das nächste Kapitel handelt von - den Produkten!

Kapitel Vier: Die Produkte

In Network Marketing sind Ihre Produkte das A und O. Wie ich schon mehrmals gesagt habe: Sie selbst müssen Ihr bester Kunde sein. Unser Geschäft basiert auf dem Teilen und Sortieren (im Gegensatz zum Überreden), und von daher gibt es nichts, was Ihre Liebe zu Ihren Produkten ersetzen kann. Diese Liebe können Sie auf zwei Arten erleben: entweder als Liebe auf den ersten Blick, oder Sie lernen sie lieben. In diesem Kapitel werden wir beide Möglichkeiten betrachten.

Haben Sie jemals jemanden kennengelernt, der etwas Bestimmtes innig und leidenschaftlich liebte? Vielleicht war es Fußball, Kunst, Musik... es spielt keine Rolle. Wichtig ist, daß diese Menschen eine der stärksten Kräfte dieser Welt darstellen!

Wie kommt das? Nun, einige Gründe haben wir bereits besprochen: Lebensziel... Leidenschaft... Begeisterung... Menschen mit diesen Eigenschaften sind einfach unwiderstehlich.

Die Punktetabellen und die Abseitsregel des Fußballs mögen Sie völlig kalt lassen, doch die Freude und Begeisterung, die ein echter Fan für diesen Sport empfindet, können Sie manchmal einfach mitreißen.

Stellen Sie sich bitte einmal folgendes vor: Eine Freundin von Ihnen hat neulich ein Produkt entdeckt, welches ihr Leben völlig verändert hat. Sie sieht sogar ganz anders aus als bei Ihrer letzten Begegnung. Zehn Jahre jünger, voller Farbe und Energie und platzend vor Glück und Gesundheit!

"Was ist mit dir passiert?", fragen Sie sie. Und Ihre Freundin beginnt, ihre Geschichte zu erzählen.

AUS LIEBE ZUR SACHE

"John, ich kann es einfach nicht glauben! Ich bin so aufgeregt, daß ich platzen werde, wenn ich's nicht mit dir teile.

"Erinnerst du dich an die vielen exotischen Diäten, die ich ständig machte? Dauernd versuchte ich irgendeine Diät - mal diese, mal jene - doch selbst wenn ich abnahm, nahm ich gleich wieder zu. Meine Kleider paßten mir nicht. Ich sah furchtbar aus, und ich fühlte mich entsprechend.

"Jetzt hat sich alles geändert! In nur drei Wochen nahm ich 20 Pfund ab - und das war vor drei Monaten! Ich habe nicht wieder zugenommen! Heute wiege ich weniger als zu unseren Studientagen! Hunger habe ich kaum, denn ich esse einfach, was mir schmeckt! Ich sehe phantastisch aus und fühle mich auch so! Was meinst du? Sehe ich nicht toll aus?

"Und noch etwas will ich dir sagen, John - es kostet mich keinen Pfennig! Im Gegenteil, letzten Monat zahlten sie mir sogar 800 Mark! Weißt du, was ich tue? Ich rede einfach mit Leuten, so wie ich mit dir rede. Mehr nicht! Und damit verdiene ich mir im Moment das Geld für mein neues Auto! Das mußt du dir einfach anschauen!"

Langweilig, nicht wahr? Überhaupt keine Begeisterung festzustellen. Nur ein weiteres, armes Mädchen, das sich mehr schlecht als recht durchschlägt.

Wissen Sie, ich lerne so viele Leute in diesem Geschäft kennen, deren Liebe und Begeisterung für ihre Produkte wirklich ansteckend wirkt - und mein Haus wird zunehmend voller von den verschiedensten Produkten! Ich kann einem Menschen, der völlig aufgeregt und so sehr in seine Produkte verliebt ist, einfach nicht widerstehen. Diese Leute sind einfach wunderbar! Sie sind voll des Lebens und der Liebe. Network Marketing betreibt man wirklich "aus Liebe zur Sache".

EIN CHINESISCHES SPRICHWORT

Die Philosophie östlicher Länder hat mich seit jeher fasziniert, besonders die Weisheit der Chinesen.

In China besagt ein altes Sprichwort in etwa Folgendes: Wenn jemand etwas Wertvolles mit Ihnen teilt, und Sie daraus einen Gewinn ziehen, dann sind Sie verpflichtet, es ebenso mit anderen zu teilen.

Die Chinesen glauben an unsere Verpflichtung, anderen das zu geben, was uns gegeben wurde. Es bedeutet sozusagen, das kontinuierliche Weiterfließen des Guten zu gewährleisten. In meinen Augen ist unser Prozeß des Teilens im Network Marketing genauso.

Wenn Ihnen die Vorzüge eines Produkts oder einer Dienstleistung zuteil geworden sind, und Sie diese dann mit anderen teilen, erfüllen Sie damit eine natürliche Verpflichtung. Übrigens: Das chinesische Alphabet besteht aus Wortbildern, und das Wortbild für "Verpflichtung" bedeutet gleichzeitig "die Straße nach Hause". Interessant, nicht wahr.

In "Ihre Einführung" erwähnte ich, daß Network Marketing, in meinen Augen, den natürlichen Gang der Dinge widerspiegelt. Es erscheint mir als einfach richtig, daß wir das, was uns gegeben wurde, mit anderen teilen.

Man könnte auch sagen, ein tolles Produkt oder Dienstleistung kennenzulernen und es *nicht* mit anderen zu teilen, wäre eigensüchtig. Auf jeden Fall, mir gefällt die Vorstellung, daß wir anderen Gutes tun, wenn wir unsere Produkte mit ihnen teilen - wir geben, was uns gegeben wurde.

PRODUKT GEGEN GESCHÄFT

Es gibt Stimmen, die behaupten, es sei die geschäftliche Gelegenheit, die Leute anzieht, und daß diese der eigentliche Wert von Network Marketing sei.

Ich bin ganz anderer Meinung.

Ohne ein ausgezeichnetes Produkt gäbe es kein Network Marketinggeschäft.

Selbst der lukrativste Marketingplan der Welt kann Ihnen kein dauerndes Einkommen gewähren, wenn das Produkt oder die Dienstleistung keinen echten Wert für den Endverbraucher darstellt. Das haben wir in diesem Geschäft immer wieder gesehen.

In der Vergangenheit haben manche Network Marketingunternehmen versucht, mittelmäßige oder gar schlechte Produkte durch tolle Geschäftsgelegenheiten zu vermarkten. Und manche haben anfangs gute Umsätze erzielt - doch irgendwann scheiterten sie. Der Marktplatz ist letztendlich auch Richter und Henker.

P. T. Barnum sagte: “In jeder Minute kommt ein Narr zur Welt”. Bei den gegenwärtigen Geburtenraten sind jene, die sich zum Narren halten lassen, eine verschwindend kleine Minderheit. Nein, die Menschen sind nicht dumm. Im Gegenteil. Immer mehr Verbraucher verlangen von allen Gütern und Dienstleistungen, die sie kaufen oder bezahlen, allerhöchste Qualität.

In Network Marketing können Sie *nur* am Verkauf der Produkte oder Dienstleistung verdienen. Schlechte Produkte = schlechter Verdienst. Die geschäftliche Gelegenheit ist das Verdienstsystem, das Sie unterstützt und für Ihre unmittelbaren Bemühungen entlohnt. *Ohne starke Produkte oder Dienstleistungen gibt es keinen bleibenden Wert.*

LEBENSVERBESSERNDE UND LEBENSVERÄNDERNDE PRODUKTE

Ob Sie mit Ernährungs- oder Diätprodukten, Finanzdienstleistungen, Wasser- und Luftfiltern, Vitaminen, Reiseclubs, Telekommunikationsprogrammen, umweltfreundlichen Autoprodukten, Investmentfonds oder Gesundheitsprodukten handeln: Ihr Produkt oder Dienstleistung ist der wichtigste Aspekt Ihres Geschäfts.

Produkte sind *die* treibende Kraft hinter jedem Network Marketinggeschäft. Und die besten Produkte können die Lebensqualität anderer verbessern oder gar ihr ganzes Leben grundlegend verändern.

Ich verrate Ihnen eine der höheren Erkenntnisse des Marketing:

Beinahe jedes Produkt verbessert die Lebensqualität.

"Tja," sagen Sie jetzt, "wenn das so ist, wieso wird denn nicht *jedes* Produkt ein voller Erfolg?"

Gute Frage. Hier ist die Antwort: Es liegt daran, daß diejenigen, die das richtige Produkt oder die richtige Dienstleistung anbieten, es versäumen, den *richtigen Menschen* die *richtigen Dinge* zu sagen.

Sie versäumen es, den Leuten die Vorzüge Ihrer Produkte oder Dienstleistung zu zeigen und zu erklären, oder, besser gesagt, was der Kunde davon haben wird.

Wie sollen Sie wissen, welche die richtigen Dinge sind, die Sie sagen sollen, und welche die richtigen Menschen sind, denen Sie sie sagen sollen?

Eine weitere gute Frage, die außerdem den zweiten Teil Ihres Trainings für neue Berater darstellt.

PRODUKTWISSEN

Jedes effektive Training für neue Berater sollte eben jene Berater von vornherein so viel wie möglich einbeziehen.

Bei solchen Trainings verteile ich gerne ein *Arbeitsblatt Produktvorteile* (ein Beispiel dieses Arbeitsblatts befindet sich im Kapitel 10). Jeder Teilnehmer am Training bekommt ein solches Arbeitsblatt. Und so setzen wir es ein.

VORTEILE

Wir betreiben jetzt ein kreatives Brainstorming. Im Rahmen des Trainings für neue Berater werden wir gemeinsam jene Vorteile unserer Produkte entdecken, die der Benutzer genießen wird.

Was jetzt folgt, ist sehr wichtig. Wir reden *nicht* über die Fakten und Einzelheiten, auch nicht über die technischen Daten. Wir reden über die *Vorteile*, die der Benutzer genießen wird. Die Vorteile sind die *Ergebnisse*, die der Benutzer erzielt, wenn er das Produkt benutzt.

Allzu oft verheddern sich Berater in irgendwelchen technischen Einzelheiten, die sie selbst faszinierend finden. Diese Fakten sind nur insofern wichtig, als sie die Vorteile, die der Benutzer des Produkts hat, unterstützen. Leute wollen wissen, was Ihr Produkt oder Ihre Dienstleistung *für sie tun kann.*

Die einzelnen Bestandteile des Produkts mögen sehr interessant sein und durchaus zu seinem Wert beitragen, doch Ihre potentiellen Kunden und Interessenten wollen wissen, wie das Produkt ihr Leben verbessern kann.

Im Laufe dieses Brainstormings also nennt jeder Teilnehmer einen Vorteil des Produkts, und der Trainer schreibt sie auf die Tafel oder Flipchart (Teilnehmer können diese später notieren). Die dabei entstehende Energie ist beachtlich!

Wichtig: Bei einem Brainstorming ist das Wort "Nein" unzulässig. Nichts hemmt den freien Ideenfluß so sehr wie die Worte "Nein, das stimmt nicht" oder "Nein, da haben Sie unrecht".

Etwaige Mißverständnisse kann man später korrigieren. Im Moment sollen Ihre neuen Berater nur überlegen, welche Vorteile der Benutzer Ihrer Produkte genießen wird. Es ist wichtig, daß die Berater diese Vorteile nennen - und es spielt eine große Rolle im Gesamtzusammenhang. Nach einem solchen Brainstorming sitzen diese Vorteile tief.

Sie werden vermutlich jedesmal etwas Neues lernen, wenn Sie diese Übung durchführen. Und wenn Sie Ihre neuen Berater mit all ihrer Begeisterung dazu bringen können, die Vorteile der Produkte anderen besser mitteilen zu können, werden Sie deren Verkaufserfolge und Produktivität *mindestens* um das zehnfache steigern.

DIE HÄUFIGSTEN FRAGEN

Als Nächstes bringen Sie jedem neuen Berater bei, die am häufigsten über Ihre Produkte oder Dienstleistungen gestellten Fragen zu beantworten.

Solche Fragen können Sie zusammen mit guten, vernünftigen Antworten und Erklärungen auf einem Blatt Papier vorbereiten und verteilen.

Vergewissern Sie sich, daß Ihre neuen Berater - deren Begeisterung zwar groß, aber leicht zu zerstören ist - auf die Beantwortung dieser Fragen gut vorbereitet sind. Lassen Sie nicht zu, daß sie nach dem Prinzip des "Versuchs und Irrtums" allein herausfinden müssen, was funktioniert und was nicht. Ihre Aufgabe besteht darin, sich um sie zu kümmern. Und wenn Sie sie in diesem Geschäft einführen wollen, sollten Sie die am häufigsten gestellten Fragen bereits kennen.

Sie können auch in diesem Zusammenhang ein Brainstorming veranstalten, um diese Fragen aufzudecken oder Ihrer bestehenden Liste neue Fragen hinzuzufügen. Lassen Sie wieder die neuen Berater die Fragen ausrufen; wenn nötig, können Sie oder mehr erfahrene Berater die Liste ergänzen.

Auf die Fragen folgen die Antworten. Einige können Sie bereits schriftlich vorbereitet haben, doch sollten Sie den neuen Beratern immer zuerst die Möglichkeit geben, die Fragen zu beantworten.

Rollenspiele eignen sich in solchen Situationen hervorragend. Bilden Sie Mannschaften oder Paare, die sich abwechselnd Fragen über Produkt oder Dienstleistung stellen. Die dabei entstehende Energie ist beeindruckend. Ihre Berater begreifen schnell, was sie wirklich wissen müssen und wie sie ihre Begeisterung am besten und produktivsten vermitteln können.

Wenn Sie Ihre Leute auf die Beantwortung dieser Fragen vorbereiten, bereiten Sie sie auch auf die wirkliche "Welt da draußen" vor. Sie werden ihre Gefühle der Ablehnung und Entmutigung, die in den ersten paar Wochen des Geschäfts auftreten können, minimieren. Und wenn Sie das tun, wird die "Aussteiger-Rate" rapide sinken - und Ihr Einkommen ebenso rapide steigen!

Noch ein Wort zum Thema Produktwissen:

VERGESSEN SIE NICHT IHR UNTERNEHMEN

Folgendes wird wahrscheinlich eher für Network Marketingunternehmen als für gewöhnliche Unternehmen gelten: *ein großartiges Produkt stammt von einem großartigen Unternehmen.*

Es fällt den meisten Menschen leicht, sich für ihr Unternehmen und seine Leute zu begeistern.

Wenn Sie ein Vorbild für den unerschütterlichen Glauben suchen - sehen Sie sich einmal die Führungskräfte des Unternehmens an. Deren Verpflichtung den Produkten und Ihnen gegenüber hat sie dorthin gebracht, wo sie heute sind. Ihre Führung hält Ihr Geschäft und das ganze Unternehmen am Laufen.

Jedes Network Marketingunternehmen hat einige großartige Leute in den oberen Etagen. Diejenigen, die ich kennengelernt habe, wissen genau, daß das Geschäft ihrer Berater von ihren Produkten abhängt. Ebenso wissen sie, daß das Geschäft des Unternehmens *von den Beratern* abhängt. Aus diesem Grund konzentrieren sie ihre Aufmerksamkeit, Kreativität und Unterstützung darauf, Ihr Geschäft so einfach und erfolgreich wie nur möglich zu machen. Die Führungskräfte Ihres Unternehmens tragen ebenso zum Wert Ihrer Produkte oder Dienstleistung bei, als wären sie ein Bestandteil derselben. Und das sind sie in der Tat.

Da viele Network Marketingprodukte "erlebt und erfahren" werden müssen, wird ein großer Teil der Produktinformation, die Sie anderen vermitteln, direkt vom Unternehmen selbst handeln. Nehmen Sie sich also auch hierfür Zeit. Das Unternehmen kann zur Begeisterung Ihrer neuen Berater viel beitragen und kann vor allem von

Nutzen sein, wenn Sie zum Abschnitt "Präsentationen" Ihres Trainings für neue Berater kommen.

WER WIRD AM EHESTEN...

Diese Übung ist ebenfalls sehr geeignet, um Ihre Leute zu aktivieren. Dieses Arbeitsblatt trägt den Titel: "Produktvorteile und Wer wird am ehesten meine Produkte/ Dienstleistung benutzen". (Ein Beispiel dieses Arbeitsblattes befindet sich im Kapitel 10). Auch hier ist Brainstorming sehr angebracht.

Als Sie das Brainstorming über Produktvorteile durchführten, lehrten Sie Ihre Berater, das Richtige zu sagen. Jetzt lehren Sie sie, wer die richtigen Leute sind, die sie ansprechen sollen.

Verbinden Sie "Wer wird am ehesten..." mit den Produktvorteilen, die Sie vorher auflisteten. Aus dieser Übung wird Ihre Gruppe eine Menge verschiedener Möglichkeiten gewinnen. Da sie sich auf die Vorteile konzentrieren, werden ihnen immer mehr Menschen einfallen, die die Vorteile der Produkte genießen könnten. Mehr, als sie jemals für möglich hielten.

Das war's. Mehr machen wir in Bezug auf die Produkte nicht. Ich sagte ja, daß dieses System einfach ist.

Die Übung "Wer wird am ehesten..." ist ein hervorragender Abschluß des Produktabschnitts, denn es fließt geradezu in den nächsten Abschnitt hinüber.

GESCHÄFTSWISSEN

Darüber werden wir gleich im nächsten Kapitel reden. Der Abschnitt über das Geschäftswissen beginnt mit dem "Prospektieren".

Kapitel Fünf: Die "Goldsuche"

Da Sie jetzt die ersten Schritte Ihres Trainingsprogramms verstanden haben, besitzen Ihre Leute ein gutes Grundwissen über Produkt bzw. Dienstleistung und sind bereit, sich ein Geschäftswissen anzueignen. In diesem Abschnitt geht es nicht um den Marketingplan. Hier dreht sich alles um das "Wie" des Geschäfts. In diesem Kapitel werden wir uns mit den Einzelheiten der "Goldsuche", d.h. dem Suchen nach geeigneten Interessenten (dem "Prospektieren") befassen. Dieses Prospektieren ist der eigentliche Lebenssaft Ihres Geschäfts. Und, wie Sie sehen werden, der Unterschied zwischen dem Prospektieren und dem Verkaufen macht Network Marketing zum einmaligsten und mächtigsten "Verkaufs - und Vertriebssystem" dieser Welt.

PROSPEKTIEREN: ZWEITER SCHRITT - PRIORITÄTEN

In Ihrer Liste setzen Sie Schwerpunkte, um die Personen auszuwählen, die Ihrem Geschäftsangebot gegenüber offen und empfänglich sein werden.

Die erste Gruppe also, die Sie Ihre Leute bestimmen lassen können - die "A-Gruppe" - besteht aus den *Menschen-Menschen*. Diese Leute sind voller Energie, sprudelnde Typen, deren Gesellschaft immer Spaß macht. Auf Grund ihrer fröhlichen und freundlichen Ausstrahlung wirken sie auf andere Menschen anziehend. Und wenn sie sich für eine Sache begeistern - erzählen sie es der ganzen Welt!

Meine Schwester ist eine solche Person. Ich bin ganz stolz auf sie. Sie ist die erste Millionärin unserer Familie. Ihren Erfolg in ihrem Maklergeschäft hat sie meines Erachtens zum großen Teil ihrer sprudelnden und anziehenden Ausstrahlung zu verdanken.

Menschen sind gern in ihrer Gesellschaft. Sie ist so fröhlich und glücklich - und sie liebt Menschen über alles. Sie hat eine "magnetische" Persönlichkeit, die andere einfach anziehend finden. Und sie zieht nicht nur Menschen an. Ihr letzter Kommissionsscheck betrug über $1 Million! Stellen Sie sich das vor! Und nur, weil sie eine Frohnatur ist. Sie ist natürlich intelligent und kennt sich aus in ihrem Geschäft, doch *wer* und *wie* sie ist, spielt eine sehr große Rolle in ihrem Erfolg.

Die nächste Gruppe - die "B-Gruppe" - sind die *positiven Menschen*. Der einfachste Weg, sie zu identifizieren, besteht darin, ein Kreuz neben die Namen der negativen Menschen zu machen. Streichen Sie sie aber nicht von der

Ich möchte mit Ihnen ein Geheimnis teilen. Passen Sie jetzt gut auf, denn es ist kaum zu fassen.

Sagen wir mal, ich besäße eine Goldmine. Jawohl, eine richtige Goldmine. Und diese Goldmine ist eine der reichsten dieser Erde.

Ich mache Ihnen jetzt ein besonderes Angebot. Ich werde Ihnen verraten, wo sich meine Goldmine befindet, damit Sie dort hineingehen und soviel Gold herausholen können, wie Sie wollen.

Dieses Angebot möchte ich wiederholen. Ich erlaube Ihnen, soviel Gold herauszuholen, wie Sie wollen. Es gibt jedoch einen Haken. Meine Goldmine dürfen Sie nur einmal betreten und nur einmal verlassen.

Was werden Sie also als Erstes tun? Werden Sie sofort in die Mine rennen und soviel Gold sammeln, wie Sie mit bloßen Händen tragen können? So kann man es auch machen. Doch wenn Sie schlau sind, werden Sie erst nach Hause gehen und sich die nötigen Werkzeuge besorgen, um sich ein Vermögen zusammenzusuchen.

Nun, eine solche Goldmine besitze ich tatsächlich. Sie auch. Diese Mine heißt Network Marketing. Und wenn Sie ein Meister im Prospektieren werden wollen, müssen Sie auch mit den Werkzeugen eines Meisterprospektors arbeiten. Darum geht es in diesem Kapitel.

Zunächst einmal....

WAS IST EIN PROSPEKTOR?

Prospektor stammt von dem lateinischen Wort "*prospectivus*". Dieses Wort bedeutet "die Aussicht betreffend". In Network Marketing nennen wir das Suchen geeigneter Interessenten auch Prospektieren, den Suchenden - also Sie - bezeichnen wir als Prospektor.

Prospektor nannte man vor allem die Goldgräber des vergangenen Jahrhunderts. Vielleicht haben Sie ein Bild eines solchen Prospektors vor Augen - ein bärtiger, schmuddeliger Mann in verdreckter Arbeitskleidung, der sein Maultier mit Schaufel und anderem Werkzeug beladen hat.

Nun, so sah ein Prospektor damals aus.

Heute sieht er anders aus. Und die Tätigkeit des Prospektierens ist ebenfalls eine ganz andere.

Es gibt einige Wörter, die mit dem Prospektieren in Verbindung gebracht werden und auf die ich Ihre Aufmerksamkeit lenken will. Ein Prospektor ist jemand, der ein bestimmtes *Gebiet* nach *Bodenschätzen* wie Gold, Diamanten oder Öl *erforscht*.

Was ist also das Prospektieren? Zum einen ist es Erforschen. Nicht Herstellen, Überreden, Überzeugen oder Verkaufen - sondern *Erforschen*.

Und Sie erforschen ein Gebiet. Wie sehen die Grenzen Ihres Gebiets aus? Von den Bedingungen des Marketingplans Ihres Unternehmens eventuell abgesehen, bestehen diese Grenzen nur in Ihrem Kopf.

Was sucht ein Prospektor? "Natürliche Schätze". Nicht nach etwas, das gemacht oder hergestellt wurde. Etwas Natürliches, etwas, das bereits existiert. Und etwas von großem Wert. Etwas, das genauso wertvoll ist wie Gold, Öl oder Diamanten.

Ich möchte Ihnen eine der schönsten Geschichten erzählen, die es in und über Network Marketing gibt. Sie stammt von dem großen verstorbenen Geschichtenerzähler Earl Nightingale - Gründer des Unternehmens Nightingale-Conant, das seit Jahren einige der besten Lehr - und Motivationscassetten dieser Welt produziert. Die Geschichte heißt...

FELDER VOLLER DIAMANTEN

Keiner weiß genau, wer diese Geschichte zuerst erzählt hat, aber sie soll auf jeden Fall wahr sein - und ist natürlich auch wahr, denn sie ist Tausenden von Menschen auf der ganzen Welt in Tausenden von Variationen passiert.

Der Mann, der die Geschichte berühmt machte (zumindest in den USA), war Dr. Russell Herman Conwell, der von 1843 bis 1925 lebte. Conwell erzählte die Geschichte auf der ganzen Welt und sammelte so Spenden in Höhe von $6 Millionen, die er zur Gründung der Temple University in Philadelphia verwendete. Er erfüllte so seinen Traum einer hervorragenden Schule für arme, aber fähige junge Männer.

Conwell erzählte "Felder voller Diamanten" mehr als 6000 mal und zog überall riesige Menschenmengen mit seinen Erzählungen an. Vielleicht kennen Sie die Geschichte, vielleicht auch nicht. Doch die Geschichte an sich ist nicht so wichtig (wahrscheinlich fragen Sie sich, ob ich überhaupt noch mit dem Erzählen beginnen werde!) - wichtig ist, daß wir die Geschichte auf unsere Lebensumstände übertragen.

"Felder voller Diamanten" handelt von einem Farmer, der zu jener Zeit in Afrika lebte, als die großen Edelsteinminen entdeckt wurden. Als ein Besucher ihm eines Tages erzählte, wie viele Männer mit ihren Diamantenminen Millionen scheffelten, verkaufte er sofort seine Farm und machte sich auf dem Weg, eine Diamantenmine zu entdecken.

Er wanderte auf dem ganzen Kontinent herum, doch er fand keine Diamanten. Nach vielen Jahren kehrte er zurück - ohne einen Pfennig, in schlechter Gesundheit und völlig niedergeschlagen - stürzte sich in einen Fluß und ertrank.

Lange bevor er seinem Leben ein Ende setzte, entdeckte der Käufer seiner Farm einen großen, seltsam aussehenden Stein im Bett eines Baches, der sein Grundstück durchquerte. Er hob den Stein auf und legte ihn auf das Kaminsims seines Hauses.

Eines Tages erhielt er Besuch von eben jenem Mann, der dem ersten Besitzer der Farm über die Diamantenentdeckungen erzählt hatte. Er begutachtete den Stein und sagte dem neuen Besitzer, daß er wohl einen der größten und wertvollsten Diamanten entdeckt hatte, die jemals gefunden wurden. Zur Überraschung des Besuchers erwiderte der Farmbesitzer: "Wirklich? Meine Felder sind voll von diesen Steinen."

Um die Geschichte kurz zu fassen: Die Farm - die der erste Besitzer verkauft hatte, um Diamanten suchen zu können - entpuppte sich als eine der reichsten Diamantenminen der Welt.

Dr. Conwell machte seine Zuhörer darauf aufmerksam, daß der erste Farmbesitzer tatsächlich unzählige Diamanten besessen hatte - doch er machte den großen

Fehler, sich nach etwas vermeintlich Besserem umzusehen, bevor er das, was er besaß, gründlich untersuchte.

Was Dr. Conwell dann zu sagen pflegte, war, daß ein jeder von uns wie der erste Farmbesitzer ist. Unabhängig von unserem Lebensort oder Tätigkeit, jeder von uns ist umgeben von Feldern voller Diamanten - wenn wir uns nur danach umsehen. Vielleicht erscheinen sie uns nicht als solche auf den ersten Blick - wie der Stein in der Geschichte. Doch bei näherer Betrachtung zeigen sich unsere Gelegenheiten und Fähigkeiten so, wie sie wirklich sind.

Jetzt verstehen Sie ganz klar, worum es in diesem Kapitel geht. Wir werden ein großes, unbegrenztes Gebiet in Ihrem Hinterhof erforschen, das voll von wertvollen, natürlichen Schätzen ist.

Könnte durchaus Spaß machen, oder nicht? Also, los geht's.

DIE LISTE POTENTIELLER INTERESSENTEN

Das erste, worüber ich in diesem "geschäftlichen" Teil eines Trainings für neue Berater unterrichte, ist die *Liste potentieller Interessenten* - wieder mit Hilfe eines Arbeitsblattes. (Ein Beispiel dieses Arbeitsblattes befindet sich im Kapitel Zehn). Ich lasse meine Leute ihre natürlichen und wertvollen Interessenten im Rahmen des Trainings erforschen.

Mir ist noch nie ein erfolgreicher Mensch in diesem Geschäft begegnet, der ohne eine Namensliste gearbeitet hat. Lassen Sie also Ihre Leute während des Trainings an ihren Listen arbeiten. Sind diese Listen erstellt, werden Sie ihnen zeigen, wie sie die Schwerpunkte setzen müssen.

EINHUNDERT NAMEN ODER MEHR

Lassen Sie jeden neuen Berater *jeden* Menschen aufschreiben, der ihm einfällt. Ich schlage ein Minimum von 100 Namen vor. Das ist gar nicht so schwierig, denn jeder Erwachsene über 21 Jahre kennt - statistisch gesehen - mindestens 700 Leute!

Falls einige Ihrer Leute mit dieser Übung Schwierigkeiten haben sollten, können Sie folgendes probieren:

Lassen Sie Ihre neuen Berater ihre Adressenbücher herausholen (natürlich müssen Sie ihnen vor dem Training sagen, daß sie diese zum Training mitbringen sollen), und lassen Sie sie jeden darin enthaltenen Namen aufschreiben. Visitenkarten sind ebenfalls eine gute Quelle für Namen.

Danach sollten sie sich folgende Fragen stellen:

"Wen kenne ich auf Grund meiner Arbeit? ...auf Grund meiner Kinder? ...auf Grund meines Hobbys? ...auf Grund meines Vereins?", etc.

Die Liste "Wer wird am ehesten meine Produkte benutzen" kann ebenfalls Namen liefern.

Wer mehr Hilfe benötigt, kann ein Brainstorming zu Hause veranstalten. Vier oder fünf Familienmitglieder und Freunde können viele Namen zur Liste potentieller Interessenten beitragen. Ihre Berater werden erstaunt und erfreut sein, wie viele zusätzliche Namen ein solches Brainstorming hervorbringen kann.

Denken Sie daran, daß wir hier lediglich das Gebiet erforschen. Kein Name sollte außer acht gelassen werden.

Die Schwerpunkte der Liste werden wir später setzen. Im Moment ist jeder Name recht.

WARUM 100 NAMEN?

Lassen Sie mich es so erklären.

Wenn sie sich entschieden haben, mit Leuten über Gelegenheit oder Produkte zu sprechen, denken viele neue Berater sofort an drei, vier oder fünf Personen, die sie kennen. Diese Namen schreiben sie nicht auf, sondern sie behalten sie im Kopf und rufen eine dieser Personen sofort an.

Es ist wahrscheinlich, daß diese Person aus dem einen oder anderen Grund, der nichts mit Ihrem Berater zu tun hat, nicht interessiert sein wird. Und wenn die erste Person, die sie anrufen, kein Interesse hat, dann ist sie eine von drei oder fünf, die "Nein" gesagt hat. Ihr Berater hat soeben 20 oder 30 Prozent seiner potentiellen Interessenten verloren! Ein sehr schlechter Start. Doch wenn Ihr Berater eine Liste von 100 Namen hat und die erste Person kein Interesse zeigt, kann er einfach sagen: "Das macht nichts, ich streiche deinen Namen vorläufig von meiner Liste und melde mich zu einem späteren Zeitpunkt." Ein Prozent hat abgelehnt. Nicht gerade viel.

Sehen Sie, weshalb 100 Namen so wichtig sind?

Bedenken Sie zwei Dinge. Erstens: wir prospektieren. Wir erforschen die Möglichkeiten, um herauszufinden, wo wir nach Gold suchen können.

Zweitens: MANCHE WOLLEN, MANCHE NICHT, NA UND - DER NÄCHSTE, BITTE! Bei einer Liste von fünf Personen kann man nicht allzu oft "Der Nächste!" rufen.

Liste. (Übrigens: diejenigen, die sagen: "Laß uns aber jetzt realistisch sein" sind wahrscheinlich negative Typen). Lassen Sie diese erst einmal in Ruhe.

Die "C-Gruppe" besteht aus den *erfolgreichen Menschen*, denjenigen, die es im Leben zu etwas gebracht haben. Treffen Sie diesbezüglich keine schnellen Vorurteile. Diese Leute verdienen eine hohe Priorität.

Es ist ein sehr häufiger Fehler, erfolgreiche Menschen außer acht zu lassen. Wir nehmen an, sie seien zu beschäftigt und "bräuchten" das Geld nicht, etc. Doch erfolgreiche Menschen werden eine gute Gelegenheit am ehesten erkennen. Bedenken Sie: erfolgreiche Menschen haben großen Einfluß - und wenn ihnen das, was sie sehen, gut gefällt, werden sie das Geschäft mit beiden Händen ergreifen und erfolgreich aufbauen, bevor Sie es überhaupt mitbekommen. Und Sie wollen natürlich, daß Ihre Leute ihre Listen erfolgsorientiert aufstellen. Also bringen Sie sie dazu, sich zuerst die Gewinner zu schnappen.

Übrigens: Falls Ihnen eine sprudelnde, positive und sehr erfolgreiche Person auffällt - wie z. B. meine Schwester - setzen Sie sie ganz oben auf Ihre Liste!

LIEBESAFFÄREN AUS DER FERNE

Haben Sie keine Vorurteile gegenüber denjenigen, die weit weg von Ihrem Wohnort leben. Solange sie innerhalb des von Ihrem Marketingplan zugelassenen Gebietes bzw. Landes wohnen, sollten Sie sie ebenfalls mit hoher Priorität behandeln. Mit dem richtigen System (das wir in Kapitel Acht besprechen werden), spielt es keine Rolle, ob Ihr potentieller Interessent gleich nebenan oder am anderen Ende des Landes wohnt. Das Telefon versteht nichts von Entfernungen - von den Gebühren einmal abgesehen.

Mit Network Marketing können Sie *am Telefon* ein erfolgreiches, landesweit operierendes Geschäft aufbauen.

Nichts überträgt Begeisterung mehr als die menschliche Stimme. Beschränken Sie also weder Ihr Denken noch Ihr Sprechen auf Ihre eigenen vier Wände. Außerdem bieten moderne Kommunikationstechnologien wie Konferenzschaltungen und Faxgeräte hervorragende Möglichkeiten, mit vielen Menschen auch über große Entfernungen hinweg in Kontakt zu treten.

Das Benutzen des Telefons ist der dritte Schritt Ihres Prospektiersystems.

PROSPEKTIEREN: DER DRITTE SCHRITT - RUF DOCH MAL AN!

Hier laden Sie Ihre Interessenten ein, etwas über Ihre Gelegenheit und Produkte zu erfahren.

Das Benutzerfreundliche Telefon. Vielleicht besitzen Sie eines dieser seltenen Telefone, die ungefähr 250 Pfund wiegen. Manche Leute empfinden das Telefon als etwas Kaltes und Unpersönliches. Machen Sie Ihr Telefon freundlicher.

Stellen Sie sich einen Spiegel auf Ihren Schreibtisch (oder dorthin, wo Ihr Telefon steht) und schreiben Sie das Wort "LÄCHELN" in großen Buchstaben darauf. Tätigen Sie Ihre Anrufe vor diesem Spiegel - mit einem großen LÄCHELN.

Eine meiner Studentinnen konnte ihre Angst vor den Telefon überwinden, indem sie Bilder aus Magazinen herausschnitt, die lachende und sich umarmende Menschen zeigten. Diese Bilder klebte sie auf ihren Spiegel. Machen

Sie einen Spaß daraus - schreiben Sie sich kurze, inspirierende Botschaften, wie: "Toll, daß du angerufen hast!", oder "Die Gelegenheit ist einmalig! Danke für deinen Anruf!". Kleben Sie diese ebenfalls dorthin, wo Sie Ihre Anrufe tätigen.

DAS TELEFON IST FÜR VERABREDUNGEN

Das Telefon sollten Sie hauptsächlich zur Vereinbarung von Verabredungen einsetzen - und nicht dazu, um Präsentationen zu geben! *Viel zu häufig* versuchen wir, jemanden bereits am Telefon für unsere Gelegenheit zu gewinnen. Das Telefon ist kein geeignetes Mittel, um eine "Verkaufspräsentation" zu geben - es sei denn, Sie sind Telemarketingprofi.

Es gibt natürlich Ausnahmen. Die große Ausnahme wäre zum Beispiel ein potentieller Interessent, der 1000 Kilometer weit entfernt wohnt!

Eine weitere Ausnahme wäre gegeben, wenn Sie Produkte hätten, die sich jeder leisten und ohne viel Aufhebens ausprobieren kann. Vereinbaren Sie mit Ihrem Interessenten, daß Sie ihm eine Probe zuschicken, damit er ausprobieren kann, wie toll die Produkte sind. Und so gehen Sie vor.

Erzählen Sie Ihrem Interessenten von den Produkten - nicht alle Einzelheiten, sondern wie großartig Sie und andere sie finden. Teilen Sie Ihre Begeisterung und persönliche Erfahrung mit Ihrem Gesprächspartner. Sagen Sie ihm, daß Sie seine Meinung schätzen und wissen möchten, was er von den Produkten hält. Fragen Sie ihn, ob Sie ihm eine Probe zukommen lassen dürfen; wenn ihm das Produkt gefällt, kann er Ihnen einen Scheck schicken.

Sollte dies aus irgendwelchen Gründen nicht der Fall sein, kann er das Produkt an Sie zurücksenden. Diese Methode können Sie sich natürlich für Ihre wichtigsten Interessenten vorbehalten, wenn Sie so wollen.

DIE "GELD-ZURÜCK-GARANTIE"

Viele Network Marketingunternehmen bieten eine Zufriedenheits- oder Geld-zurück-Garantie. Diese Garantie ist durchaus üblich und in vielen Ländern sogar gesetzlich vorgeschrieben, wenn etwas am Telefon oder per Post "verkauft" wird.

Es gehört zu unserer Natur, daß wir nur ungern unser Geld zurückverlangen. Diese menschliche Eigenart, kombiniert mit der Tatsache, daß die meisten Network Marketingprodukte von *höchster Qualität sind und auch halten, was sie versprechen*, macht eine solche Garantie zu einer relativ risikolosen Angelegenheit. Wenn Sie außerdem von den Resultaten Ihrer Produkte wirklich begeistert sind, werden andere das Ausprobieren der Produkte höchstwahrscheinlich genießen.

Sicher wissen Sie vom wissenschaftlich erwiesenen "Placebo-Effekt". Ein vermeintliches Medikament, daß in Wirklichkeit keines ist, wird an verschiedene Personen verteilt. Ein Drittel der Versuchsgruppe wird eine Besserung feststellen, ein Drittel keine Veränderung, und das letzte Drittel wird nicht sagen können, ob das Medikament eine Besserung gebracht hat oder nicht. Viele Network Marketingunternehmen können auf Grund ihrer tollen Produkte diesen Prozentsatz noch verdoppeln - nämlich auf 60% oder höher. Und wenn Sie Ihre Interessenten eingeordnet haben, indem Sie Prioritäten setzten, werden Sie ebenfalls solche Ergebnisse erzielen, vielleicht sogar noch bessere.

Wenn Sie also ein Produkt mit einem Verkaufspreis von 30,- bis 100,- DM haben, können Sie davon ausgehen, daß die meisten Menschen durchaus bereit sein werden, dieses Produkt auf Grund Ihrer Empfehlung zu testen. Sagen Sie einfach, sie sollen es eine Zeitlang ausprobieren, und daß Sie der Sendung eine Rechnung beilegen werden. Wenn es ihnen gefällt und sie einen wirklichen und wertvollen Nutzen daraus ziehen, können sie es bezahlen.

DIE FÜNF FAKTOREN EFFEKTIVEN TELEFONIERENS

Es gibt fünf Regeln, die Sie meines Erachtens bei allen Telefongesprächen beachten sollten. Diese Regeln werden Ihre Effektivität enorm steigern. Hier sind sie:

1. "Ist dies der richtige Zeitpunkt?"
2. Begeisterung übertragen
3. Ihrem Interessenten Komplimente machen
4. Bieten Sie eine Garantie an
5. Steuern Sie das Ziel Ihres Anrufes an

Lassen Sie uns die einzelnen Punkte besprechen.

1. "IST DIES DER RICHTIGE ZEITPUNKT?"

Haben Sie jemals einen Anruf erhalten zu einer Zeit, als Ihnen gar nicht nach Reden zumute war? Wie reagierten Sie am Telefon? Wie gut hörten Sie zu und wie offen waren Sie für das Gespräch? Es ist uns allen schon mal passiert.

Finden Sie heraus, ob es ein guter Zeitpunkt ist für dieses Gespräch. Es ist eine höfliche Geste - und sichert Ihnen die Bereitschaft Ihres Gesprächspartners, Ihnen zuzuhören.

2. BEGEISTERUNG ÜBERTRAGEN

Viele Leute denken, das Kommunizieren sei ein Übermitteln von Information zwischen zwei oder mehreren Personen. In begrenztem Maße ist es auch so. Doch wirklich effektives Kommunizieren setzt die Übermittlung von *Begeisterung* voraus, und nicht nur die reine Information.

Sicher ist das, was Sie sagen, von großer Bedeutung. Doch *was wir für das Gesagte empfinden*, ist meines Erachtens viel wichtiger.

Sie müssen kein Experte auf dem Gebiet der Produkte oder des Unternehmens sein, um gut reden zu können. Im Gegenteil: solches Expertenwissen kann sogar wirkliches und effektives Kommunizieren verhindern.

Denken Sie bitte daran: In diesem Geschäft geht es um das Duplizieren. Es ist wesentlich einfacher, das Teilen von Begeisterung zu erlernen, als den Versuch zu unternehmen, über Jahre hinweg angeeignetes Wissen zu vermitteln.

Je aufgeregter und begeisterter Sie sind, um so eher und schneller werden Sie Erfolg haben. Sie müssen Ihr bester Kunde sein! Wenn Sie feststellen, daß immer weniger Menschen sich für Ihre Produkte oder Gelegenheit interessieren - überprüfen Sie Ihre Begeisterung. Ich wette mit Ihnen, sie läßt bereits nach.

Es gibt einen alten Spruch in diesem Geschäft, der besagt: Wenn du anfängst, bestehst du zu 90% aus Begeisterung und zu 10% aus Wissen. Nach einer Weile ändern sich die Prozentanteile ins Gegenteil - 10% Begeisterung und 90% Wissen. Kurz bevor das passiert, sollten Sie sich um eine Steigerung Ihrer Begeisterung kümmern - oder sich nach einem neuen Produkt umsehen.

3. IHREM INTERESSENTEN KOMPLIMENTE MACHEN

Es ist wichtig, Ihrem Interessenten am Telefon ein Kompliment zu machen, denn damit erreichen Sie zweierlei:

Erstens: Sie stellen damit klar, weshalb es für Sie so wichtig war, *ihn* anzurufen. Und zweitens: Sie haben wirklich seine *ganze* Aufmerksamkeit!

Wem hören Sie besser zu: jemandem, der Sie anruft und darüber redet, was ihn interessiert, oder jemandem, der Sie anruft und Ihnen sagt, er schätzt Ihre Meinung hoch ein, weil Sie eben Profi sind, oder weil Sie ein Gefühl für Qualität oder einen guten Geschmack haben? Es funktioniert.

4. BIETEN SIE EINE GARANTIE AN

Wie oft hat jemand versucht, Ihnen etwas zu verkaufen, indem er auf Sie einredet und einredet und einredet... Je mehr er auf Sie einredet, desto mehr machen Sie zu. Es ist ein natürlicher Vorgang. Wir tun es, um uns selbst zu schützen.

Geben Sie Ihrem potentiellen Interessenten das Gefühl, daß er sich zu nichts verpflichtet, wenn er sich mit Ihnen zusammensetzt. Lassen Sie seiner natürlichen Neugier den nötigen Freiraum. Und lassen Sie ihn wissen, daß es nicht für jeden in Frage kommt. So sichern Sie sich sein Interesse.

5. STEUERN SIE DAS ZIEL IHRES ANRUFES AN

Der letzte Punkt ist es, zum Ziel Ihres Anrufes zu kommen.

Wenn Ihr Ziel die Terminvereinbarung ist, dann bieten Sie dem Interessenten eine Auswahl möglicher Termine, die ihm gut passen könnten. Fragen Sie niemals: "...wann können wir uns treffen?" Wenn Sie ihm eine Warenprobe zukommen lassen wollen, gehen Sie einfach davon aus, daß er diese auch haben will. Sagen Sie ihm, was Sie vorhaben (ihm eine Probe zu senden), und fragen Sie ihn, wohin Sie sie schicken sollen.

Gehen Sie stets davon aus, daß der Interessent das will, was Sie ihm anbieten. Wenn Sie immer von dieser Annahme ausgehen - wird es in der Regel auch so sein.

Es folgt ein Beispiel, in dem diese fünf Faktoren zusammenfließen.

"Hallo, Betty, John Kalench hier. Haben Sie gerade ein paar Minuten Zeit? Ja? Na, wunderbar!

"Der Grund meines Anrufes ist folgender: ich habe etwas kennengelernt, das mich total fasziniert und wirklich wahnsinnig aufregend ist. Dabei mußte ich an Sie denken, denn Sie sind eine beliebte und respektierte Person, und ich weiß, daß Sie damit sehr viel Erfolg haben können.

"Ich will Ihnen natürlich nichts versprechen, Betty. Ich bin mir nicht ganz sicher, ob es für Sie das Richtige ist. Ich möchte mich gerne mit Ihnen zusammensetzen und ein paar Ideen mit Ihnen teilen. Ich bin davon überzeugt,

Sie werden eine großartige Gelegenheit kennenlernen. Sie werden sehen, daß wir viel Spaß haben und dabei viel Geld verdienen können.

"Also, das Mittagessen geht auf meine Rechnung! Welcher Tag ist Ihnen lieber, Betty, Dienstag oder Donnerstag?"

In diesem Gespräch sind alle fünf Faktoren vereint.

Ich empfehle Ihnen, sich ein paar Notizen für die anstehenden Anrufe vorzubereiten. Sie sollen natürlich nicht wie ein Computer klingen - schreiben Sie einfach die wichtigsten Punkte auf: Weshalb Sie anrufen (weshalb Betty Ihnen so wichtig ist); weshalb es für sie vielleicht nicht das Richtige ist; was Sie tun möchten; und zum Schluß eine Auswahl möglicher Tage für eine Verabredung.

Mit einem einfachen Leitfaden müssen Sie nicht stets darüber nachdenken, was Sie eigentlich sagen wollen. Sie können sich darauf konzentrieren, Ihre Begeisterung zu übermitteln.

EINIGE HÄUFIG GESTELLTE FRAGEN

Sie werden natürlich oftmals Fragen beantworten müssen.

Wenn Sie gefragt werden "Was ist es?", empfehle ich Ihnen, *es zu sagen. Versuchen Sie nicht, diese Frage zu umgehen!*

Nennen Sie den Namen des Unternehmens und der Produkte, und stellen Sie sich darauf ein, ein oder zwei Sätze über das Unternehmen oder Produkt zu erzählen, und kommen Sie dann zum Ziel des Gesprächs. Auch hier ist keine Eile geboten. Der Frage auszuweichen oder sich so zu verhalten, als wünschten Sie, Ihr Gesprächspartner hätte nicht gefragt, macht keinen guten Eindruck.

Wenn Ihre Begeisterung echt ist, werden Sie die Fragen gerne beantworten und etwas von Ihrer Gelegenheit erzählen. Falls sie es nicht ist, wird Ihr Gesprächspartner es auf jeden Fall merken. Menschen haben ein natürliches Frühwarnsystem, wenn es um Unehrlichkeit geht. Es läutet laut und deutlich bei jedem Versuch, einer Frage auszuweichen.

Die wertvollsten Eigenschaften, die Sie in diesem Geschäft besitzen, sind Ihre Integrität und Ehrenhaftigkeit. Wenn Ihnen also eine Frage gestellt wird, beantworten Sie sie wahrheitsgemäß - und kommen Sie so ans Ziel des Gesprächs.

"ICH HABE KEINE ZEIT"

Vielleicht erhalten Sie eine Reaktion wie diese: "Ich weiß nicht, John, ich bin ziemlich beschäftigt... Ich glaube nicht, daß ich daran Interesse habe". Sie können dann antworten:

"Betty, das kann ich sehr gut verstehen. Das ist auch einer der Gründe, weshalb ich Sie angerufen habe. Sie gehören zu den Menschen, die vieles schaffen. Betty, wenn Sie nach 20 oder 30 Minuten nichts gesehen haben, was Sie wirklich spannend und faszinierend finden, verspreche ich Ihnen, Sie diesbezüglich nie wieder anzusprechen. Das Mittagessen geht nach wie vor auf meine Rechnung, welcher Tag ist Ihnen lieber, Dienstag oder Donnerstag?"

Und wenn Ihr Interessent nach Ihrer Präsentation

nichts Spannendes und Faszinierendes daran gefunden hat - setzen Sie ihn nicht unter Druck.

Halten Sie Ihre Versprechungen.

"ICH HABE KEIN INTERESSE"

Und so gehen Sie mit diesem Einwand um:

Finden Sie heraus, genau *was* Ihren Gesprächspartner nicht interessiert. Fragen Sie zum Beispiel:

"Betty, das kann ich akzeptieren. Doch könnten Sie mir genau sagen, *was* Sie nicht interessiert? Ist es das Produkt und dessen Vorteile? Oder ist es das Geschäftsangebot?"

Wenn Ihr Gesprächspartner letzteres nennt, sagen Sie ihm, daß Sie ihn verstehen können, und ermutigen Sie ihn, die Produkte auszuprobieren. Übermitteln Sie Ihre Begeisterung und vergessen Sie nicht, Ihre Garantie zu erwähnen.

Doch manchmal dient eine solche Aussage zur Tarnung eines ganz anderen Problems.

Vielleicht macht er oder sie gerade eine schwierige Zeit durch. Vielleicht gehört er oder sie zu jenen Menschen, die irgendwann eine schlechte Erfahrung mit einer anderen MLM-Gelegenheit machten. Wie auch immer, tun Sie Ihr Bestes, um herauszufinden, woran sie oder er kein Interesse hat und warum.

Wenn Ihr Gesprächspartner einfach nicht interessiert ist - in Ordnung. Setzen Sie ihn keinesfalls unter Druck! Und lassen Sie sich immer eine Möglichkeit, den Kontakt wieder aufzunehmen.

IN VERBINDUNG BLEIBEN

"Betty, ich kann verstehen, daß Sie im Moment nicht interessiert sind. Doch ich schätze Ihre Meinung sehr und möchte gerne mit Ihnen in Verbindung bleiben. Würde es Ihnen etwas ausmachen, wenn ich Sie später noch einmal anrufe und Ihnen erzähle, was ich so tue? Sagen wir, in einem Monat oder so?"

Holen Sie sich die Zusage, daß Sie mit Ihrem Gesprächspartner in Verbindung bleiben dürfen.

In der Regel bedeutet ein "Kein Interesse" lediglich, daß es nicht der richtige Zeitpunkt ist. Nichts ist erfolgreicher als der Erfolg - und vielleicht wird Ihr potentieller Interessent mit Ihrem zunehmenden Erfolg empfänglicher und offener. Der richtige Zeitpunkt kann schneller kommen, als Sie oder er sich vorstellen.

Und denken Sie daran: Wir sind im Sortiergeschäft. Also...

MANCHE WOLLEN, MANCHE NICHT, MACHT NICHTS - DER NÄCHSTE, BITTE!

Mit anderen in Kontakt zu bleiben ist für den Erfolg Ihres Geschäfts unerläßlich.

Ich bin schon sehr oft von Beratern und Beraterinnen zum falschen Zeitpunkt angesprochen worden. Doch er oder sie blieben dran. Und oftmals, nach ein paar Monaten, war ich ihrem Angebot gegenüber sehr viel offener. Und Menschen mögen es, den Erfolg anderer zu teilen. Wenn ich von einem Menschen höre, dem es in seinem Geschäft gut geht, freue ich mich sehr für ihn. Achten Sie darauf, in Verbindung zu bleiben und teilen Sie Ihren Erfolg mit anderen. Es wirkt!

Manche Experten behaupten, viele Menschen würden erst bei der vierten oder fünften Anfrage reagieren. Ich weiß zwar nicht, ob das stimmt, doch ich weiß, daß sich Beharrlichkeit und, wie ich es nenne, "unendliche Geduld" auszahlen. Auch hier gilt die Aufforderung "Tun Sie es!"

Außerdem sollten Sie *immer* Ihrem Gesprächspartner danken - egal, wie das Gespräch ausgeht.

Danken Sie ihm für seine Meinung, danken Sie ihm für seine Unterstützung, danken Sie ihm für seine wertvolle Zeit. So stellen Sie sicher, daß er sich freuen wird, wenn Sie das nächste Mal anrufen.

EIN WEITERER ANSATZ - BITTEN SIE UM RAT

Eine sehr erfolgreiche Methode, jemandem eine geschäftliche Gelegenheit vorzustellen, besteht darin, ihn um einen Rat zu bitten - diese Methode umfaßt übrigens alle wichtigen Punkte. Es funktioniert besonders gut mit Familienmitgliedern, Freunden und sogar Bekannten, deren Meinung für Sie wegen ihres Hintergrunds oder ihrer Erfahrung wichtig ist.

Sagen Sie einfach, daß Sie mit einem Geschäft beginnen wollen oder gerade damit begonnen haben und daß Sie ihnen Ihre Produkte und Ihr Geschäft vorstellen wollen, um ihre Meinung zu erfahren. Menschen lieben es, Ratschläge zu erteilen, besonders wenn ihnen das Gefühl vermittelt wird, ein Experte auf dem Gebiet zu sein. Die Chancen stehen gut, daß er oder sie genau jene Vorteile erkennen wird, die Sie erkannt haben. Und dann wird Ihr Experte zu Ihrem neuen Kunden oder Berater.

Ich schlage vor, Sie bereiten einen Gesprächsleitfaden für Familienmitglieder und Freunde vor, und einen zweiten für Bekannte und andere, die Sie nicht so gut kennen. Wählen Sie einfach verschiedene Worte für verschiedene Leute.

LERNEN SIE, IHR TELEFON ZU LIEBEN

Eine sehr schlaue Person sagte einmal: *Die Geschwindigkeit, mit der sich jene Dinge einstellen, die wir in unserem Leben erreichen und sichtbar machen wollen, steht in direktem Verhältnis zu der Geschwindigkeit, mit der wir lernen, mit diesen Dingen umzugehen.*

Je eher Sie das Telefon zu Ihrem Freund machen, desto eher werden Sie sich seiner unvorstellbaren Macht bedienen können, um Ihr Geschäft erfolgreich aufzubauen. Verpflichten Sie sich, eine bestimmte Anzahl potentieller Interessenten pro Tag, Woche und Monat anzurufen - und tun Sie es! Sie werden überrascht sein, wie leicht sich das Telefon nach ein paar Tagen anfühlt. Ich möchte Ihnen sehr ans Herz legen, sich ein Telefon anzuschaffen, das Ihnen gefällt und das Sie gerne benutzen. Heutzutage gibt es eine sehr große Auswahl.

DIE ENDLOSE INTERESSENTENLISTE

Als ich in diesem Geschäft begann, schrieb ich 100 Namen auf und fing sofort mit der Arbeit an. Ich vereinbarte Termine mit Leuten meiner "A-Kategorie" und machte einige Präsentationen. Und es passierte etwas Erstaunliches.

Viele meiner A-Leute begannen, die Produkte zu benutzen, doch sie wollten nicht sofort ins Geschäft einsteigen. Sie empfahlen mir aber vier oder fünf Familienmitglieder oder Freunde, von denen sie glaubten, sie würden die Produkte ebenfalls mögen. Meine Liste umfaßte bald

150 Namen - *und es kamen ständig neue "A"-Namen hinzu, die mir von meinen potentiellen Interessenten genannt wurden!*

Es dauerte sehr, sehr lange, bis ich bei den Gruppen B und C angelangt war. Und wenn vier oder fünf der mir empfohlenen Leute meine Produkte nutzten und sich am Geschäft interessiert zeigten, sprach ich meinen ursprünglichen Interessenten erneut an und sagte ihm, daß er ein bereits aufgebautes Geschäft haben könne, wenn er es haben wollte. Und in der Regel wollte er.

Und noch etwas - all diese Menschen waren Fremde, die ich vorher nicht gekannt hatte!

IHR "FEURIGER MARKT"

Dieser Begriff, den wir häufig in unserem Geschäft verwenden, um jene Familienmitglieder und Freunde zu beschreiben, die am Anfang den Großteil unserer potentiellen Interessenten ausmachen, hat mir noch nie so richtig gefallen. Wenn es tatsächlich den "feurigen Markt" geben soll, dann muß es auch einen "eisigen Markt" geben. Das schlucke ich nicht. Der einzige eisige Markt ist der in Island.

Es ist eine Tatsache, daß Sie - früher oder später - mit fremden Menschen reden und diese fördern werden, um Ihr Geschäft aufzubauen. Denken Sie darüber nach.

In zwei oder drei Jahren werden Sie ein großes und erfolgreiches Network Marketinggeschäft besitzen. Sie werden 50 oder 100 Führungskräfte und Tausende Berater in Ihrer Organisation haben. Können Sie mir sagen, wieviele dieser Menschen Sie heute schon kennen? Tatsache ist, daß Sie die meisten noch gar nie getroffen haben!

DAS SORTIERGESCHÄFT

Wie bereits gesagt, in diesem Geschäft geht es nicht darum, Leute zu überreden. Es geht darum, sie zu sortieren und jene zu finden, die für Ihre Produkte und Ihr Geschäft bereit sind.

Ich kann mich daran erinnern, als Kind ein Fernsehinterview mit einem professionellen Footballspieler gesehen zu haben. Dieser Footballspieler war Verteidiger der Baltimore Colts und hieß Earl "Big Daddy" Lipscomb. Er war sehr groß und ein sehr guter Spieler. Der Reporter fragte ihn: "Earl, wie erklären Sie Ihre unheimliche Fähigkeit, immer an den Spieler mit dem Ball heranzukommen?" Big Daddy grinste breit und sagte: "Es ist einfach. Ich nehme mir jeden Spieler vor, bis ich den mit dem Ball finde." Auch er war im Sortiergeschäft.

Bedenken Sie: Sie prospektieren - Sie forschen nach bereits vorhandenen Schätzen. Das Telefon ist eines der schnellsten Mittel, Ihre potentiellen Interessenten zu sortieren und Ihr Geschäft auf dem schnellsten Weg zum Erfolg zu bringen.

Wie sieht es mit anderen Möglichkeiten außer dem Telefonieren aus?

SPRECHEN SIE ~~NIE~~ MIT FREMDEN

Weshalb haben so viele Menschen Angst davor, mit Fremden zu sprechen? Halten Sie es für möglich, daß die fürsorgliche Warnung "Sprich nie mit Fremden", die wir als Kinder ständig zu hören bekamen, sich in unserem Gehirn so fest verankert hat, daß wir es nicht einmal als Erwachsene tun?

Nun, der Grund mag dieser oder ein anderer sein. Tatsache ist, daß alle erfolgreichen Network Marketers mit Fremden sprechen - und sie haben einen Heidenspaß dabei.

MACHEN SIE DIE WELT ZU IHRER "AUSTER"

Es gibt so viele prachtvolle Menschen auf der Welt, wertvoll wie Perlen. Jetzt freilich sind sie für Sie alle noch Fremde. Wie aber können Sie sie erreichen? Wie können Sie existierende Barrieren überwinden, um sich einen stets wachsenden Fluß neuer Bekanntschaften zu schaffen? Wie machen Sie aus Fremden Freunde?

Die Antwort auf dieser Frage ist eine der schönsten im ganzen Buch. Die Antwort lautet: *mit Vergnügen!*

So einfach ist es. Wollen Sie sich vergnügen und Spaß haben? Wunderbar! Hier sind einige vergnügliche Dinge, die Sie tun können.

WERDEN SIE ZUR WANDELNDEN REKLAME FÜR IHRE PRODUKTE UND IHR GESCHÄFT

Tragen Sie, wenn möglich, Ihre Produkte stets bei sich. Wenn Sie mit Fremden zusammen sind, zeigen Sie die Produkte herum - stellen Sie sie dort auf, wo sie gerade sitzen - bieten Sie Leuten eine Probe an - lassen Sie sie schmecken oder daran riechen - halten Sie ihnen ein Produkt vor die Nase - lassen Sie sie in ihren Schoß fallen, wenn es sein muß (war nicht ernst gemeint!).

Was ich damit sagen will, ist folgendes: Erregen Sie Aufmerksamkeit, wo und wann Sie können. Sorgen Sie dafür, daß sich Leute interessieren und Fragen stellen. Sie sind auch im Werbegeschäft - also werben Sie!

Buttons bzw. Anstecknadeln sind große Klasse. Ja, richtig - Buttons! Wenn Ihr Unternehmen Buttons anbietet, tragen Sie sie. Besonders dann, wenn diese Reaktionen erzeugen können.

Um ehrlich zu sein: Das Tragen von Buttons war eine Idee, von der ich anfangs nicht viel hielt. Doch die Erfahrung hat mich eines Besseren belehrt. Buttons funktionieren so gut, daß es kaum zu glauben ist!

Ein Unternehmen hatte einen Button mit der Aufschrift: "Jetzt abnehmen - Frag mich, wie!" Ich habe mit vielen Beratern gesprochen, die mir sagten, sie müßten nur durch die Stadt laufen und warten, bis sie gefragt wurden "Wie?", um Interessenten zu gewinnen.

Ich kannte eine sehr erfolgreiche Frau, die mit Wasserfiltern zu tun hatte. Sie trug einen Button mit der Aufschrift "Wasser mit Flaschenqualität für nur 2 Pfennig pro Liter". Sie sagte mir, Leute im Supermarkt, die Flaschenwasser für bis zu einer Mark pro Flasche eingekauft hatten, würden sie fragen, ob ihr Button wirklich der Wahrheit entspräche. Sie geht kaum ohne ihren Button aus dem Haus. Ihr Geschäft bringt ihr mehr als $ 260,000 jährlich ein!

Wenn Ihr Unternehmen solche Buttons nicht im Programm hat, können Sie selber welche herstellen. Solche Apparate sind relativ billig, und viele Buttonhersteller bieten ihre Erzeugnisse zu vernünftigen Preisen an. Tun Sie sich mit ein paar Ihrer Leute zusammen und lassen Sie Ihre Buttons herstellen.

Autoaufkleber sind eine andere Möglichkeit. Sogar Schilder im Autofenster können Wunder wirken.

Ein Berater, der einen ihm von seinem Unternehmen zur Verfügung gestellten Mercedes fährt, hat ein Schild im Autofenster mit der Aufschrift: “Ich habe dieses Auto KOSTENLOS erhalten - Fragen Sie mich, wie Sie Ihr Auto bekommen können”. Seine Telefonnummer steht ebenfalls auf dem Schild. Er bekommt etwa acht Anrufe pro Woche.

Buttons, Aufkleber, Notizblöcke, T-Shirts, Postkarten, Kugelschreiber, Feuerzeuge.... Es gibt viele Möglichkeiten, Ihre Botschaft zu vermitteln, und zwar so, daß *Leute Sie anrufen*. Seien Sie kreativ und vergnügen Sie sich. Die Leute werden es super finden.

Und da wir gerade von kreativem Spaß reden...

DORIS' TÜRGRIFF

Eine meiner sehr guten Freundinnen - und eine Freundin unserer ganzen Industrie - ist Doris Wood. Seit sieben Jahren ist Doris Präsidentin unseres Industrieverbandes Multi-Level Marketing International Association (MLMIA). Als Network Marketing-Beraterin war sie mehr als eine Million $ wert, und ist heute eine gefragte Unternehmensberaterin. Doris weigert sich prinzipiell, Dinge zu tun, die keinen Spaß machen.

Doris hat eine besondere Methode, auf ihr Geschäft hinzuweisen.

In einem Geschäft für Wohnungseinrichtungen bittet sie darum, sich sämtliche Türgriffe ansehen zu dürfen. Aus dieser Auswahl wählt sie einen, der zu ihr paßt - in der Regel einen beeindruckenden Türgriff aus elegantem Kristall. Es könnte aber auch einer aus Holz, Messing oder einem anderen Material sein. Diesen Türgriff nimmt Doris überall mit.

Wenn sie sich in einem Laden befindet, legt sie den Türgriff auf die Theke. In einem Restaurant legt sie ihn auf den Tisch. Sie nimmt ihn mit auf Reisen mit dem Auto, Flugzeug - einfach überall. Viele Leute können nicht widerstehen, sie zu fragen, wozu der Türgriff gut ist. Das ist ihr Stichwort. Doris schaut sie an, lächelt und sagt:

"Ich bin ja *so* froh, daß Sie mich das fragen. Dieser Türgriff erinnert mich daran, Ihnen zu erzählen, daß die Tür zu einer großartigen Gelegenheit für Sie weit offen steht, und zwar mit...". Doris nennt dann den Namen des Unternehmens oder Produkts, und kann sich der Aufmerksamkeit eines interessierten Zuhörers sicher sein.

Ist das nicht großartig?

Doris ist eine Meisterin auf einem bestimmten Gebiet, das in Network Marketing zu großem Erfolg führen kann. Sie versteht die *menschliche Natur*. Sie weiß, daß viele Menschen ihre Arbeit nicht sonderlich mögen. Sie weiß auch, daß eine Person, die Spaß hat und das Leben in vollen Zügen genießt, auf andere Menschen sehr anziehend wirkt. Außerdem weiß sie, wie schwierig es ist, einen fremden Menschen anzusprechen, denn oftmals fehlt der Mut, den ersten Schritt zu wagen - also sorgt sie dafür, daß sie von Fremden *angesprochen wird*. Es ist einfach toll.

EINE NEUE ART, BRIEFE ZU VERSCHICKEN

Schließen Sie die Augen und versuchen Sie, sich vorzustellen, was wohl diejenigen Frauen und Männer, die Ihre Geschäfts- oder Behördenkorrespondenz bearbeiten, den ganzen Tag tun? Wahrscheinlich nichts Aufregendes oder Spannendes.

Was wäre, wenn jene Leute ein persönliches Schreiben von Ihnen zusammen mit Ihrem Brief oder Antrag erhielten, das sie dazu einladen würde, Ihre Produkte oder Dienstleistung auszuprobieren, oder etwas über eine phantastische Geschäftsgelegenheit zu erfahren? Ihre Korrespondenz müssen Sie so oder so abschicken, und das Porto zahlen Sie auch. Versuchen Sie es.

Eigentlich sollte kein einziger Brief Ihr Haus ohne eine solche Einladung verlassen. Es ist eine einfache und kostengünstige Möglichkeit, Ihre Produkte und Gelegenheit Hunderten von Menschen vorzustellen.

ERSTE EINDRÜCKE

Sie wissen, wie wichtig und bedeutungsvoll erste Eindrücke sind. Wie der Spruch besagt: Den ersten Eindruck kann man nur einmal machen.

Wußten Sie, daß der Durchschnittsmensch bis zu 40 verschiedene Urteile über Sie trifft in den ersten paar Minuten Ihres ersten Kennenlernens? Das finde ich unglaublich! Wie Sie aussehen, Ihr Lächeln, ob Sie ihm in die Augen schauen oder nicht, Ihr Friseur, was Sie sagen und wie Sie es sagen, wie gut Sie zuhören, Ihre Körpersprache... all dies und mehr wird in diesen ersten zwei oder drei Minuten beurteilt.

Es gibt eine Menge Ratgeber darüber, wie Sie einen guten ersten Eindruck hinterlassen können - zu viele Ideen und Anregungen, um sie alle in diesem Buch aufzulisten.

Fragen Sie nach Büchern zu den Themen Marketing, Geprächsführung, Neuro-linguistisches Programmieren (NLP). Bedenken Sie den alten Spruch "Kleider machen Leute" - es ist was dran, und es gibt Ratgeber zu diesem speziellen Thema.

Denken Sie daran: Bildung und Wissen sind unersetzlich.

WAS SOLLEN SIE ALSO TUN?

Stellen Sie sich vor: Sie befinden sich auf einer Party oder einem sonstigen Treffen. Ihnen werden Menschen vorgestellt, die Sie vorher nicht kannten. Irgendwann werden Sie gefragt: "Was machen Sie beruflich?" oder "In welchem Bereich sind Sie tätig?" Was sagen Sie dann? Hier bietet sich eine goldene Gelegenheit, Werbung zu machen und einen positiven und bleibenden Eindruck zu hinterlassen.

In meinen Workshops und Seminaren lasse ich die Teilnehmer jene Fragen im Rahmen einer Übung beantworten.

Ein Teilnehmer war ein sehr erfolgreicher Versicherungsvertreter und machte seit ein paar Monaten Network Marketing mit Gesundheitsprodukten. Das Geschäft lief nicht schlecht, doch nicht so gut, wie er es sich erhofft hatte. Er stellte sich zur Verfügung, und ich bat ihn, mir zu sagen, womit er seinen Lebensunterhalt verdiente. Er gab mir zwei verschiedene Antworten:

"Ich bin im Network Marketing tätig." Und "Ich arbeite mit dem Unternehmen XYZ. Wir verkaufen blah, blah, blah..." Nun, es war kein toller Anfang. Also arbeiteten wir daran, es anders zu machen. Zum Schluß fiel ihm folgende Antwort ein:

"Ich bin im Gesundheits- und Wohlstandsgeschäft. Worüber möchten Sie zuerst was hören?"

Ist das nicht großartig? Ein paar Wochen später traf ich ihn wieder, und sein Geschäft lief auf Hochtouren!

Sie werden nicht lange brauchen, um sich ein paar Bombenantworten auf diese Fragen auszudenken. Überlegen Sie sich eine Antwort, die zu Ihrer Persönlichkeit und Ihrem Geschäft paßt. Eine sofortige Wirkung dieser Antwort ist eine Steigerung Ihres Selbstbewußtseins. Ich verspreche Ihnen: jene Minuten, die Sie benötigen, um sich eine wirkungsvolle Antwort zu überlegen, gehören zu den produktivsten Momenten, die Sie überhaupt in Ihr Geschäft investieren können.

DER WICHTIGSTE ERSTE EINDRUCK

Prägen Sie sich bitte den folgenden Spruch ein, tätowieren Sie ihn auf die Innenseite Ihrer Stirn:

Es ist den Menschen egal, wie viel Sie wissen, bis sie wissen, daß sie Ihnen nicht egal sind.

Mit anderen Worten: Lernen Sie, aus sich herauszugehen und sich in andere zu versetzen.

Stellen Sie Fragen - und hören Sie gut zu, wenn sie beantwortet werden.

Dies ist vielleicht der wichtigste Schlüssel zum Erfolg in diesem Geschäft - und im ganzen Leben.

ES IST ALLES NUR EIN SPIEL

Das Prospektieren ist ein Spiel. Das ganze Leben ist ein Spiel!

Damit will ich weder das eine oder das andere auf die leichte Schulter nehmen. Ich sage dies, um Ihnen folgendes zu verdeutlichen: Wenn Sie dem Prospektieren - oder dem Leben - mit einer kreativen, spielerischen und vergnüglichen Einstellung begegnen, nehmen beide eine völlig neue und aufregende Dimension an.

Das Prospektieren ist ein Zahlenspiel. Wenn Sie die Prinzipien sowie einige Tips und Techniken - wie die in diesem Kapitel beschriebenen - gelernt haben, werden Sie bald feststellen: *Je mehr Leute Sie ansprechen, um so erfolgreicher werden Sie sein*. So einfach ist es.

Ein sicherer Weg, den Mißerfolg in diesem Geschäft herbeizuführen, besteht darin, nicht genügend Menschen anzusprechen. Ein ebenso sicherer Weg, den Erfolg zu garantieren, besteht darin, immer mehr Menschen anzusprechen. Vielleicht müssen Sie sich ein wenig aus Ihrer "Bequemlichkeitszone" wagen, um dies zu erreichen. Gut. Tun Sie es. Wieso? Nun, je mehr Sie aus Fremden Freunde machen, desto eher wird das "Geld machen" zur Gewohnheit.

Machen Sie einfach ein Spiel daraus.

Gehen Sie zu einem Spielwarengeschäft und kaufen Sie 10 kleine Metallkugeln oder Glasmurmeln. Stecken Sie diese in Ihre Tasche oder Portemonnaie. Stecken Sie jedesmal, wenn Sie aus irgend einem Grund mit einem Fremden sprechen, eine Kugel in die andere Tasche. Und gehen Sie an dem Abend nicht eher ins Bett, bis die erste Tasche leer ist!

Machen Sie sich keine Gedanken darüber, was Sie sagen sollten. Sie müssen nicht gleich von Ihrer Gelegenheit reden. Fangen Sie einfach ein Gespräch an.

Ihr Erfolg mißt sich daran, mit wie vielen fremden Menschen Sie versuchen, ein Gespräch anzufangen. Bald werden Sie sich dabei so wohl fühlen, daß mindestens fünf bis zehn Personen pro Tag mehr über Sie und das, was Sie tun, werden wissen wollen. Wenn Sie mit diesem Spiel beginnen, müssen Sie einfach ein Gespräch anfangen. Stecken Sie jedesmal eine Kugel in die andere Tasche, unabhängig davon, wie lang oder kurz das Gespräch dauert. Jede Kugel bedeutet einen Erfolg. Innerhalb weniger Wochen werden Sie ein Meister darin sein, aus Fremden Freunde zu machen. Sie werden nie einen Mangel an potentiellen Interessenten für Ihre Gelegenheit haben. Und noch wichtiger: Sie werden "die Welt zu Ihrer Auster" gemacht haben.

Und bedenken Sie: MANCHE WOLLEN, MANCHE NICHT, MACHT NICHTS - DER NÄCHSTE, BITTE! Ein Meister im Prospektieren ist auch ein Meister im Spielen.

Würden Sie gerne auch ein Meister der Geschäftsvorstellungen werden? Möchten Sie es wirklich? Großartig - lesen Sie bitte weiter.

Kapitel Sechs: Die Vorstellung Ihres Geschäftes

Jetzt ist es Zeit, sich dem "Angesicht zu Angesicht"-Aspekt Ihres "Geschäfts von Mensch zu Mensch" zuzuwenden. Hier dreht sich alles um Ihren potentiellen Interessenten. Dies ist einer der grundlegendsten und bedeutendsten Abschnitte eines jeden Trainings für neue Berater und des ganzen Geschäfts. Möchten Sie wissen, wie Sie all Ihre Geschäftsvorstellungen mühelos gestalten und zu einem wahren Vergnügen machen können? Lesen Sie bitte weiter...

Die Vorstellung Ihres Geschäfts ist die Grundlage Ihres Geschäfts. Ich spreche hier nicht von Info-Abenden für Berater und auch Gäste, oder Geschäftsvorstellungen für viele Interessenten. Hier geht es um die Präsentation von Mensch zu Mensch. Die sehr kleinen, informellen Geschäftspräsentationen oder persönlichen Sponsergespräche.

Sie haben Ihre Liste potentieller Interessenten bereits angefertigt, ebenso haben Sie sich die notwendigen Fähigkeiten des effektiven Telefonierens angeeignet und wissen, wie Sie Gesprächstermine mit den "richtigen Menschen" vereinbaren. Jetzt ist es Zeit zu lernen, wie Sie diesen potentiellen Interessenten im Rahmen einer Präsentation von Mensch zu Mensch "das Richtige" sagen.

IHRE PRÄSENTATION IST EIN GESCHENK

Wenn wir Präsentationen geben sollen, fällt es vielen von uns schwer, einen Interessenten zu bitten, uns 30 oder 40 Minuten oder eine ganze Stunde seiner Zeit zu opfern. Wir haben das Gefühl, uns aufzudrängen. Diese Leute sind beschäftigt und ihre Zeit ist sehr kostbar.

Ich sehe es so: Das Wörterbuch definiert "präsentieren" unter anderem als *darreichen, darbieten*, und das Wort "Präsent" bedeutet *Geschenk*.

Jedesmal, wenn Sie sich mit einem anderen Menschen hinsetzen und Ihre Produkte und Gelegenheit mit ihm teilen, bieten Sie ihm ein Geschenk an.

Auch Ihre Zeit ist kostbar. Die Tatsache, daß Sie so viel von sich selbst und von Ihrem Interessenten halten, daß Sie sich die Zeit nehmen, um etwas mit ihm zu teilen, von dem Sie der Überzeugung sind, es könnte für ihn von großem Wert sein - diese Tatsache macht Sie zu etwas Besonderem!

Es ist sehr wichtig, sich diese Tatsache zu vergegenwärtigen, besonders am Anfang. Denn Sie und Ihre neuen Berater werden nicht immer die Zustimmung Ihrer Interessenten erhalten, das Produkt auszuprobieren oder ins Geschäft einzusteigen. Doch wenn Ihnen klar ist, daß Ihre Präsentation *ein Geschenk* ist, können Sie sich immer gut dabei fühlen, es anderen anzubieten - ob sie es annehmen oder nicht!

Welcher Mensch läuft durch die Gegend und macht anderen dauernd Geschenke? Natürlich nur ein guter Mensch - und Sie sind ein solcher!

BELOHNEN SIE SICH FÜR DEN ERFOLG

Hier ist eine Form der persönlichen Anerkennung, die ich gerne mit anderen teile - und die wirklich funktioniert!

Richten Sie ein Sparbuch in Ihrem Namen ein mit dem Zusatz "Anerkennungsfonds". Jedesmal, wenn Sie eine erfolgreiche Präsentation gegeben haben - das heißt: Immer dann, wenn Sie einen Menschen aufsuchen und Ihr Geschenk mit ihm teilen, und zwar unabhängig vom Ausgang des Treffens - dann zahlen Sie 10 Mark auf das Sparbuch ein.

Betrachten Sie diese Einzahlungen als den "Applaus", den Sie für Ihre Präsentation bekommen. Und wenn Sie eine "stehende Ovation" bekommen - und das werden Sie - zahlen Sie 20 Mark ein.

Mit 20 oder 30 Namen höchster Priorität auf Ihrer Namensliste wird Ihr Anerkennungsfonds bald einige Hundert Mark aufweisen. Was sollten Sie mit diesem Geld tun?

Belohnen Sie sich! Sie haben es verdient.

FÜNF SCHRITTE ZU EFFEKTIVEN PRÄSENTATIONEN

Es folgt eine Methode, wie Sie Präsentationen effektiv und bezwingend gestalten können.

Schritt 1.	Gewinnen Sie die Aufmerksamkeit Ihres Interessenten
Schritt 2.	Entdecken Sie seine Interessen
Schritt 3.	Erzeugen Sie das Verlangen
Schritt 4.	Bieten Sie ihm eine Wahl an
Schritt 5.	"Sie haben richtig gewählt"

Lassen Sie uns die Schritte einzeln erörtern.

Wie ich bereits im vorangegangenen Kapitel erwähnte: Der erste Eindruck ist am wichtigsten. Dies gilt für Präsentationen genauso wie für das Prospektieren. Bedenken Sie die Dinge, die wir vorher besprochen haben: Ihr Aussehen, wie Sie sprechen und zuhören, die Körpersprache, und insbesondere die Tatsache, *daß es den Leuten egal ist, wie viel Sie wissen, bis Sie sie wissen lassen, daß sie Ihnen nicht egal sind.*

Dies ist von besonderer Bedeutung. Ich werde Ihnen erklären, warum.

SOFORTIGEN PERSÖNLICHEN KONTAKT HERSTELLEN

Sie müssen zuerst die Aufmerksamkeit Ihres Interessenten gewinnen. Das geht am schnellsten und am besten, wenn Sie ihm zeigen, daß er Ihnen etwas bedeutet.

Machen Sie ihm gleich am Anfang ein Kompliment, wie Sie es auch während eines Telefongesprächs zur Terminvereinbarung tun. Lassen Sie ihn wissen, weshalb er Ihnen etwas bedeutet und weshalb das Treffen mit ihm für Sie etwas Besonderes ist.

Ihrem Interessenten zu zeigen, daß Sie ihn mögen und respektieren führt schnell dazu, daß er Sie mögen und respektieren wird.

Das Gespräch können Sie mit einem ernstgemeinten "Wie geht es Ihnen?" beginnen - und hören Sie sich die Antwort genau und aufmerksam an. Diese Frage wird von den meisten Menschen weder ehrlich gestellt noch beantwortet. Die Frage zu stellen und Ihrem Interessenten wirklich zuzuhören zeigt ihm, daß er Ihnen wirklich etwas bedeutet. Seine Antwort kann Ihnen wertvolle Hinweise liefern, wie Sie Ihre Präsentation seinen Bedürfnissen entsprechend gestalten.

Geben Sie sich nicht mit bedeutungslosen oder klischeehaften Antworten zufrieden. Wenn Ihr Interessent ausweicht, haken Sie vorsichtig nach.

"Ehrlich, Bob, wie geht es Ihnen wirklich?" Und seien Sie ein aufmerksamer Zuhörer. Es ist ein sehr guter Anfang. Es zeigt nicht nur, daß er Ihnen etwas bedeutet, sondern es gibt den Ton an für die gesamte Präsentation, denn vom Anfang an erweisen Sie sich als *Zuhörer*.

Und das Zuhören, im Gegensatz zum Reden, ist der Schlüssel zu effektiven und erfolgreichen Präsentationen.

Gott gab uns einen Mund - und zwei Ohren. Glauben Sie, daß Er uns damit etwas sagen wollte?

ENTSPANNUNG

Eine *entspannte und gelöste Atmosphäre* ist von größter Bedeutung, um einen persönlichen Kontakt überhaupt herstellen zu können.

Jemand, der verspannt ist oder sich in seiner Umgebung unwohl fühlt, kann nicht richtig zuhören. Sie müssen dafür sorgen, daß sich Ihr Interessent *entspannt*.

Maxwell Maltz, Autor des populären wie revolutionären Buches "*Psycho-Cybernetics*", entdeckte, daß Menschen für Veränderungen nur dann offen und empfänglich sind, wenn sie sich in einem entspannten Zustand befinden. Egal, was Sie mit Ihrer Präsentation erreichen wollen, Sie werden auf jeden Fall die *Empfindungen* Ihres Interessenten beeinflussen müssen. Auch wenn er für Sie und Ihr Anliegen offen und zugänglich ist, Ihre Präsentation wird das, was er für Ihre Produkte und Gelegenheit empfindet, verändern. Von daher ist Entspannung sehr, sehr wichtig.

Und Ihr Verhalten bestimmt den Grad der Entspannung Ihres Interessenten.

SEIEN SIE EIN SPIEGEL

Ich will mich nicht in die Details dieses Prozesses vertiefen. Sie verdienen selbst ein ganzes Buch. Doch das "Widerspiegeln" ist eine einfache Methode, Ihren Gesprächspartner in einen entspannten, offenen und aufnahmebereiten Zustand zu versetzen.

Ein Schlüssel hierzu besteht darin, die Körperhaltung, Atemtechnik, Körpersprache und andere Verhaltensweisen Ihres Gegenübers zu beobachten und diese sanft widerzuspiegeln. Einfach gesagt, müssen Sie das tun, was Ihr Interessent tut.

Schlagen Sie Ihre Beine übereinander, wenn er es tut. Sitzen Sie ihm frontal oder schräg gegenüber, je nach dem, wie er sich hinsetzt. Nehmen Sie seinen Atemrythmus an, gebrauchen Sie eine ähnliche Mimik und Gestik, und lehnen Sie sich vor oder zurück, wenn er sich vor- oder zurücklehnt.

Es ist etwas Unterschwelliges, etwas, das wir dauernd und unbewußt tun. Beobachten Sie einmal Paare oder kleine Gruppen und sehen Sie, welche Leute sich spiegeln.

Die Sprache ist ein weiterer Schlüssel. Menschen haben immer eine vorherrschende Art, sich auszudrücken. Wenn es Ihnen gelingt, festzustellen, auf welche Art sich Ihr Gesprächspartner bevorzugt ausdrückt, können Sie sofort einen Kontakt herstellen.

Hören Sie genau zu und stellen Sie fest, welche der folgenden Ausdrücke er am meisten verwendet:

"Das sehe ich so". Hier herrscht visuelle Dominanz vor.

"Ich höre...". Das ist gehörorientiert.

"Ich fühle." Hier führen Emotionen und Gefühle.

"Ich denke". Diese Leute sind eher intellektuell.

Wenn Sie die vorherrschende Ausdrucksweise herausgefunden haben, können Sie Ihre Fragen und Bemerkungen entsprechend gestalten. "Können Sie sehen, worauf ich hinaus will?"; oder "Wie hört sich das an?"; oder "Wie empfinden Sie das?"; oder "Wie denken Sie darüber?"

Wenn Sie dies noch nie getan haben, steht Ihnen eine große Überraschung bevor.

Es gibt eine hervorragende Quelle, die die Wissenschaft des Herstellens von Kontakten wesentlich tiefer behandelt. Diese Quelle heißt "Neuro-linguistisches Programmieren", kurz NLP genannt. NLP befaßt sich mit sehr differenzierten und spezifischen Möglichkeiten, einen Kontakt durch "Spiegeln" herzustellen, wie z.B. Sprache, Augenbewegungen, Änderung der Hautfarbe, und vieles mehr.

Ich bin jedoch dieser Wissenschaft und manchen Praktizierenden gegenüber vorsichtig und besorgt. NLP kann in den falschen Händen dazu benutzt werden, Menschen zu manipulieren. Das ist etwas, das ich absolut zu 100 Prozent ablehne. Beziehungen, die auf Manipulation basieren, sind zum Scheitern verurteilt.

Die Kunst und Wissenschaft des NLP ist rein und positiv. Seine Prinzipien sind, wie die des Network Marketing, vernünftig, sogar genial. Die Art und Weise, wie Menschen damit umgehen, bestimmt darüber, ob sie zum *Wohle anderer beitragen*, oder ob sie andere auf *unehrliche und hinterhältige Weise manipulieren*.

"ERZÄHLEN SIE MEHR DARÜBER"

Hier ist eine hervorragende Möglichkeit, andere mehr über sich und das, was ihnen wichtig ist, erzählen zu lassen.

Wenn Sie jemanden auffordern, etwas mehr zu erzählen, wird er Sie in der Regel als einen guten und einfühlsamen Zuhörer einschätzen, der ernsthaft daran interessiert ist, zu erfahren, wie er denkt und fühlt.

SCHRITT ZWEI: ENTDECKEN SIE SEINE INTERESSEN

Etwas, das Sie in der Anfangsphase Ihres Gesprächs entdecken sollten, sind die wirklichen Interessen Ihres Gesprächspartners. Dabei wird Ihre Aufforderung "Erzählen Sie mehr darüber" ihm helfen, sich Ihnen gegenüber zu öffnen. Dies ist besonders im Hinblick auf seine geschäftlichen Erfahrungen und Erwartungen wichtig.

Fragen Sie Ihren Gesprächspartner, nachdem Sie eine solide Grundlage der gegenseitigen Beziehung hergestellt haben, ob er jemals ein Geschäft selbständig betrieben hat. Fragen Sie ihn, ob er jemals im Network Marketing tätig war. Wenn er die Frage verneint, fragen Sie ihn, was er darüber weiß. Benutzen Sie die Aufforderung "Erzählen Sie mehr darüber", um seine Bemerkungen zu präzisieren und in Erfahrung zu bringen, wie sein Standpunkt ist in diesem Bereich.

Sammeln Sie seine positiven und negativen Gedanken und Gefühle. Diese Information brauchen Sie, um den nächsten Teil Ihrer Präsentation erfolgreich zu bewältigen.

MAN KANN ES NICHT JEDEM RECHT MACHEN

Es gibt Leute auf dieser Welt, die kaum zufrieden zu stellen sind. Lassen Sie mich eine Geschichte über einen solchen Mann erzählen.

Dieser Mann begann, öfters in einem bestimmten Restaurant zu speisen. Er wurde zum Stammgast. Er saß immer am selben Tisch und bestellte stets das gleiche Essen.

Ein Kellner interessierte sich besonders für diesen Mann. Eines Abends nach dem Essen fragte der Kellner ihn, ob alles in Ordnung war. Der Mann erwiderte, daß Essen und Bedienung einwandfrei seien, doch er würde so gerne Brot essen, und bekäme leider nur eine Scheibe mit seinem Essen. Der Kellner merkte sich seine Worte.

Das nächste Mal, als der Mann das Restaurant betrat, brachte ihm der Kellner zwei Scheiben Brot zu dem bestellten Essen. Nachdem der Mann gegessen hatte, fragte ihn der Kellner, ob alles recht sei. Der Mann sagte, er sei mit dem Essen und Service zufrieden, doch er würde sehr gerne Brot essen, und der Kellner hätte ihm leider nur zwei Scheiben gebracht. Wieder merkte sich der Kellner diese Worte.

Beim nächsten Besuch des Mannes stellte der Kellner einen Brotkorb mit mindestens vier Scheiben Brot auf den Tisch. Er erkundigte sich, ob der Herr mit seinem Essen zufrieden sei, und erhielt wieder die Antwort, ihm schmecke Brot am besten, und er wünschte sich, das Restaurant wäre in dieser Hinsicht etwas großzügiger.

Der Kellner berichtete dem Manager von den Wünschen dieses Gastes, und gemeinsam überlegten sie sich einen Plan.

An dem Tag, als der Mann wieder seinen Tisch reserviert hatte, machte sich der Bäcker daran, einen Riesenlaib Brot zu backen. Der Laib war mehr als einen Meter lang! Als der Gast an seinem Tisch Platz nahm, eilten Kellner und Manager in die Küche und holten den übergroßen Laib Brot, den sie dem Mann noch vor seinem Essen brachten. Als das Brot auf den Tisch lag - es war so groß, daß es über die Tischkanten ragte - schauten sie den Gast aufmerksam an und warteten gespannt, was er dazu sagen würde.

Der Gast blickte unzufrieden auf das Brot und sagte:

"Wie ich sehe, gibt es wieder mal nur eine Scheibe!"

Die Moral von der Geschichte ist die: Es gibt Menschen, die nur eines im Leben zufriedenstellt - die Unzufriedenheit.

Der springende Punkt: Wenn Sie sich in der Gesellschaft eines Herrn oder einer Frau "Nur Eine Scheibe" befinden - verschwenden Sie bitte weder Ihre Zeit noch die des anderen. Stellen Sie die richtigen Fragen, um herauszufinden, worum es Ihrem Gesprächspartner geht, und dann: MANCHE WOLLEN, MANCHE NICHT, MACHT NICHTS - DER NÄCHSTE, BITTE! Und gehen Sie weiter Ihren gewählten Weg.

SAGEN SIE, WAS SIE VORHABEN

Aufgeschlossenen Interessenten können Sie von vornherein erzählen, was Sie vorhaben. Zum Beispiel:

"Bob, in den nächsten 25 bis 30 Minuten habe ich folgendes vor: Ich will Ihnen einige wichtige Dinge über mein Unternehmen, seine Philosophie und die großartigen Menschen mitteilen, die dahinterstecken.

Ich werde Ihnen meine Produkte zeigen, damit Sie sie schmecken, (riechen, ausprobieren) können (je nach dem, was am ehesten zutrifft). Außerdem werde ich Ihnen das Geschäft erklären. Nicht in allen Einzelheiten, nur so viel, daß Sie es verstehen können.

Bob, wenn Sie mir am Ende dieser kurzen Präsentation sagen, es gibt nichts, was Sie daran interessiert, verspreche ich, Sie deswegen nie wieder anzusprechen. Wenn Sie den Wert der Produkte und des Geschäftes erkennen, möchte ich kurz darüber sprechen, wie Sie anfangen können. Ist das in Ordnung?"

Mit dieser Art der Einführung weiß Ihr Gesprächspartner genau, was ihn erwartet. Es hilft ihm, sich zu entspannen und zu öffnen. Er weiß außerdem, was Sie von ihm erwarten, und wird von daher nicht überrascht sein, wenn Sie ihn fragen, ob er die Produkte ausprobieren oder in das Geschäft eintreten will.

Lassen Sie mich jetzt auf drei wichtige Punkte eingehen.

DIE ZEIT EINHALTEN

Halten Sie sich an den zeitlichen Rahmen, den Sie Ihrem Interessenten genannt haben. Wenn er nach Ablauf dieser Zeit weiter mit Ihnen darüber reden will, können Sie seinem Wunsch natürlich entsprechen. Doch halten Sie Wort und bleiben Sie bei 25 Minuten, wenn Sie diesen Zeitraum anfangs genannt haben.

ER IST INTERESSIERT

Der nächste Punkt ist folgender: Ich gehe immer davon aus, daß mein Gesprächspartner an Produkt und Geschäft Interesse haben wird. Sollte dies nicht der Fall sein, wird er es Ihnen sagen, wenn Sie ihn fragen: "Ist das in Ordnung?"

Wenn er die geschäftliche Gelegenheit ablehnt, können Sie Ihre Präsentation um die Produkte herum gestalten (denken Sie an die Zufriedenheitsgarantie Ihres Unternehmens). Die geschäftliche Gelegenheit können Sie ein andermal ansprechen, wenn Ihr Interessent Zeit gehabt hat, die Vorteile Ihrer Produkte kennenzulernen. Es wird als vorteilhaft angesehen, sich eine Möglichkeit offen zu halten.

Der dritte Punkt ist:

Halten Sie es einfach und duplizierbar

Einer der größten Fehler, die Leute in unserem Geschäft immer wieder machen, ist, davon auszugehen, man müsse alle Information, die man hat, innerhalb einer Präsentation mitteilen. Doch genau das Gegenteil erzeugt die besten und effektivsten Präsentationen. Bedenken Sie, wir wollen "den richtigen Menschen das Richtige sagen". Weniger ist in diesem Fall mehr.

Die Personen, mit denen Sie reden, werden ihre Entscheidung, mitzumachen oder nicht, auf zwei Überlegungen stützen: "Ist das Produkt und das Geschäft für mich von Wert?", und "Kann ich mir vorstellen, das, was man mit mir macht, erfolgreich mit anderen zu tun?"

Die zweite Überlegung ist den meisten Menschen nicht bewußt, doch sie ist wahrscheinlich die wichtigste überhaupt.

ES GEHT *NICHT* UMS VERKAUFEN

Haben Sie jemals davon gehört, daß professionelle Verkäufer es in unserem Geschäft schwer haben? Es liegt nicht daran, daß sie nicht verkaufen können, sondern daran, daß sie es *so gut* können!

Glauben Sie, die meisten Menschen könnten sich vorstellen, wie ein Profi zu verkaufen? Natürlich nicht. Wahrscheinlich wollten es die meisten auch gar nicht. Es ist, als ob man sich selbst als Experten erachten würde. Der Grund für meine Behauptung, den meisten Menschen sei die zweite Überlegung nicht einmal bewußt, liegt darin, daß wir nicht gerne zugeben, unsicher darüber zu sein, ob wir etwas können oder nicht.

Wenn Ihr Interessent glaubt, er müsse verkaufen oder Experte für Produkte und Marketingplan werden, wird er an der Machbarkeit des Geschäfts zweifeln. Er wird sich irgendeine Ausrede einfallen lassen, um sein mangelndes Interesse zu begründen. Dabei liegt es nur daran, daß er sich nicht als Verkäufer oder Produktexperte sehen kann.

Also: ***HALTEN SIE ES EINFACH UND DUPLIZIERBAR***: Indem Sie alles einfach und duplizierbar halten, ermöglichen Sie es Ihrem Interessenten, sich vorzustellen, er sei an Ihrer Stelle als Geber effektiver Präsentationen und erfolgreicher Network Marketer.

Eine sehr gute Möglichkeit, dies zu erreichen, stellt das "Präsentationsbuch" dar.

IHR PRÄSENTATIONSBUCH

Ein Präsentationsbuch ist ein Ordner der Größe A4, in dem sich Bilder, Firmenliteratur, graphische Illustrationen, etc. befinden. Es kann Ihrem Interessenten Tausende von Worten (Fakten, Zahlen und Ideen) über Produkte und Unternehmen vermitteln.

Wir alle kennen den Spruch: “Ein Bild sagt mehr als tausend Worte”. Doch wie oft neigen wir dazu, Worte zu benutzen, wenn ein Bild wesentlich effektiver wäre? Und was ist eher duplizierbar: Jemandem Tausende von Worten beizubringen, oder ihm zu zeigen, wie er ein paar Bilder umblättert? Also.

Außerdem macht es eine Menge Spaß, ein Präsentationsbuch herzustellen.

PRÄSENTATIONSBUCH-MEETINGS

Ich ermutige Menschen, Präsentationsbuch-Meetings zu organisieren. Und so gehen Sie vor:

Berufen Sie ein besonderes Meeting ein - alle neuen Berater und einige “alte Hasen” sollten dabei anwesend sein. Sie können die Materialien entweder zur Verfügung stellen, oder Sie sagen Ihren Leuten, was sie mitbringen sollten: Drei A4 Ordner, selbstklebende Seiten, wie sie für Fotoalben benutzt werden, Dokumentenhüllen aus durchsichtigem Plastik, farbiges Tonpapier, normales Papier, Leuchtstifte, Schere, Klebstoff und viele Magazine und Zeitschriften.

Lassen Sie die erfahrenen Berater zu Beginn des Treffens erzählen, weshalb sie bestimmte Bilder oder graphische Darstellungen verwenden. Es wird nicht lange dauern, bevor Ihre Leute neue Ideen und Anregungen in die Runde werfen und so eine Explosion der Kreativität verursachen.

Lassen Sie Ihre Leute Schlagzeilen und Werbungsseiten ausschneiden, Bilder, Tabellen und Fotos aus der Zeitung Ihres Unternehmens, aus Mitteilungen und Broschüren. Ich habe schon einige schlichtweg phantastische Präsentationsbücher gesehen.

Die kreativen Möglichkeiten sind schier unendlich. Ein solches Meeting macht viel Spaß und erzeugt große Begeisterung, und Ihre Leute werden auf ihre Präsentationsbücher sehr stolz sein. Es ist großartig!

SCHRITT DREI: ERZEUGEN SIE DAS VERLANGEN

Jetzt beginnen Sie, ihnen jene Information zu geben, die sie benötigen, um Ihre Produkte und Ihr Geschäft *für sich haben zu wollen.*

NETWORK MARKETING KOMMT ZUERST

Nach der Titelseite sollte als erstes eine positive Beschreibung der Network Marketing-Industrie folgen. Wir gehen davon aus, daß die Mehrzahl Ihrer Interessenten sich für das Geschäft interessieren, und von daher sollte dieses auch den ersten Teil Ihrer Präsentation darstellen.

Die Menschen, mit denen Sie während Präsentationen zu tun haben werden, lassen sich in drei Gruppen einteilen.

Die kleinste Gruppe besteht aus denjenigen, die Network Marketing bereits kennen und unterstützen. Die zweite Gruppe besteht aus Menschen, die noch nie etwas davon gehört haben. Und die wahrscheinlich größte Gruppe umfaßt traurigerweise Menschen, die Vorurteile gegen Network Marketing hegen oder schlechte Erfahrungen damit hinter sich haben. In welche Gruppe Ihr Interessent einzuordnen ist, haben Sie bereits erfahren, als Sie ihn fragten, was er über unser Geschäft wisse.

Im Idealfall würden alle unsere Interessenten sofort verstehen, daß Network Marketing eine völlig legale und äußerst effektive Methode der Vermarktung ist. Ein bewährtes und erprobtes Vertriebssystem, das zur Zeit die am schnellsten wachsende Wirtschaftsbranche Amerikas ist. Ein existenzfähiges Beispiel des freien Unternehmertums in seiner reinsten Form - denn Network Marketing bietet jedem Menschen die Gelegenheit und die Freiheit, selbst über sein Leben zu bestimmen und aus sich das Beste zu machen - in jeder Hinsicht.

Von daher sollte Ihr Präsentationsbuch Fakten und Darstellungen enthalten, die Ihrem Interessenten diese Vorteile verdeutlichen. Benutzen Sie graphische Darstellungen und überzeugende Erfolgsgeschichten von Unternehmen und Einzelpersonen. Suchen Sie nach glaubwürdigen Veröffentlichungen und positiven Artikeln über Network Marketing. Die Zukunft unserer Industrie war noch nie so vielversprechend wie heute.

GLAUBEN SIE NICHT ALLES, WAS SIE HÖREN

Wenn Sie etwas Negatives über unsere Industrie hören - gehen Sie der Sache nach! Lassen Sie nicht zu, daß irgendwelche Geschichten, die Sie vom Hörensagen kennen, über Ihre Einstellung und Überzeugung unserer Industrie gegenüber bestimmen! Was auch immer passiert, Gutes oder Schlechtes - es gibt immer einleuchtende und / oder rechtliche Gründe dafür. Besorgen Sie sich die Fakten. Dadurch werden Sie zu einem wissenden und vorbereiteten Profi. Und bedenken Sie die Worte des Dr. Dean Black, der so treffend sagte:

Aus welchen Gründen auch immer, MLM-Unternehmen scheitern nicht auf Grund des MLM-Konzepts, sondern wenn das Prinzip nicht von Ehrlichkeit und Aufrichtigkeit getragen wird. Glauben Sie also an das MLM-

Konzept, seien Sie stets ehrlich und aufrichtig, und geben Sie sich nur mit dem Besten zufrieden.*

Und noch ein Punkt: Vielleicht möchten Sie eine Seite in Ihrem Präsentationsbuch haben, auf die Sie verweisen können, um, falls nötig, den Unterschied zwischen einem illegalen Schneeballsystem und einem legalen Network Marketing-Unternehmen zu verdeutlichen. Sie könnte ein oder zwei Schlagzeilen beinhalten, die mit einer kurzen Beschreibung versehen sind. Die Worte des Dr. Black im ersten Teil dieses Buches "Ihre Einführung" kann Ihnen hierfür sicherlich einige Anregungen liefern.

IST ES EIN ILLEGALES SCHNEEBALLSYSTEM?

Ein Schneeballsystem ist eine Art illegalen Glückspiels, bei dem die Spieler dafür bezahlt werden, andere zum Mitmachen zu überreden. Network Marketing oder Strukturvertrieb ist der *Vertrieb* von Produkten durch ein *strukturiertes* System.

Marketing bedeutet das Bewegen eines Produkts oder einer Dienstleistung vom Anbieter zum Endverbraucher. Der einzige Weg, Geld zu verdienen, besteht darin, Produkte und Dienstleistungen zu bewegen. Menschen in einem Network Marketinggeschäft sollten *niemals* für das bloße Fördern bzw. Sponsern bezahlt werden.

Dieser erste Teil Ihres Präsentationsbuches ist von allergrößter Bedeutung. Wenn es Ihnen nicht gelingt, die Glaubwürdigkeit von Network Marketing von *vorn herein* zu vermitteln, könnte es sein, daß Sie jemandem gegenüber sitzen, der sich entschlossen hat, auf jeden Fall abzulehnen - unabhängig davon, was Sie ihm zu bieten haben.

* "The MLM Simple Success Guide" by K. Dean Black, Ph.D. (Brerie Enterprises, Springville, UT), p. 1-5.

Aus diesem Grund fragen Sie Ihren Interessenten gleich zu Beginn des Gesprächs, was er von Network Marketing hält.

Wenn Sie dieses Thema gleich am Anfang ansprechen, schaffen Sie die richtige Atmosphäre für den Rest Ihrer Präsentation. Helfen Sie Ihrem Interessenten, zu erkennen, wie explosiv und aufregend unsere Industrie in Wirklichkeit ist.

DAS UNTERNEHMEN

Die größte Frage, die Ihr Interessent in seinem Kopf hin und her wälzt, lautet: *"Ist Ihr Unternehmen glaubwürdig und professionell?"* Innerhalb weniger Minuten können Sie diese Glaubwürdigkeit und mehr vermitteln, wenn Sie die Macht der Bilder benutzen.

Zum Beispiel: Jedes gute Unternehmen hat Literatur mit Bildern der Unternehmensgründer und der Führungskräfte. Diese Literatur sollte ein wenig über diese Leute und deren Erfahrungen berichten und etwas von der Philosophie des Unternehmens wiedergeben. Ein Bild der Hauptgeschäftsstelle ist sicherlich ebenfalls dabei. Auch das sollten Sie Ihrem Interessenten zeigen.

Benutzen Sie auf jeden Fall verschiedenfarbige Leuchtstifte, um bestimmte Stellen im Text zu markieren. Sie können dann auf diese zeigen und den Text gleichzeitig vorlesen - eine Methode, die einen bleibenden Eindruck hinterläßt.

Wenn Ihr Unternehmen seit einigen Jahren im Geschäft ist, zeigen Sie eine graphische Darstellung der jährlichen Wachstumsrate.

SETZEN SIE SICH INS BILD

Stellen Sie sich vor: Sie zeigen Ihrem Interessenten Ihr Präsentationsbuch, blättern eine Seite um - und Ihr Interessent sieht ein Bild von Ihnen mit den führenden Persönlichkeiten Ihres Unternehmens. Diese Leute sind häufig bei Trainings und Meetings anzutreffen. Nehmen Sie Ihre Kamera mit und lassen Sie sich mit diesen Menschen zusammen fotografieren. Es zeigt Ihrem Interessenten, daß Sie es mit diesem Geschäft ernst meinen - und natürlich auch, daß Sie innerhalb des Unternehmens ein hohes Ansehen genießen. Solche Bilder sind sehr beeindrukkend.

DIE PRODUKTE

Denken Sie daran, die wichtigsten Vorteile Ihrer Produkte oder Dienstleistung mit Leuchtstiften hervorzuheben. Machen Sie Ihren Interessenten darauf aufmerksam und erzählen Sie etwas darüber.

Jetzt ist die Zeit, um Ihre Produkte vorzustellen. Wenn sie gut schmecken, dann lassen Sie Ihren Interessenten davon probieren. Alle Produkte, die Sie ihm zeigen können bzw. die er schmecken, riechen oder anfassen kann, unterstützen Ihre Präsentation äußerst wirkungsvoll. Sprechen Sie seine Sinnesempfindungen an.

Geben Sie ihm nichts zu lesen. Während der ganzen Präsentation sollte er sich auf Sie, Ihr Präsentationsbuch, und vor allem auf die Produkte konzentrieren. Geben Sie ihm nichts, was ihn ablenken könnte. Broschüren oder Prospekte, die er mitnehmen kann, können Sie ihm später überreichen.

VORTEILE, VORTEILE, VORTEILE

Es ist sehr wichtig, daß Sie sich auf die Vorteile der Produkte konzentrieren. Nennen Sie keine Fakten und Ziffern. Fünfundneunzig Prozent aller Menschen, die Sie treffen werden, wollen wissen, was Ihr Produkt *für sie tun kann*. Am besten berichten Sie darüber, was Ihre Produkte für Sie und andere bewirkt haben.

Im vergangenen Jahr wurden in den USA 2,8 Millionen ½ Zoll Bohrer verkauft. Und jeder Mensch, der einen kaufte, *wollte ein Loch mit einem halben Zoll Durchmesser*! Ein Produktexperte ist eine beeindruckende Erscheinung, doch er oder sie ist gleichzeitig eine imposante und ehrfurchteinflößende Person, die kaum duplizierbar ist. Also: Halten Sie es einfach und duplizierbar.

DER PLAN

Als nächstes sprechen Sie über Ihren Marketingplan. Auch hier neigen die meisten dazu, viel zu viele Worte darüber zu verlieren. Tun Sie das bitte nicht!

Erörtern Sie nur die wichtigsten Punkte. Machen Sie nur die bedeutenden Teile oder Abschnitte Ihres Marketingplans zum Bestandteil Ihres Präsentationsbuches. Zeigen Sie Ihrem Interessenten, wie und wo er Geld verdienen kann, und wo er in ein, zwei oder drei Jahren sein könnte.

Network Marketing ermöglicht es mir, mit Tausenden von Menschen auf der ganzen Welt zusammenzuarbeiten. Viele dieser Leute sind die absoluten Spitzenverdiener in ihrem jeweiligen Unternehmen. Es ist meine Beobachtung, daß 50% dieser Leute ihren Marketingplan nicht vollkommen verstehen - *und es ist ihnen egal!*

Geben Sie Ihrem Interessenten eine graphische Darstellung des Marketingplans und zeigen Sie ihm, wie er Berater werden kann. Erklären Sie ihm, was er in seiner Erstausstattung erhalten wird. Machen Sie ihn auf die Vorteile aufmerksam, die seine Tätigkeit als Berater mit sich bringen wird.

Meiden Sie detaillierte Erklärungen, insbesondere die Bedingungen zur Qualifizierung und Erhaltung einer einmal erreichten Stufe des Marketingplans. Machen Sie darauf aufmerksam, daß solche Dinge während spezieller Trainings abgehandelt werden. Geben Sie ihm soviel Information, wie er benötigt, um eine fundierte Entscheidung treffen zu können. Bedenken Sie: Ihr Interessent will nur wissen, ob der Plan auch funktioniert. Und nicht, wie er funktioniert! Halten Sie also Erfolgsgeschichten anderer Berater bereit, auf die Sie verweisen können.

Wenn Ihr Interessent ein alter Hase in diesem Geschäft ist, wird er Ihnen spezielle Fragen stellen, die ihn interessieren. Wenn er das tut, beantworten Sie die Fragen und machen Sie weiter in Ihrer Präsentation.

UNTERSTÜTZUNG UND TRAINING

Als nächstes reden Sie von der Unterstützung, die Sie und Ihr Unternehmen anbieten.

An dieser Stelle nennen Sie alle Ereignisse, Treffen und Trainingsprogramme, die in Ihrer Umgebung stattfinden; nennen Sie auch die verkaufsfördernden Unterlagen und Hilfen, die Ihr Unternehmen anbietet. Auch hier sollten Sie es meiden, detaillierte Einzelheiten zu nennen.

Erzählen Sie Ihrem Interessenten, wie großartig die Trainings sind und wie toll die Literatur des Unternehmens Produkte und Marketingplan darstellt. Machen Sie ihn darauf aufmerksam, wie großartig die Menschen sind, mit denen Sie zu tun haben, und wie viel Spaß es Ihnen macht. Lassen Sie ihn auch wissen, wie schnell Sie das Geschäft beherrschen lernten, und welche Unterstützung und persönliche Zuwendung Sie ihm widmen werden. Teilen Sie Ihren Erfolg und den anderer mit ihm - es wirkt äußerst ansteckend!

Zeigen Sie ihm Fotos von Ihrer erfolgreichen Upline und Ihren Förderern. Sie sollten auf diesen Bildern auch zu sehen sein, damit Sie Ihrem Interessenten zeigen können,wie diese Leute Sie unterstützen - und wie sie ihn unterstützen werden. Lassen Sie ihn erkennen, daß diese Leute - die genau so sind, wie er - dazu beitragen, daß der Plan funktioniert.

EINE KLEINE ANERKENNUNG PER POST...

Wäre es nicht toll, wenn Ihr Interessent ein paar Tage nach seinem Beitritt einen Anruf oder Karte von einem dieser erfolgreichen Menschen erhalten würde? Einfach, um ihn willkommenzuheißen und Unterstützung anzubieten. Das wäre ein toller erster Eindruck!

SCHRITT VIER: BIETEN SIE EINE AUSWAHL AN

Ihr Interessent ist jetzt an der Stelle, eine Entscheidung zu treffen. An dieser Stelle erklären Sie ihm, was sich ihm zur Auswahl bietet. Machen Sie ihm von vornherein klar, welche Wahl er hat.

“Bob, ich glaube, Sie können inzwischen verstehen, weshalb ich über diese Produkte und dieses Geschäft so aufgeregt bin. Wenn Sie sich entschließen würden, heute anzufangen, wo würden Sie beginnen? Würden Sie anfangen, die Produkte zu benutzen, um deren Vorteile zu genießen? Oder würden Sie auch die geschäftliche Gelegenheit wahrnehmen wollen? Welche Möglichkeit spricht Sie mehr an, Bob?"

Wenn Ihr Interessent zuerst die Produkte benutzen will, um deren Vorteile kennenzulernen, ist das völlig in Ordnung. Helfen Sie ihm, die Produkte auszuwählen, und erinnern Sie ihn an die Zufriedenheitsgarantie.

Wenn er erkennen kann, welche großartige Gelegenheit Sie ihm anbieten, und er sein eigenes Geschäft aufbauen will - großartig! Stellen Sie fest, welche Produkte er sofort haben möchte, und machen Sie ihn an Ort und Stelle zu Ihrem Einzelhandelskunden. Verkäufe im Einzelhandel sind aus verschiedenen Gründen wichtig.

Der Einzelhandel bestimmt nicht nur den Wert eines Produkts, sondern er beeinflußt auch, wie Ihr Interessent das Geschäft betreiben wird.

Einzelhandelsverkäufe und -gewinne können die Zeit, die Sie in die Präsentation investierten, finanziell ausgleichen. Wenn alle Leute Ihrer Organisation Einzelhandelsverkäufe im Rahmen ihrer Präsentationen erzielen, werden das Monatsvolumen und die damit verbundenen Verdienste stetig steigen. Außerdem kann Ihr Interessent erkennen, wie auch er am Verkauf der Produkte sofort verdienen kann.

EIN WICHTIGER PUNKT

Diesen Punkt kann ich nicht genügend betonen.

Begehen Sie niemals den Fehler, aus jedem Interessenten einen Großhandelskunden zu machen.

Die Möglichkeit, Produkte zum Großhandelspreis einkaufen zu können, ist ein echter Vorteil. Wenn Sie jeden Interessenten zum Großhandelskunden machen, wird er es später genauso tun (duplizieren), und alle Leute innerhalb Ihrer Organisation werden diese wichtige Verdienstmöglichkeit verlieren.

In meinen Augen trägt der Einzelhandel entscheidend zum hohen Umsatz bei, der vor allem von neuen Beratern erzielt wird. Präsentationen zu geben und gleichzietig Verkäufe zu erzielen, ist ausschlaggebend für den Erfolg Ihres neuen Beraters. Erklären Sie ihm, daß er zum Großhandelspreis einkaufen kann, wenn sein Antrag bearbeitet wurde. Diese Tatsache wird ihn motivieren, diese Aufgabe schnell hinter sich zu bringen. Helfen Sie ihm, an Ort und Stelle den Antrag auszufüllen, und bieten Sie an, diesen bei Ihrem Unternehmen einzureichen.

SCHRITT FÜNF: "SIE HABEN RICHTIG GEWÄHLT"

Es ist sehr wichtig, Ihrem Interessenten zu sagen, daß er die richtige Wahl getroffen hat - ob er nun Produkte gekauft oder sich für die geschäftliche Gelegenheit entschieden hat.

Erinnnern Sie sich an die Komplimente, die Sie ihm zu Anfang machten, und sagen Sie ihm nochmal, weshalb er Ihnen soviel bedeutet. Erklären Sie ihm, daß Sie ihn unterstützen werden, damit seine Tätigkeit mit Ihrem Unternehmen zu einem vollen Erfolg wird.

Ein Anruf oder Brief sind ebenfalls prima Ideen.

Ich werde Ihnen eine wahre Geschichte erzählen, um es Ihnen zu erklären. In San Diego gibt es einen herrlichen Herrenbekleidungsladen. Dort findet man die größte Auswahl an europäischer Bekleidung. Ich liebe es, dort einzukaufen. Aus mir unerklärlichen Gründen kann ich diesen Laden erst dann wieder verlassen, wenn ich mindestens $500 ausgegeben habe. Danach erst finde ich die Zeit, über mein Kaufverhalten nachzudenken, und habe es oftmals in Frage gestellt. Vielleicht kennen Sie solche Gefühle der Reue. Doch dann, wie nach einer geheimen Uhr, erreicht mich eine Karte von Paul, dem Ladenbesitzer. Darin schreibt er, wie toll es war, mich wiederzusehen; wie sehr er meine Kundschaft schätzt; wie gut ich in den neuen Sachen aussehe, was anderen Menschen unweigerlich auffallen wird. Diese Karte und die persönlichen Zeilen an mich haben ihren Zweck noch nie verfehlt. Nach dem Lesen habe ich wieder ein gutes Gefühl und bereue den Kauf nicht mehr.

Können Sie sehen, wie diese professionelle und einfühlsame Vorgehensweise helfen kann, einem Gefühl des Bereuens seitens Ihres Interessenten oder Kunden entgegenzuwirken?

ICH FORDERE SIE HERAUS, EIN MEISTER DER PRÄSENTATIONEN ZU WERDEN

Ich möchte Sie persönlich herausfordern. Ich fordere Sie auf, ein Meister im Vorstellen Ihres Geschäftes zu werden. Und so gehen Sie vor: Nehmen Sie Ihre Präsentation auf Tonband auf.

Sagen Sie Ihrem Interessenten, daß Sie Ihre Geschäftserklärung verbessern wollen und fragen Sie ihn, ob er etwas dagegen hat, wenn Sie das Gespräch mit ihm aufnehmen. Er wird vermutlich kaum ablehnen.

Das Tonbandgerät ist ein tolles Werkzeug. Es zeigt Ihrem Interessenten, wie ernst Sie das Geschäft nehmen, und führt dazu, daß er eine aktive und kooperierende Rolle einnimmt.

Wenn Sie Ihre Präsentation aufgenommen haben, hören Sie es sich immer wieder an - beim Autofahren, bei der Gartenarbeit, überall. Suchen Sie nach Möglichkeiten, Ihre Kommunikation zu verbessern. Suchen Sie nach Möglichkeiten, sich besser und effektiver auszudrücken.

Eines der wichtigsten Dinge ist, die Fragen zu zählen, die Sie Ihrem Interessenten gestellt haben. Suchen Sie nach Möglichkeiten, immer mehr vernünftige Fragen zu stellen. Nehmen Sie Ihre Präsentation genauestens unter die Lupe, um herauszufinden, wie Sie sie verbessern können.

Tun Sie dies zwei Wochen lang mit Ihrer ersten Präsentation. Nehmen Sie dann Ihre nächste Präsentation auf Tonband auf und vergleichen Sie beide. Wiederholen Sie diese Schritte für 60 bis 90 Tage, und ich verspreche Ihnen, daß Ihre Präsentationen zehnmal besser sein werden, als am Anfang. Und Sie werden die Kunst des effektiven Präsentierens gemeistert haben.

Irgendwelche Einwände?

Im nächsten Kapitel werden wir uns näher mit dem Entscheidungsprozess befassen. Wir werden eine Methode besprechen, die Ihnen und Ihren Beratern zeigt, wie man Fragen stellt und beantwortet, damit Ihre Interessenten die für sich *und* Sie richtige Entscheidung treffen.

Es hört sich nach viel Arbeit an, nicht wahr?

Nun, Ihre Präsentation muß nicht länger als 20 bis 25 Minuten dauern. Überrascht Sie das? Das sollte es aber nicht. Es dauert nämlich viel länger, eine Präsentation zu *erklären*, als eine zu *geben*.

Sind Sie genauso gespannt darauf, wie ich es bin? Können Sie schon erahnen, welche Kraft diese Erkenntnisse Ihren neuen Beratern geben können? Ich kann es kaum erwarten, daß Sie mit dem Lesen des nächsten Kapitels beginnen.

Darin dreht sich alles um Einwände.

Kapitel Sieben: Einwände

Nun, lassen Sie uns jetzt sehen, ob wir in dem Irrgarten der Einwände gegen Network Marketing schnell vorwärts kommen. "Einwände" nenne ich "Gelegenheiten in Arbeitsbekleidung". Sie bieten sich geradezu an, um Mißverständnisse zu klären, Widerstand abzubauen und Zweifel auszuräumen. Einwände können dem Verhältnis zwischen Ihnen und Ihrem Interessenten zu mehr Offenheit und somit zu einem positiven Ausgang verhelfen. Sind Sie bereit? Also, los geht's!

Eines müssen Sie über Einwände wissen - sie können zu jeder Zeit erhoben werden. Zum Anfang, mittendrin, oder sogar nach Abschluß Ihrer Präsentation. Während Meetings, Terminvereinbarungsgespräche - überall und zu jeder Zeit.

SEIEN SIE PFADFINDER

Der Schlüssel zum erfolgreichen Umgang mit Einwänden liegt in dem Pfadfindermotto "Allzeit bereit".

Ich kann mir keine schlimmere Situation für einen neuen Berater vorstellen, als mit Einwänden konfrontiert zu werden, mit denen er nicht umgehen kann. Aus diesem Grund ist es für Sie von großer Wichtigkeit, Ihre Berater zu lehren und trainieren, bevor diese "ohne Aufsicht losgelassen" werden. Das ist ein Teil Ihrer Verantwortung als Förderer.

GEMEINSAM ALS TEAM

Es ist eine tolle Idee, Ihre Berater bei den ersten Präsentationen zu begleiten. Nehmen Sie sie bei Ihren eigenen Präsentationen mit, damit sie erfahren können, wie diese ablaufen. Im Kapitel Elf, "Duplizieren", werden wir uns näher mit diesem Thema befassen.

Lassen Sie Ihren Berater seinen Interessenten Ihre Anwesenheit als Training und Unterstützung erklären; außerdem können Sie eventuelle Fragen beantworten. Dieser "Team-Ansatz" ist eine hervorragende Methode, neue Berater zu trainieren und für anfängliche Verkaufs- und Fördererfolge zu sorgen.

Nicht alle neuen Berater mögen diese Vorgehensweise, denn viele empfinden es als ein Zeichen von "Schwäche" ihrem Interessenten gegenüber, mit ihrem Förderer aufzutauchen. Doch das Gegenteil ist die Wahrheit. Ihre Anwesenheit erzeugt sofortigen Respekt für Ihre Ehrlichkeit und Integrität, und der Interessent wird Ihnen gegenüber positiv eingestellt sein.

Denn Leute *wollen, daß Sie erfolgreich sind.* Es ist nur natürlich. Und es bestimmt eine entspannte, verständnisvolle und empfängliche Atmosphäre für die Präsentation. Außerdem macht es den Förderer zum Experten. Und das liegt in Ihrem Interesse. Immer wieder hat die Erfahrung gezeigt, daß gute Vorbereitung der Schlüssel zum Erfolg in diesem Geschäft ist. Dies trifft vor allem im Umgang mit sogenannten Einwänden zu.

CHANCE ODER FALLE?

Einwände sind Gelegenheiten in Arbeitsbekleidung.

Einwände mögen für den neuen Berater eine Falle sein. Für den erfahrenen Profi stellen sie Chancen dar. Dabei geht es nicht um die "Herausforderung", diese Einwände anzunehmen und sie zu "überwinden". Es geht um die *Möglichkeiten.* Beinahe alle Einwände eröffnen weitere Möglichkeiten des gegenseitigen Verstehens - und sie bieten Ihnen eine perfekte Gelegenheit, Ihre Begeisterung und Überzeugung mit Ihrem Interessenten zu teilen.

Ich bitte Sie, Einwände als nichts anderes als gut getarnte Fragen zu betrachten.

Deswegen lehre ich nie, wie man Einwände "behandelt" oder "überwältigt". Ich zeige meinen Leuten nur, wie sie Fragen beantworten sollen. Wenn Sie mit einem Einwand konfrontiert werden, bedeutet dies lediglich, daß Ihr Interessent noch nicht genügend Information erhalten hat, um eine fundierte Entscheidung treffen zu können. *Einwände haben, wenn überhaupt, nur sehr wenig mit persönlicher Ablehnung zu tun.*

Manchmal werden Einwände benutzt, um den Entscheidungsprozess hinauszuzögern.

Ein Einwand kann auf einer oder mehreren unbeantworteten Fragen beruhen. Er kann auch eine versteckte Frage sein. Ihre Aufgabe ist es, Ihrem Interessenten zu helfen, seine *wirkliche* Frage zu entdecken und zu formulieren, um diese dann zu beantworten.

SECHS SCHRITTE ZUM ERFOLG

Jeder Mensch kann dieses System anwenden. Es funktioniert in jedem Geschäftszweig und in jeder Situation. Ich weiß es, denn vor zehn Jahren - bevor ich Network Marketing für mich entdeckte - war ich im Medizingeschäft tätig, und dort funktionierten diese sechs Schritte genau so.

Der Kern dieses Systems liegt in seiner umfassenden Effektivität. Sie können es anwenden, um die dem Einwand zu Grunde liegende Frage zu entdecken... Um diese an die Oberfläche zu bringen, ohne emotionalen Sprengstoff zu zünden... um die Frage mit Ehrlichkeit und Integrität so zu beantworten, daß Ihr Interessent die Antwort vollkommen versteht und sich emotionell nicht verunsichert fühlt.

Natürlich heißt das nicht, daß Sie Ihre Interessenten jedesmal für Produkte oder Geschäft gewinnen werden.

Es bedeutet aber, daß Sie Ihrem Interessenten absolute Klarheit versprechen können, und daß Sie mit der

Gewissheit leben können, in jener Situation Ihr Bestes gegeben zu haben. Sie sind also in einer starken und vorteilhaften Situation und können weiter an Ihrem Weg zum Erfolg bauen, unabhängig vom Entschluß Ihres Interessenten.

Hier sind also die sechs Schritte. Und bedenken Sie: ein Einwand ist nur eine versteckte Frage.

HÖREN SIE ZU, WIE SIE NOCH NIE ZUGEHÖRT HABEN

(Sie wußten doch, daß ich das sagen würde, oder?). Stellen Sie Ihre Lauscher auf und hören Sie Ihrem Interessenten sorgfältig zu. Unterbrechen Sie den Redefluß Ihres Interessenten niemals - beißen Sie sich auf die Zunge, wenn es sein muß! - und nehmen Sie nicht einfach an, Sie wüßten, was er als nächstes sagen will.

Haben Sie sich jemals mit einem Menschen unterhalten, der Ihre Sätze dauernd für Sie zu Ende sprach, bevor Sie Gelegenheit dazu hatten? Oder der Fragen beantwortete, bevor Sie sie überhaupt gestellt hatten? Wie fühlten Sie sich? Fühlten Sie sich nicht um Ihre Worte beraubt, auch wenn er "richtig getippt" hatte? Solches Verhalten ist wirklich sehr unhöflich.

Ich erzähle Ihnen eine Geschichte.

BILLY'S GESCHICHTE

Vor etwa vierzehn Jahren hatte ich einen Freund in San Diego namens Billy. Er war einer der liebenswürdigsten Menschen, die man überhaupt kennenlernen konnte. Wir spielten in derselben Softball-Mannschaft. Billy war ein Mensch, der sehr wenig Selbstwertgefühl hatte. Er war Tischler - seine Arbeit mochte er nicht besonders, doch er verdiente gutes Geld, also blieb er dabei.

Eines Tages nach einem Softballspiel aßen wir eine Pizza zusammen. Ich erzählte von der vergnüglichen Zeit, die ich mit Lynn Diets, einer sehr guten Freundin, auf meiner letzten Reise erlebt hatte. Billy kam zu mir und sagte: "Hey, John, könnte ich dich vielleicht auf deiner nächsten Reise nach Atlanta begleiten?"

Ich war platt. Billy war noch nie irgendwo hingefahren! Er war so still und schüchtern und glaubte nicht daran, irgendetwas wirklich gut machen zu können - oder auch nur überhaupt etwas anderes zu tun. Ich war überaus erstaunt, daß er überhaupt gefragt hatte.

Ich sagte also: "Billy, ich fahre in 46 Tagen wieder hin. Hier sind meine Flugzeiten. Wenn Du ein Ticket für denselben Flug kaufst, können wir zusammen nach Atlanta fliegen und wenn wir dort sind, kümmere ich mich schon um alles." Jetzt war er platt! Ich werde nie seinen Gesichtsausdruck vergessen.

Über Wochen sprach Billy von nichts anderem als von seinem Flug nach Atlanta und davon, einen dieser Prachtmenschen in Georgia kennenzulernen.

Wir flogen nach Atlanta. Lynn holte uns am Flughafen ab und setzte uns bei sich zu Hause ab. Sie mußte noch etwas Geschäftliches erledigen, bevor wir uns später trafen und in die Stadt gingen. Ich dachte, daß dies eine einmalige Gelegenheit sei, die Peach Tree Lane entlang zu bummeln und Billy die Sehenswürdigkeiten zu zeigen.

Wir gingen also die Peach Tree Lane auf und ab, und ich zeigte Billy den Amtssitz des Gouverneurs und noch dies und das, als Billy ganz plötzlich meinen Arm faßte und sagte: "John, hast Du das gesehen, hast Du das gesehen?" Ich antwortete: "Nein, was denn, Billy?" und schaute mich um. Billy sagte: "Junge, ist das eine flotte Biene!" Ich sagte also: "Ach so, ja, das habe ich gesehen," und wir gingen weiter.

Einige Minuten später faßte Billy mich wieder am Arm. "John, hast Du das gesehen, hast Du das gesehen?" Ich fragte also: "Nein, was denn, Billy?" Er antwortete: "Mann, war das ein toller Käfer!"

Nun, dies kam noch des öfteren vor, und jedes Mal war es das gleiche: "Guck mal, guck mal ... war für ein toller Käfer!"

Schließlich faßte Billy wieder meinen Arm und fragte: "Hast Du das gesehen, hast Du das gesehen?" Und um die Wahrheit zu sagen, ich hatte es langsam satt. Also sagte ich: "Ja, ja, Billy, ich habe es gesehen." Nur damit er zufrieden war - ich hatte nichts gesehen. Billy sah mich ganz seltsam an und sagte:

"Warum bist Du dann reingetreten?!"

Danach habe ich nie wieder gedacht, ich wüßte, was jemand sagen wollte.

ENTWICKELN SIE DETEKTIVISCHE FÄHIGKEITEN

Hierbei müssen Sie hinter die verschleierten Einwände schauen und herausfinden, wonach Ihr Interessent wirklich fragt.

Zum Beispiel: Nehmen wir an, Ihr Interessent sagt: "Oh ja, das ist eines von diesen Schneeballsystemen, von denen ich gehört habe." Dieser Einwand kommt ziemlich häufig. Wonach fragt der Interessent jedoch wirklich? Nun, die meisten von uns nehmen in dieser Situation eine abwehrende Haltung ein und fangen an, das gesamte Geschäft zu verteidigen. Man will aber einfach nur wissen, ob alles legal ist.

Das gleiche gilt für den Einwand: "Ich habe einfach nicht die Zeit dafür." Gibt es hier wirklich eine versteckte Frage? Z. B. "Kann ich mit der mir zur Verfügung stehenden, begrenzten Zeit Erfolg haben?"

Hier ist der erste Hinweis: Einwände sehen genauso aus wie Tatsachen - *wenn sie auch in Wirklichkeit Fragen sind.* Das folgende können Sie tun, um diese versteckten Fragen ausfindig zu machen. Fügen Sie der Aussage hinzu: "Ist das wahr?" Dann können Sie die Frage für Ihren Interessenten beantworten.

Die beste Vorgehensweise beginnt mit dem folgenden Schritt.

STIMMEN SIE ZU UND NEHMEN SIE DEN EINWAND ERNST

... und bitten Sie um Erläuterung, wenn nötig.

So funktioniert es.

"Chris, es ist gut, daß du fragst." Jetzt beachten Sie etwas ganz Wichtiges. Sagen Sie niemals "ABER" und fangen dann an, sich zu verteidigen. Nehmen Sie einfach zur Kenntnis, was sie sagt, und warten Sie einen Moment.

Verstehen *Sie* nicht, was sie meint, oder sind Sie nicht sicher, daß *sie* es wirklich weiß - fragen Sie nach.

"Chris, ich weiß nicht genau, was du damit meinst.

Kannst Du es noch etwas anders ausdrücken?" Oder: "Chris, erkläre mir das bitte etwas näher."

Damit nehmen Sie Ihrem Interessenten gleich die Befangenheit. Die Unterhaltung wird jetzt eine Untersuchung, an der Sie beide beteiligt sind und versuchen, die Wahrheit und die besten Möglichkeiten herauszufinden. Das ist ganz etwas anderes als einen "Einwand zu widerlegen".

GEHEN SIE AUF DEN INTERESSENTEN EIN

Tun Sie das, indem Sie eine Geschichte erzählen.

Hüten Sie sich vor mit Fakten vollgepackten, intellektuellen Antworten. Es spielt keine Rolle, wie gut sie ist und wie recht Sie haben. Sie haben einfach die Aussagen beiseitegeschoben und damit *den Interessenten selbst* beiseitegeschoben. Erzählen Sie jedoch eine Geschichte - genauso wie Sie das tun, wenn Sie die Vorzüge Ihres Produktes erklären - dann entsteht keine Bedrohung und Sie appellieren nicht nur an den Verstand, sondern auch an das Gefühl. Das ist immer das beste. Denken Sie daran, Ihre Antworten sollten sinnvoll sein, und gleichzeitig den Gefühlen des Interessenten Rechnung tragen.

Die meisten Einwände in unserer Branche kommen ziemlich häufig vor. Kennen Sie die häufigsten "Einwände" und beantworten Sie sie als versteckte Fragen, werden sie zu versteckten Chancen. Vor Ende dieses Kapitels gehen wir einen einfachen Ablauf durch, bei dem man sich eines Einwandfragebogens bedient, damit Ihnen und Ihren Mitarbeitern geholfen wird, mit Einwänden fertig zu werden.

Um auf die meisten Einwände (Fragen) einzugehen, verwende ich gerne den Ansatz "Gefühl und Ergebnis". Zum Beispiel bei der Beantwortung der Frage nach dem Zeitaufwand.

Berücksichtigen Sie zunächst, wie sich die Interessenten *fühlen*. Bauen Sie dann ein wirkliches Vertrauensverhältnis auf, indem Sie erzählen, daß Sie sich ähnlich *gefühlt* haben. Dann berichten Sie über das *Ergebnis*, wie Sie herausgefunden haben, wie alles wirklich funktioniert oder vor sich geht oder ist - *aus Ihrer eigenen Erfahrung*.

"Chris, ich weiß genau, wie Du Dich fühlst. Zeit ist etwas sehr Wertvolles, nicht wahr? Ich glaubte auch, daß es ein Problem werden würde, Zeit für diese Tätigkeit zu finden. Zu meiner Überraschung habe ich jedoch herausgefunden, daß diese Tätigkeit so flexibel ist, daß ich am Anfang so viel oder so wenig Zeit investieren konnte wie ich wollte. Und weißt Du, was nach nur einigen Monaten passiert ist? Ich hatte soviel Spaß daran und bekam soviel Unterstützung, daß ich mit jeder Woche mehr Erfolg hatte. Ich habe also immer mehr Zeit in Network Marketing investiert, und da mein jetzt erfolgreiches Geschäft von zu Hause aus geführt wird, habe ich mehr Zeit für meine Kinder, kann zweimal in der Woche Golf spielen, anstatt nur einmal, und ..."

... und so geht es.

Übrigens - *lügen Sie nie*. Wenn Sie das tun, werden Sie, das verspreche ich Ihnen, irgendwann erwischt. Das Komplizierteste auf der Welt ist, sich zu erinnern, welche unwahre Geschichte man wem erzählt hat. Und das nächste Mal, wenn Sie den Betreffenden wiedersehen, weiterhin lügen zu müssen, ist genauso schrecklich. Außerdem kann die Wahrheit - sogar eine kurze Geschichte, auch wenn sie nicht annähernd so beeindruckend ist wie die oben erwähnte Geschichte - genauso überzeugend sein. Es funktioniert wirklich.

WARTEN SIE AUF BESTÄTIGUNG

Wie bei der Reiseorganisation im Ausland, überprüfen Sie, ob man gehört und verstanden hat, was Sie gesagt zu haben "glauben".

"Verstehst Du, was ich meine, Chris?" Oder: "Siehst Du, wie das auch bei Dir der Fall sein könnte?" Oder: "Betrifft Dich das auch, Chris?"

Stellen Sie keine Vermutungen an. Denken Sie an Billys Geschichte - Sie wollen nicht "reintreten"! Warten Sie immer auf Bestätigung, dann wird der nächste Schritt die einfachste Sache der Welt.

LASSEN SIE IHNEN DIE WAHL

... der Dinge, die sie tun können, um ins Geschäft zu kommen.

Sie können diesen letzten Schritt nur gehen, wenn Sie alle versteckten Fragen der Interessenten entdeckt haben. Ist das nicht der Fall, überprüfen Sie es noch einmal, und wenn es noch Zweifel gibt oder "Einwände", gehen Sie zurück zum ersten Schritt und verfolgen noch einmal jeden Einwand einzeln Schritt für Schritt. Wiederholen Sie diesen Vorgang so oft wie nötig, um sicher sein zu können. Jetzt naht die Zeit der Entscheidung.

Wenn es soweit ist, *lassen Sie ihnen die Wahl.*

Sind die Interessenten mit Ihrer Antwort zufrieden

(Schritt 5), folgt die Entscheidung ganz automatisch. Stellen Sie ihnen eine Frage (Schritt 6), die den Kreis Ihrer Präsentation schließt.

Zum Beispiel: Hätte ich mit Chris über ihre Zeitprobleme gesprochen, hätten wir uns über *Gefühl und Ergebnis* unterhalten, würde sie am Ende zustimmen, daß das, was ich gesagt habe, sinnvoll sei, und ich könnte zu ihr sagen:

"Das ist toll, Chris. Es gibt mehrere Möglichkeiten für den Anfang. Du könntest einige Produkte bekommen, um sie auszuprobieren. Verwende sie ein paar Wochen und finde deren Vorzüge selbst heraus. Und denke daran, Chris, es gibt eine unbedingte Geldrückgabegarantie bei Nichtgefallen."

"Wenn Du jetzt überzeugt bist, daß dies eine interessante Chance für Dich ist, können wir Deine Anmeldung gleich ausfüllen. Ich werde Dir am Anfang behilflich sein - und denke daran, sobald die Firma deine Anmeldung bearbeitet, kannst Du anfangen, direkt Produkte zu bestellen und den vollen Beraterrabatt bekommen. Mittlerweile können wir damit anfangen, Dein Geschäft aufzubauen. Also, Chris, welcher Weg ist für Dich der Beste, um ins Geschäft zu kommen?"

Es ist unerläßlich, daß Sie, wann immer Sie Ihren Interessenten zu einer Entscheidung bringen wollen - sei es hinsichtlich des Kaufes eines Produktes, der Mitarbeit als Produktberater oder der Teilnahme an einem ersten Treffen - ihm oder ihr die Wahl zwischen zwei Möglichkeiten lassen. Nehmen Sie Zeiten, Tage, oder was auch immer, um sie zur Wahl zu stellen.

AUSWAHL IST EIN GESCHENK

Ich möchte, daß Sie eines ganz klar erkennen. *Indem Sie Ihren Interessenten die Wahl lassen, tun Sie ihnen wirklich etwas Gutes.*

Der Entscheidungsprozeß beinhaltet sämtliche Schritte in Ihrer Präsentation: Fragen stellen, Informationen weitergeben, Geschichten erzählen, Vorzüge diskutieren, sie mit typischen Merkmalen untermauern, etc. Der letzte Schritt ist, ihnen *die Wahl* zu überlassen. Das ist der Zeitpunkt, zu dem sie eine Entscheidung treffen müssen.

Eine Entscheidung zu treffen, ist für einige Leute schwierig, weil sie sie, wenn man ihnen keine Auswahl anbietet, als eine einzige riesige Entscheidung betrachten, die einen viel komplexeren Prozeß darstellt und mehr beinhaltet.

Eine Auswahl zu treffen ist ganz einfach. Man wählt die eine oder die andere Möglichkeit. Indem man sie fragt, für was sie sich entscheiden, hilft man ihnen, sich auf die eine oder andere Alternative zu konzentrieren. Sie bringen sie auch dazu, zwischen zwei positiven Alternativen zu wählen. Haben Sie über den ganzen Prozeß hinweg Bestätigungen erhalten, besteht die Wahl darin, entweder in Produkte zu investieren oder Produktberater zu werden - oder beides. Wenn Sie also zum letzten Schritt kommen und die Möglichkeiten zur Wahl stellen, heißt es nicht JA oder NEIN - es gibt nur ein JA. Es ist nur noch eine Frage, für welches JA sich der Interessent entscheidet!

WIE SIEHT ES MIT EINEM WEITEREN EINWAND AUS?

Behandeln Sie ihn einfach wie den ersten, dritten oder

fünften Einwand. Gehen Sie zurück zum ersten Schritt und dann nacheinander alle Schritte durch bis Sie aus dem Prozeß mit einem "JA" oder "NEIN" herauskommen.

WIE SIEHT ES BEI EINEM "NEIN" AUS?

Ein "JA" ist es für mich immer, solange sie nicht "NEIN" sagen.

Bombardieren sie mich immer noch mit Einwänden - dann sieht es anders aus. Das sind Fragen, keine Antworten. Ein "NEIN" ist eine direkte Antwort. Und ich achte ein "NEIN" - unabhängig davon, ob ich persönlich vielleicht völlig anderer Meinung bin.

"Ich bin nicht interessiert." "Das ist einfach nichts für mich." "Ich wünsche Ihnen alles Gute, aber ich möchte das nicht machen."

Das sind solide Ablehnungen. Was tun Sie dann? Akzeptieren Sie das "NEIN", so wie es ist. Bedanken Sie sich. Halten Sie die Tür auf - *und gehen Sie weiter zum nächsten "JA"!*

Obwohl wir hier das Beispiel einer Präsentation angeführt haben, können Sie diese sechs Schritte auf jede Situation anwenden, wie z. B. Vereinbarung eines Termins oder späteres Nachhaken.

EIN "EINWAND-ARBEITSBOGEN"

Eine gutes Hilfsmittel dafür, Mitarbeiter in Ihrer Organisation hinsichtlich des Umgangs mit Einwänden zu trainieren, ist ein EINWAND-ARBEITSBOGEN. (Siehe das Beispiel in Kapitel 10).

Sie können sie drucken lassen und darauf die am häufigsten gemachten Einwände, mit denen Sie und Ihre Mitarbeiter konfrontiert werden, auflisten. Sie können auch kreatives "Brainstorming" durchführen, in dem jeder Einwände hervorbringt. Gehen Sie dann auf jeden Einwand in einem Rollenspiel ein. Lassen Sie einzelne oder Gruppen herausfinden, welche Fragen dahinter stehen und gehen Sie die sechs Schritte durch. Fragen Sie dann unterschiedliche Leute, wie sie jeden Einwand beantwortet haben.

Neunzig bis fünfundneunzig Prozent aller "Einwände", die Sie bekommen, sind die, die schon immer wieder von Hunderten, sogar Tausenden von Produktberatern beantwortet wurden. Sie stoßen vielleicht auf einen oder zwei Einwände, die für Ihr Produkt oder die von Ihnen gebotene Chance typisch sind, die meisten wiederholen sich jedoch immer wieder.

Auch hier ist Vorbereitung der Schlüssel zum Erfolg. Aus diesem Grund sollte Ihr Training auch einen Einwandarbeitsbogen und eine Besprechung der möglichen Antworten auf zugrundeliegende Fragen beinhalten. Denken Sie an den berühmten Spruch: "Vorbeugen (d. h. Vorbereiten) ist besser als Heilen."

VORBEREITUNG KONTRA ABLEHNUNG

Das Gefühl, abgelehnt zu werden, ist der niederschmetterndste Teil in unserer Branche. Und was mich daran am meisten ärgert - *es ist so überflüssig!*

Wären Sie bereit, mir zu einem Wettbewerb zwischen Vorbereitung und Ablehnung zu folgen? Ich würde alles auf Vorbereitung setzen. Warum? Weil es bei mir funktioniert hat - *immer und immer wieder.*

Unabhängig davon, welchen Aspekt des Network Marketing wir diskutieren oder erkunden, der Schlüssel zum Erfolg liegt in der richtigen Vorbereitung. Einen Einwand in eine Bitte um mehr Information umzuwandeln und die versteckte Frage ausfindig zu machen, ist ein absolut sicherer Weg der Vorbereitung.

Hermann und Hermine Hoffentlich Klappt's bereiten sich vor, indem sie Hoffnungen aufbauen. Sigi und Susi Schaffer bereiten sich vor, indem sie sich die bewährten Erfolgsprinzipien aneignen und sie dann solange trainieren, bis sie sie beherrschen.

BRAINSTORMING KANN SPITZENAUSBILDER HERVORBRINGEN

Brainstorming ist eine großartige Methode, die Mitarbeiterinnen und Mitarbeiter in Ihrer Network Organisation zu *informieren, an die Sache heranzuführen und ihnen Einsichten zu vermitteln*. Sie können eine bereichernde Trainingssitzung über Einwände sowie eine Reihe anderer, ähnlicher Themen abhalten.

So funktioniert es.

NUTZEN SIE DAS TRAINING

Ob Sie es mit einer kleinen, privaten Versammlung zu Hause oder einer ausgewachsenen Trainingsveranstaltung in einem Hotel in der Innenstadt zu tun haben, Sie können mit *Brainstorming* sofort Begeisterung hervorrufen, kreative Energie freisetzen und ein hohes Niveau aktiven Lernens hervorbringen.

Nehmen wir das Thema "Beantwortung von Einwänden."

Der Trainingsleiter gibt den Rahmen vor. Er oder sie erklärt die gestellte Aufgabe und die Grundregeln. Bei diesem Beispiel ist das Ziel, Einwände zu finden - so viel wie möglich. Es gibt eigentlich nur eine Grundregel - es gibt keine "schlechten Einwände". Jeder wird ernst genommen und jeder Beitrag vorne in einen Block geschrieben.

Der Leiter sagt: "Gut, jetzt nennen Sie den schwierigsten Einwand, den Sie je gehört haben oder den Sie sich vorstellen können." Der Trainingsleiter kann die Gruppe weiterhin ködern, indem er deutlich macht, was er oder sie als nächstes erwartet. Zum Beispiel: "Toll, jetzt nennen Sie mir den dümmsten Einwand, den Sie je gehört haben... Jetzt den rührendsten .. Jetzt, den lustigsten ... " etc.

Wenn eine Seite voll ist, trennen Sie sie heraus, hängen Sie sie für jeden gut sichtbar an die Wand und gehen sie zur nächsten über.

Hören Sie auf, bevor Sie (der Leiter) fühlen, daß die Energie für dieses Thema nachläßt. Sagen Sie den Leuten, sie sollten keinen der Einwände aufschreiben - das könnten sie später tun.

NEHMEN SIE DIE OBEREN ZEHN

Bitten Sie jetzt jeden, fünf bis zehn der häufigsten Einwände auf den Blättern auszusuchen. Versuchen Sie, etwa zehn davon zu bekommen. Der Leiter schreibt dann diese zehn auf ein neues Blatt Papier und läßt dazwischen jeweils einige Zentimeter Platz für Notizen. Lassen Sie diese auch von den Trainingsteilnehmern auf ihren Einwandarbeitsbogen schreiben. (Kopieren Sie das Format des Einwandsarbeitsbogens in Kapitel 10).

Gehen Sie die Einwände einzeln durch, und lassen Sie die Gruppe über die dem jeweiligen Einwand zugrundeliegende Frage diskutieren. Sorgen Sie dafür, daß sie nicht abschweifen, und leiten Sie sie durch jeden Einwand. Haben Sie sich geeinigt, schreiben Sie die zugrundeliegende Frage direkt unter den Einwand. Lassen Sie die Teilnehmer dies auf ihrem Arbeitsbogen tun.

Sind Sie mit den oberen zehn Einwänden fertig, fragen Sie die Gruppe, ob es noch weitere für sie besonders schwierige Einwände auf den ursprünglichen Zetteln gab. Wenn es die Zeit erlaubt, behandeln Sie diese auch.

BEANTWORTEN SIE DIE FRAGEN

Ist die diesen oberen Einwänden zugrundeliegende Frage erst einmal gefunden - lassen Sie sie von der Gruppe beantworten.

Dafür können Sie ein Brainstorming abhalten und die Gruppe als Gesamtheit einbeziehen. Sie können aber auch Teams mit jeweils drei bis fünf Leuten bilden und die Fragen in kleineren Gruppen beantworten lassen. Sie können auch Zweiergruppen bilden und die Paare dann die Fragen stellen und beantworten lassen.

Arbeiten Sie mit Teams oder Paaren, ist es immer gut, die gesamte Gruppe danach wieder zusammen zu bringen und einige Leute auszusuchen, die den anderen die Antworten vorstellen, die sie für besonders gut halten.

Besprechen Sie auch mit der Gruppe, wie sie die Übung selbst fand. Dabei geben Sie allen die Möglichkeit, ihre Erfahrung im Bereich der Zusammenarbeit zu vertiefen. Die Teilnehmer werden auch dazu gebracht, sich gegenseitig anzuerkennen. Es ist eine großartige Übung!

WAS HABEN SIE ALSO GETAN?

1. Sie haben ein Netz gebildet! - Und Sie spüren den Antrieb kreativer Energie zum Greifen nah. Das geht *niemals* schief.

2. Alle Leute (es mag eine oder zwei Ausnahmen in einem großen Saal geben, aber nicht viele) fühlen sich wirklich als Eigentümer des Einwandarbeitsbogens - weil sie ihn selbst erstellt haben.

3. Das Konzept ist klar geworden, weil *sie darüber nachgedacht* haben! Das ist etwas ganz anderes, als wenn jemand dasteht und ihnen sagt, was sie tun sollen.

4. Sie werden informiert (die Ziele, Fragen und Antworten auf dem Arbeitsblatt selbst), einbezogen (sie werden in dem Prozeß tätig) und angeregt (sie haben an einem tollen Beispiel gesehen, wie kraftvoll, kreativ und lustig ihr Netzwerk sein kann).

5. Selbstverständlich kann jeder relativ neue, begeisterte, energiegeladene Produktberater diese Übung durchführen. Das ist ein weiteres Beispiel dafür, daß man lernt, mit seiner Materie umzugehen, während man sie anderen erklärt. Und darum genau geht es bei "*Erreichen Sie Höchstform in MLM*".

Wie können Sie Brainstorming in Ihrer Organisation noch verwenden? Warum lassen Sie Ihre Leute nicht zusammenkommen, um über *diese* Frage ein Brainstorming abzuhalten?

Nächstes Kapitel: Lassen Sie uns "am Ball bleiben!".

Kapitel Acht: Am Ball bleiben

Können Sie sich vorstellen, wie erfolgreich Golf-, Tennis- oder Baseballspieler wären, wenn sie ihren Schwung verlieren würden, sobald sie mit dem Ball in Berührung kommen? Nicht sehr. Sie hätten keine Energie, keine Fähigkeit, eine Strecke durchzuhalten - sogar die Führung des Balles würde leiden. Genau das wird Mitarbeitern von Network Marketing passieren, die nicht "am Ball bleiben". Dieses Kapitel wird Ihnen einen weiteren Schlüssel liefern, um Ihr Geschäft meistern zu können - eine bewährte, praktische Methode der Kundenbetreuung.

Erinnern Sie sich an Hermann und Hermine Hoffentlich Klappt's? Lassen Sie mich Ihnen von etwas berichten, was sie unentwegt tun.

Sie investieren einen erheblichen Teil ihrer Zeit, Energie und sogar ihres Geldes, ihre Interessenten ausfindig zu machen. Sie bringen auch eine Reihe dieser Leute dazu, mit ihrem Produkt einzusteigen oder ihre Dienste in Anspruch zu nehmen. Sie haben sogar anfänglich etwas Erfolg bei der Unterstützung dieser Mitarbeiter, ihr Geschäft aufzubauen. Dann lehnen sie sich zurück und warten darauf, daß diese Leute wie die Raketen in den Erfolgshimmel schießen!

Das tun sie aber nicht. Warum?

ZURÜCK ZUM GESCHÄFT

Ich bin fest davon überzeugt, daß, wenn Ihr Interessent einmal Mitarbeiter geworden ist, eine Anmeldung eingeschickt und angefangen hat, mit dem Produkt zu arbeiten, *für Sie die Zeit gekommen ist, Ihre Ärmel hochzukrempeln und an die Arbeit zu gehen.*

Hermann und Hermine Hoffentlich Klappt's scheinen anzunehmen, daß sie ihre Arbeit schon getan haben. Es ist jetzt für sie Zeit, sich zurückzulehnen, "hoffnungsvoll" in die Zukunft zu schauen und sich auf den ersten dicken Bonusscheck zu freuen.

So arbeitet Network Marketing nicht mit Erfolg für Sie. Und das entscheidende Wort hier ist "arbeiten".

BETREUUNG

Ich habe schon erwähnt, daß ein entscheidender Schlüssel zum bleibenden Erfolg mit Network Marketing die Begeisterung ist.

Vielleicht meint das Ehepaar Hoffentlich Klappt's, daß alle anderen auch begeistert von ihrem Produkt und Plan sein werden, weil sie es sind. Sie wissen, wie das heißt: "Das ist so toll - *das verkauft sich von selbst.*"

Nun, das ist nicht der Fall. Es erfordert Arbeit. Und die besondere Art Arbeit, die nötig ist - das ist die *Kundenbetreuung*.

Vor ungefähr zwei Jahren habe ich für Fortune 500 Firmen untersucht, um herauszufinden, wo ihrer Meinung nach ihre Zeit, ihr Geld, ihre Fähigkeiten und Hilfsmittel am lohnendsten einzusetzen seien. Was glauben Sie, wo das war? Forschung und Entwicklung, Werbung, Verkauf, Motivation ...? Es war ...

KUNDENDIENST UND BETREUUNG

Diese überaus erfolgreichen, mehrere Milliarden-Dollar-Unternehmen haben festgestellt, daß die eigentliche Arbeit anfängt, wenn sie den Verkauf getätigt haben.

Sie sehen, einen Verkauf tätigen heißt eben nur das - *einen einzigen Verkauf* tätigen. Kein Geschäft hat Erfolg, wenn es nur das tut.

Dafür zu sorgen, daß der Kunde zufrieden ist und *bleibt*, sodaß er immer wieder kommt und Ihr Produkt oder Ihre Dienstleistung begeistert weiterempfiehlt, weil er oder sie vollkommen zufrieden ist, *das* ist der Weg, ein erfolgreiches Unternehmen aufzubauen. Und das gilt insbesondere für Network Marketing, wo Ihr zufriedener Kunde Ihr produktiver Produktberater wird.

Der Schlüssel liegt wieder in der Betreuung.

EIN EINFACHES SYSTEM FÜR DEN ERFOLG

Ich werde jetzt ein ganz einfaches und sehr effektives System vorstellen, das Sie bei Ihrer Betreuung anwenden können, damit Erfolg in Ihrem Unternehmen geradezu *unvermeidbar* ist.

Lassen Sie mich auf einen interessanten Punkt eingehen, bevor ich Ihnen das System erkläre.

Möchten Sie wissen, was ich herausgefunden habe hinsichtlich einer Gemeinsamkeit *aller* erfolgreichen Firmen und Berater in diesem Geschäft? Es ist das folgende - *alle verwenden das System, das ich Ihnen erklären will!* Wirklich. Sicher, sie haben alle ihre eigenen Variationen, kleine Besonderheiten, wie sie dieses oder jenes handhaben, aber das Wesentliche des Systems ist überall gleich. Hier ist es:

STELLEN SIE SICH FOLGENDES VOR

Ich bitte Sie, all dies im Kopf zu behalten, wenn ich Ihnen berichte. Stellen Sie sich vor, Sie gehen in ein Geschäft für Bürobedarf oder Schreibwaren. Suchen Sie sich einen Karteikasten in der Farbe, die Ihnen am besten gefällt, aus. Nehmen Sie einen, der klein genug ist, daß Sie ihn überall mit hinnehmen können.

Nehmen Sie nun einige Stapel Blankokarteikarten. Am besten linierte. Kaufen Sie auch ein paar Trennregisterblätter mit kleinen Schildchen daran. Nehmen Sie zwei Sets: eins mit Zahlen von 1 bis 31 für die Tage des Monats und eins mit den 12 Monaten des Jahres.

Jedesmal, wenn jemand in Ihrem Produkt- oder Dienstleistungsbereich anfängt, egal ob als Direktkunde oder Berater, füllen Sie eine Karte für ihn aus. Schreiben Sie seinen Namen, seine Adresse und Telefonnummer auf (privat und Büro, wenn Sie ihn dort anrufen können). Notieren Sie auch alle Besonderheiten und persönlichen Angaben: Name des Ehepartners, Namen der Kinder, eventuelle besondere Interessen oder etwas über ihren Hintergrund, das Sie für wichtig halten. Legen Sie darüber auf der Karte eine Liste an.

Schreiben Sie in einen Abschnitt der Karte, was Sie erfahren haben, was die Leute wollen oder ihnen am besten an dem Produkt oder dem Geschäft gefällt. Fassen Sie sich kurz und seien Sie präzise. Schreiben Sie nur die wichtigen Informationen über die Person auf, die Ihnen von Nutzen sein können.

WER WEISS, WAS EINEN ERWARTET?

Als Berater sollten Sie damit vertraut sein, was Leute normalerweise fühlen, wenn sie anfangen, Ihr Produkt zu verwenden oder Ihre Dienstleistung in Anspruch zu nehmen. Wenn Sie gerade anfangen, ist es sehr wichtig für Sie, das zu wissen. Lassen Sie sich also von Ihrem Sponsor helfen und mitteilen, was Sie erwartet.

Handeln Sie zum Beispiel mit einem Nahrungs- oder Schlankheitsmittel, werden die meisten Kunden die Vorzüge des Produktes innerhalb von wenigen Tagen erkennen. Hier ist es zweckmäßig für Sie, ihnen genau dann Betreuung anzubieten, wenn sie anfangen, den Unterschied zu anderen Produkten festzustellen.

Sie werden dabei eine Reihe von unmittelbaren Vorteilen erkennen.

Zunächst fühlen sich Ihre Kunden wohl, wenn sie wissen, daß Sie persönlich daran interessiert sind, wie es ihnen geht. Sie werden sehen, wie sehr Sie sich kümmern - und das bleibt immer haften.

Darüberhinaus ist es eine Tatsache, daß Leute immer positive und negative Erfahrungen machen. Wenn Sie gleich am Anfang zeigen, daß Sie sich um Ihre Kunden bemühen und sie schätzen, sorgen Sie dafür, daß sich alle ihre positiven Erwartungen erfüllen. Das sorgt für einen tollen Start für Ihr Produkt.

NUTZEN SIE IHR ORGANISATIONSSYSTEM

Sagen wir, heute ist der 19. des Monats und Sie haben heute nachmittag Mary dazu gebracht, mit Ihrem Produkt anzufangen. Sie wissen aus Erfahrung, daß die meisten Leute die Vorzüge nach etwa drei Tagen erkennen. Ordnen Sie Marys Karte, die Sie ausgefüllt haben, also am 19. hinten in dem Kasten unter dem 22. ein - dem Datum drei Tage später.

Am Morgen des 22. sollten Sie als erstes, wenn Sie an Ihren Schreibtisch kommen, den Kasten öffnen und alle unter dem 22. eingeordneten Karten entnehmen.

Voilà - ein Manager im Kasten.

Nun nehmen Sie das Telefon, wählen Marys Nummer (die auf der Karte aufgeführt ist) und fragen: "Wie geht es Dir?" Sie werden gleich ein oder zwei Dinge feststellen: entweder hat Mary noch nicht angefangen, das Produkt zu verwenden, oder sie verwendet es schon. Hat sie noch nicht begonnen, können Sie sie ermutigen, es zu tun. Fördern Sie positive Erwartungen.

“Mary, ich kann es gar nicht erwarten, bis Du es versucht hast. Mensch, Du wirst Dich toll fühlen!”

Sie können verschiedene Möglichkeiten vorschlagen, wie sie das Produkt verwenden kann. Versuchen Sie, es mit einem Vorteil oder einem Bereich ihres Lebens, der ihr wirklich am Herzen liegt, in Verbindung zu bringen. Sie haben das im Informationsteil auf ihrer Karte aufgeschrieben.

Hat sie mit der Verwendung des Produktes begonnen, wird ihre Antwort auf “Wie geht es Dir?” Ihnen das auch verraten. Ist das der Fall, prüfen Sie, wie sie klarkommt.

VORTEILE, VORTEILE, VORTEILE!

Hat sie noch keinen Vorteil erkannt, ist es jetzt an der Zeit, daß Sie ihr einen Vorteil nennen, auf den sie sich freuen kann. Nennen Sie ihr nicht die ganzen technischen Einzelheiten über das Produkt. Erzählen Sie eine Geschichte - über sie oder jemand anderen - das ist das Richtige für sie und wird sie neugierig machen auf das, was Sie selbst erwarten kann.

“Mary, ich weiß, wie sehr Du Dich für das und das interessierst (diese ‘Insider-Information’ entnehmen Sie der Karteikarte). Meine Freundin Sharon, die auch damit zu tun hat, hat vor zwei Wochen angefangen, das Produkt zu verwenden, und gestern hat sie mir erzählt, daß ...”

Ergänzen Sie diesen Satz mit einer wahren Geschichte von jemandem, der ähnliche Erfolge erzielt hat, wie Mary sie gerne hätte, und nehmen Sie vorzugsweise jemanden, mit dem sich Mary identifizieren kann. Zum Beispiel: jemand, der, wie Mary, auch gerne im Garten arbeitet, verbringt jetzt noch mehr Stunden damit, einfach weil sie sich großartig fühlt und viel mehr Schwung hat.

Geht es um eine Dienstleistung, wie einen Telefonrabatt für geschäftliche Zwecke, könnten Sie erzählen, daß Frau Soundso jetzt noch mehr Abschlüsse tätigt. Sie fühlt sich nicht mehr gehemmt, notwendige Telefongespräche zu führen. Bei dem alten Telefonunternehmen waren sie einfach zu teuer.

Sie wissen, was gemeint ist. Stimmen Sie Ihre Geschichte sowohl auf den Lebensstil als auch auf die besonderen Vorteile für Ihren Kunden ab.

WIE STEHT ES MIT NEGATIVEN REAKTIONEN?

Am Anfang, wenn man ein Gesundheitsprodukt verwendet, fühlt man sich manchmal *schlechter*, bevor sich eine Besserung einstellt.

Das ist durchaus üblich und ganz einfach zu erklären; Ihr Kunde ist jedoch vielleicht beunruhigt oder sogar versucht, das Produkt abzusetzen, wenn Sie ihm nicht zur Seite stehen. Wenn Ihr Serviceanruf zur richtigen Zeit kommt, können Sie den Kunden beruhigen, indem Sie ihm erklären, daß sein Körper sich von unerwünschten Substanzen reinigt, und ihm verständlich machen, was mit ihm passiert - dann fühlt er sich sicherer.

EINE CHANCE WAHRNEHMEN

Dies gilt nicht nur für Kunden und Produkt, sondern funktioniert ebenso gut bei Problemen mit Beratern und Geschäft.

Wenn Sie anrufen, um herauszufinden, wie es Ihrem neuen Mitarbeiter geht, werden Sie erfahren, ob er angefangen hat, was er tut, ob es Probleme gibt, etc., und Sie können Ihre Kartei auch hier verwenden.

Vielleicht müssen Sie Ihren Mitarbeiter wieder auf seine Ziele hinweisen. Haben Sie diese auf der Karte über die entsprechende Person notiert, ist das ganz leicht. Wie bei einem Produkt, sollten Sie nicht auf die technischen Einzelheiten des Planes eingehen. Verwenden Sie Geschichten und sprechen Sie über persönliche Erfahrungen, um Ihre einzelnen Punkte zu veranschaulichen.

"Weißt Du, Mary, mir ist das auch so gegangen, als ich anfing. Das hier hat mir mein Sponsor dann mitgeteilt, und, meine Güte, das war vielleicht ein Unterschied."

Bei diesem Beispiel, wie bei vielen, sollten Sie nicht zu technisch werden - teilen Sie einfach Ihre Erfahrungen mit.

Die ersten Tage und Wochen sind eine heikle Zeit für Kunden und neue Berater. Leider wird nicht jeder, mit dem sie in Kontakt kommen, das, was sie tun, unterstützen. Wenn Sie sich die Zeit nehmen, sie weiter zu betreuen, zu unterstützen und sie wissen zu lassen, daß Sie da sind und sich kümmern, kann das den entscheidenden Unterschied ausmachen. Sehen Sie, wie überaus nützlich Betreuungsanrufe sein können?

Welcher Zeitabstand ist zu groß für derartige Anrufe? Monate sind zu lang.

Welcher Zeitabstand ist zu kurz? Weniger als ein paar Tage ist zu wenig Zeit für Serviceanrufe auf Direktverkäufe. Es hängt von der Art Ihres Produktes oder Ihrer Dienstleistung ab, Anrufe sollten jedoch am besten alle drei Tage bis wöchentlich durchgeführt werden.

Wie steht es mit Betreuungsanrufen für Ihre neuen, ernsthaften Mitarbeiter?

Ich schlage vor täglich!

Ich habe eine Reihe unterschiedlicher Methoden versucht und herausgefunden, daß es am besten und produktivsten ist, täglich in Verbindung zu sein. Es gestattet Ihnen, Leute zu leiten, bei der Einhaltung ihrer Vereinbarungen zu unterstützen und mit ihren Angelegenheiten fertig zu werden, bevor sie sich zu Problemen entwickeln. Es trägt auch dazu bei, neue Chancen zu schaffen.

Eine der besten Möglichkeiten, herauszufinden, wie ernst es Ihr neuer Mitarbeiter meint, ist festzustellen, ob *er Sie* anruft. Sie sollten vielleicht sogar auf eine Vereinbarung hinwirken, nach der *er Sie* jeden Tag anruft.

SAMMELN SIE JEDE GESCHICHTE, DIE SIE HÖREN

Wie haben Sie die *passende* Geschichte zur *richtigen* Zeit beim *richtigen* Kunden oder neuen Mitarbeiter parat?

Vom allerersten Tag im Geschäft (oder von jetzt ab, wenn Sie noch nicht angefangen haben), legen Sie einen Geschichtenkasten an. Sie können ihn als Teil des bereits existierenden Kastens anlegen oder einen neuen anschaffen.

Ihr Geschichtenkasten ist eine Sammlung aller Geschichten, die Sie bei Treffen und von anderen Beratern über Ihre Produkte und Chancen hören.

Gewöhnen Sie sich an, bei jeder Versammlung, bei jedem Treffen, wenn irgend möglich, anwesend zu sein. Gehen Sie auf die Leute mit einem herzlichen Lächeln zu und geben Sie ihnen freundlich die Hand. Stellen Sie sich vor, fragen Sie nach ihren Erfahrungen und hören Sie ihren Geschichten aufmerksam zu. Bitten Sie um ihren Namen, fragen Sie, womit sie ihren Lebensunterhalt verdienen, wer sie mit dem Produkt oder der Chance bekanntgemacht hat, was sie verwenden, welche Vorteile sie darin sehen und so weiter. Jedes Mal, wenn Sie auf einer dieser Versammlungen waren, sollten Sie mit mindestens drei bis sechs neuen Geschichten für Ihren Geschichtenkasten weggehen.

Seien Sie nicht zu kritisch, was die "Qualität" oder das mögliche "Interesse" an der Geschichte angeht. Eine Geschichte, die Sie persönlich nicht interessiert, könnte für jemand anderen genau das Richtige sein.

Legen Sie für alle Geschichten einen Index an, der auf einer Beschreibung von einem oder zwei Wörtern über den Vorzug der Geschichte und/oder die Personengruppe, von der sie handelt, beruht. Sie werden nicht glauben, wie schnell - und mühelos - Sie Ihren Geschichtenkasten mit herrlichen, anregenden Geschichten füllen. Sie können nie genug davon haben.

Und falls Sie je mehr bekommen, als Sie archivieren können - schicken Sie sie mir. Ich liebe sie. Ich kann nie genug tolle Geschichten bekommen!

WERDEN SIE EIN PROFI IM GESCHICHTENERZÄHLEN

Versuchen Sie bitte nicht, ein Experte für Ihr Produkt zu werden. Versuchen Sie auch nicht, ein Marketingexperte zu werden. Wenn Sie ein Experte werden wollen, dann darin, an Geschichten zu kommen und sie zu erzählen.

Wissen Sie, wer die erfolgreichsten Mitarbeiter bei Network Marketing sind? Sie sind Profis im Geschichtenerzählen. Die besten Verkäufer, die besten Lehrer, die motivierendsten Leiter sind hervorragende Erzähler. Und das Schönste daran - Geschichten erzählen ist ganz leicht duplizierbar! Jeder von uns hat *das ganze Leben* Geschichten gehört und erzählt!

Denken Sie daran, 95 Prozent kümmern sich nicht um "Fakten". Die fünf Prozent, die sich für sie interessieren, werden Ihnen gleich entsprechend sachliche Fragen stellen. Tun sie das, geben Sie ihnen, was sie haben wollen. Und denken Sie daran, auch diese Leute wollen die Vorzüge kennenlernen und wissen, was das Produkt oder die Chance ihnen bringen kann.

Und auf welche Art kann man am allerbesten die Vorzüge weitergeben? Richtig: Erzählen Sie eine Geschichte.

BETREUUNG: NÄCHSTER TELEFONTERMIN

Sorgen Sie dafür, daß Sie bei jedem Anruf die Zustimmung erhalten, in ein paar Tagen wieder Verbindung aufzunehmen, um herauszufinden, wie es läuft - und schreiben Sie den Termin auf jeden Fall auf.

"Mary, ich freue mich, daß es Dir so gut geht. Das ist ganz toll! Bist Du einverstanden, wenn ich mich in zwei oder drei Tagen, sagen wir Freitag oder Samstag, wieder melde? - Welcher Tag wäre am günstigsten?"

Denken Sie daran, es ist am besten, ihr die Wahl zu lassen, wann Sie anrufen - und eine gute Methode, um sie daran zu hindern, darüber nachzudenken, "ob".

Haben Sie das Gespräch beendet, schreiben Sie die Ergebnisse auf Marys Karte - machen Sie eine besondere

Notiz über die Geschichte, die Sie ihr erzählt haben - und ordnen Sie die Karte unter dem 25. oder 26. ein, je nachdem, was Sie vereinbart haben.

Kommt der 25. (oder 26.) heran, haben Sie wahrscheinlich drei oder vier Karten mit Namen von Leuten, die Sie betreuen. Das wird Sie 20 oder 30 Minuten, höchstens 45, kosten. Rufen Sie sich selbst zur Ordnung und ziehen Sie alle Anrufe durch. Innerhalb von ein paar Wochen wird es Ihnen zur Gewohnheit geworden sein. Und glauben Sie mir, es ist mit die *produktivste Zeit*, die Sie je Ihrem Geschäft widmen.

Sie rufen also Mary an und fangen genauso an: "Wie geht es Dir?" Hat sie *noch immer* keine klaren und greifbaren Vorteile bei der Verwendung des Produktes (Dienstleistung oder Chance) erkannt, was tun Sie?

Erzählen Sie ihr *noch eine* Geschichte. Sprechen Sie dieses Mal von jemand anderem. Damit fahren Sie fort - anrufen und eine weitere Geschichte erzählen - bis eins von beidem passiert. Entweder sie ist total entmutigt und sagt: "Ich höre auf", weil sie keine Vorteile erkennt, oder *sie erzählt Ihnen eine Erfolgsstory!*

DER FUNKE EINER CHANCE

Marys Erfolgsstory entsteht durch ihren Glauben. Dieses System beruht darauf, daß sie eine direkte Werterfahrung mit dem Produkt oder dem Geschäft macht. Der Glaube ist wie ein Funke oder eine Flamme für sie und facht den Wunsch an, mehr zu erfahren. Mit diesem Funken können Sie arbeiten und ihn allmählich zu einem Feuer werden lassen! Wissen Sie noch etwas? Sie haben eine weitere tolle Geschichte für Ihren Geschichtenkasten.

Mit diesem Betreuungssystem *unterscheiden Sie sich* von jedem anderen, der etwas verkauft! Wirklich - denken Sie darüber nach.

Was passierte, *nachdem* Sie das letzte Mal etwas gekauft haben; ein Auto, neue Möbel, Kleidung, Essen, irgendetwas?

Hat Sie irgend jemand angerufen und gefragt: "Wie geht es Ihnen - wie ist das Auto, die Couch, wie sind die Kekse ...?" Nicht viele, möchte ich wetten. Die wenigen, die es getan haben, haben sicher dafür gesorgt, daß Sie sich als etwas Besonderes gefühlt haben - und Sie haben wahrscheinlich auch gedacht, sie seien etwas Besonderes.

Betreuung ist sehr effektiv! Sie setzen sich dabei für Ihr Produkt, Ihren Kunden oder neuen Berater ein. Sie werden als interessiert und engagiert eingestuft.

Freunde, wissen Sie, was das bedeutet? Das macht Sie zu einer Ausnahme eins zu einer Million. Und irgendwann kann es Sie zu einem Millionär machen.

Effektiv? Das will ich meinen.

SIND SIE EIN LEBENSMITTELFACHMANN?

Ich möchte Ihnen einen Ausschnitt aus einem Artikel vorstellen, den ich für MLM Success™, eine Trainingspublikation unserer Branche, geschrieben habe und den man sehr schätzt. Er behandelt einen wichtigen Punkt und eine Falle, in die viele Leute in unserem Geschäft unweigerlich gehen.

> So viele Network Marketing Unternehmen bieten Nahrungsmittel an. Ich habe nur zu häufig eine Tendenz bei vie-

len Beratern mitbekommen, Ernährungsexperten werden zu wollen.

Das ist ja ganz natürlich. Sie fangen an, ein Produkt zu verwenden, das Ihr Leben positiv verändert, und Ihre angeborene Neugier sorgt dafür, daß Sie mehr wissen wollen.

Wie funktioniert das Produkt? Warum reagiert der Körper auf die eine oder andere Weise? Wie können wir wissen, wann wir wirklich gesund sind - oder nicht? Wie sind wir zu diesem Zustand gekommen? Was sind die einzelnen Zutaten in dem Produkt, und was bewirken sie? Woher kommen sie? Wie werden sie hergestellt? Wieviel wäre zu viel des Guten? Was ist der "aktive" Bestandteil? Wie sieht es mit der ernährungswissenschaftlichen Aufspaltung des Produktes aus? Gibt es andere Produkte, die Ähnliches bewirken? Welche wissenschaftlichen Untersuchungen liegen über das Produkt vor? Welches unabhängige Labor hat das Produkt getestet?

... und so weiter und so weiter.

Wußten Sie, daß die Ernährungswissenschaft einer der jüngsten wissenschaftlichen Studienzweige ist? Denken Sie einmal zurück. Wie lange ist es her, daß Sie das erste Mal von Spurenmineralien, Fasern oder Cholesterin gehört haben? Fünf Jahre ... zehn Jahre? Nicht viel länger, möchte ich wetten.

In Wahrheit entdecken Ernährungsexperten, mit Doktortitel und ohne, die ihr Leben der Verbindung zwischen Ernährung und Gesundheit widmen, fast jeden Tag neue Wunderdinge und enthüllen neue Erkenntnisse. Oft beweisen diese neuen Erkenntnisse, daß frühere Tatsachen oder Meinungen hinsichtlich der Ernährung falsch waren.

Man kann also wohl sagen, daß zur Zeit das Wissen über Ernährung eine Ansichtssache ist. Und jeder hat das Recht, seine Ansicht zu vertreten. Sprechen Sie mit Ihrem Interessenten über Ernährung, öffnen Sie Tür und Tor für eine "mögliche Debatte" anstelle einer einfachen "Vermittlung der Begeisterung".

Die Herausforderung, die sich stellt, wenn wir immer mehr Wissen über Ernährung erwerben, ist, daß "wenn einmal genug davon von unseren Augen und Ohren aufgenommen wurde, alles zum Mund wieder herauskommt". Je mehr "sogenannte Tatsachen" wir wissen, desto mehr "sogenannte Tatsachen" geben wir von uns. Und das weckt *nicht* das Interesse der Leute oder den Wunsch, irgendein Produkt - insbesondere Nahrungsmittel - zu versuchen.

Außerdem - eine Menge Fakten zu wissen, ist wie der schnellste Schütze des Wilden Westens zu sein. Es gibt immer jemanden, der schneller ist - *immer* jemanden, der noch mehr Fakten weiß. Wenn Sie versuchen, Ihr Produkt oder Ihr Geschäftsangebot mit Hilfe von "Fakten" anzubringen, wird früher oder später jemand kommen, der über mehr oder bessere Fakten verfügt.

Auf jeden Fall, informieren Sie sich. Natürlich wird der Wunsch nach immer mehr Wissen und Bewußtsein über Ernährung und Gesundheit größer, und Sie werden auch mit immer mehr Wissen konfrontiert. Vielleicht ist es der wichtigste Punkt, den anderen den "Freiraum" zu lassen, diesen natürlichen Wunsch nach ihren eigenen Zeitvorstellungen wachsen zu lassen. So bleibt ihre Begeisterung erhalten und wird nicht von einer übermäßigen Betonung auf Fakten oder Zahlen ersetzt.

Marketing besteht aus Merkmalen und Vorzügen. Merkmale unterstützen Vorzüge. Die Leute kaufen keine Merkmale, sondern Vorzüge. Sie wollen wissen, was das Produkt *ihnen für Vorteile bietet*.

Außerdem, was läßt sich besser mitteilen, die Merkmale oder die Vorzüge? Und was ist einfacher zu duplizieren?

"Erzählen Sie die Geschichte." Das meinen erfolgreiche Mitarbeiter des Network Marketing, wenn sie sagen: "Je mehr Sie erzählen - desto mehr verkaufen Sie."

Nächstes Kapitel - gehen wir zu einem Treffen.

Kapitel Neun: Ihr Geschäft in der Ausstellungsvitrine

Gehen wir zu einem Treffen ... einem GROSSEN Treffen. Einer großartigen Selbstdarstellung Ihres Geschäftes. Sie sorgt dafür, daß der Motor Ihres Unternehmens voll einsatzfähig ist. Sie fungiert als Transformator, der die Energie zum Erfolg für jeden Mitarbeiter drastisch steigert: für Sie, Ihre Interessenten, neue Berater und "alte Hasen" gleichermaßen. Darum geht es bei einer solchen Veranstaltung:

Waren Sie schon einmal an Bord eines Flugzeuges und haben beobachtet, wie die Passagiere der Touristenklasse sich anstrengen, um einen Blick in die erste Klasse zu erhaschen? Mir macht es viel Spaß, Leute dabei zu beobachten. Das Gras dort ist grüner. Die erste Klasse ist etwas Besonderes.

IN DER ERSTEN KLASSE

Die erste Klasse in Ihrem Network Marketing Unternehmen ist Ihre "große Geschäftsversammlung". Das ist das große Treffen einmal in der Woche, zweimal oder einmal im Monat, zu dem jeder gut aussehend und noch *besser* anzuhören erscheint - und allen anderen von seinem Erfolg erzählt.

Solche Geschäftsversammlungen können alle Network Marketing Mitarbeiter Ihres Unternehmens in Ihrer unmittelbaren Umgebung zusammenführen. Es spielt keine Rolle, ob eine Reihe verschiedener Downline Organisationen beteiligt sind. Je mehr, desto besser. Fünfzig Leute ist ganz in Ordnung. Hundert oder mehr ist großartig! Zusammenwirken schafft und erhält den nötigen Schwung, und ich werde in diesem Kapitel noch auf die Antriebskraft des Zusammenwirkens zurückkommen.

An einer Geschäftsversammlung teilzunehmen ist wie Mitglied eines exclusiven Clubs zu sein. Es ist etwas Besonderes. Wie die erste Klasse.

Da Sie ja Ihre "hautnahe" Präsentation bei Ihrem Interessenten zu Hause oder in einem Café veranstaltet haben, bin ich sicher, er ist mit Ihrem Produkt oder Ihrer Dienstleistung eingestiegen. Ich bin ebenfalls sicher, daß richtige Betreuung anbieten. Jetzt, da er langsam in den Genuß der Vorteile kommt, ist er vielleicht etwas neugierig, was das Unternehmen angeht. Es ist also an der Zeit, sein kleines und eingeschränktes Bild zu vergrößern und ihm eine weitere Sicht zu ermöglichen. Ihre "Gelegenheit, erste Klasse zu reisen". Darum geht es bei der Geschäftsversammlung.

WARUM EINE GESCHÄFTSVERSAMMLUNG?

Lassen Sie mich gleich zu Anfang eine Frage stellen. Sind Geschäftsversammlungen notwendig? Ich behaupte "Ja". Warum? Weil sie etwas bringen! Sie funktionieren jedoch auf eine besondere Weise, und was dabei herauskommt, macht sie so überaus effektiv.

Ich habe sowohl Unternehmen beobachtet, die das Konzept der Geschäftsversammlung nutzen als auch solche, die es nicht tun. Diejenigen, die es nutzen, scheinen sehr viel erfolgreicher zu sein und mit Abstand schneller zu wachsen. Eine gute Darstellung der Möglichkeiten gibt Ihrem Unternehmen eine ganz andere, anregende Dimension und Kraft und dies, wenn es sie am nötigsten braucht - *am Anfang.*

Obwohl in diesem Kapitel die äußere Form der Geschäftsversammlung in ganz herkömmlicher Weise (Hotel, Angestellte, Eintragung, Werk) behandelt wird, bleiben Sie nicht an der Form kleben. Es gibt heutzutage z. B. neue Technologien, die es Network Marketing Unternehmen und Beratern ermöglichen, alle Elemente einer guten Versammlung aufzunehmen und über das Telefon zu vermitteln!

Konferenzgespräche sind ein hervorragendes Beispiel. Neulich hörte ich eines, das mich fast vom Hocker riß!

Ein Freund gab mir eine Nummer und sagte, ich solle dort anrufen. Zu der angegebenen Zeit tat ich das auch. Ein Telefonist begrüßte mich und sagte, ich solle mich entspannen und die Musik genießen - das Gespräch würde in zwei Minuten beginnen.

Jetzt einmal ganz ehrlich, ich kann diese Musik nicht ausstehen. Der Rest war hervorragend und interessant, aber die Musik muß weg! Ich würde lieber Auskünfte über die Firma bekommen oder, noch besser, ein gutes Gespräch über unsere spannende Branche führen, aber diese Musik vom Band ...

Jedenfalls hörte ich nach ein paar Minuten, wie versprochen, das folgende:

“Hallo, willkommen zu der XYZ Geschäftsvorstellung. Ich bin von diesem Produkt und der phantastischen Chance, die hier geboten wird, so begeistert. Es ist toll, daß Sie uns ein paar Minuten schenken und selbst erfahren können, was es mit dieser tollen Gelegenheit auf sich hat. In den ganzen Jahren, die ich im Network Marketing arbeite, habe ich so etwas noch nie erlebt!”

“Wissen Sie eigentlich, wie viele Menschen heute zugeschaltet sind? Über tausend Leute aus den ganzen USA und Kanada! Ist das nicht toll? Legen wir also los!”

“Bob in San Diego, hören Sie mich?” “Hallo, John, ich bin bereit und warte gespannt, daß es los geht!”
“Sally in Florida, sind Sie in der Leitung?” “Selbstverständlich, John, es ist schön, wieder dabei zu sein.”

"David in New York - hören Sie uns?" "Hallo, John, wie geht es heute?"

Und so ging es weiter ...

Fünf Personen - allesamt neue Berater, die erst seit ein paar Monaten dabei waren - sowie der Präsident des Unternehmens nahmen an der Telefonkonferenz teil. Das Konferenzgespräch wurde weitgehend in der Form geführt, die ich Ihnen in diesem Kapitel vorstellen werde. Es war erstaunlich!

Alles Wesentliche wurde abgedeckt - alle grundlegenden Fragen beantwortet. Es wurde ein Bild einer Wachstumsexplosion voller Spannung und Begeisterung für die Produkte, das Unternehmen und die gebotene Chance vermittelt. Die Leute erzählten ihre Geschichte, was sehr ansprechend, informativ und anregend war. Es war einfach toll! Ich war wirklich beeindruckt!

1000 Leute, über ganz Nordamerika verstreut, saßen bequem zu Hause auf ihren eigenen Stühlen und Sofas - und nahmen an einer Geschäftsversammlung teil. Es gab auch Beratergruppen, die um das Telefon eines Sprechers versammelt waren, sich das 25-minütige Gespräch anhörten und dann ein kleineres Folgetreffen für sich veranstalteten.

Die Beliebtheit und Effektivität von Telefonkonferenzen gerade in diesem Bereich hat den Weg für Fernsehausstrahlungen per Satellit geebnet. Unternehmen und Führungskräfte produzieren eigene Shows mit phänomenalem Erfolg. Einige dieser Shows werden sogar live ausgestrahlt, sodaß Zuschauer anrufen und Fragen stellen können.

John Naisbitt hatte recht - High-Tech *und* High-Touch. Die Zukunft hat schon begonnen!

Worauf ich hinauswill, ist folgendes: die Struktur einer Geschäftsversammlung kann ganz verschieden sein. Ich werde sie Ihnen anhand eines Beispiels eines klassischen Treffens in einem Hotel erklären - in meiner ganzen Beschreibung beachten Sie jedoch bitte, daß Sie die Prinzipien so verwenden können, wie Sie wollen.

Gehen wir nun dazu über, was die Präsentation bewirken kann.

BEGEISTERUNG UND ZWEIFEL

Was hat jemand, der gerade anfängt, die Vorzüge des Produkts oder der Dienstleistung zu genießen, gemeinsam mit einem ganz neu eingestiegenen Berater?

1. Reine Begeisterung und

2. Die erforderliche "Dosis Zweifel", die wir alle haben, wenn wir etwas Neues beginnen. Das ist ganz natürlich.

Bill erzählt mir: "John, ich bin so begeistert von diesen Produkten und dem Geschäft."

Ich sage: "Bill, es wird ganz toll laufen." Bill denkt, "Ja, aber ... Was ist, wenn ... Kann ich ...?" usw.

Eine Gelegenheitspräsentation kann diese anfänglichen Zweifel vollkommen zerstreuen.

Ich bin wirklich groß in "sicheren Startprogrammen", und habe nie eine bessere Art gefunden, um neuen Beratern zu einem soliden, kräftigen Start zu verhelfen, als eine gute Geschäftsversammlung. Und der Interessent, der noch über eine "Touristenklasse-Mentalität" hinsichtlich der gebotenen Chance verfügt, kann sein Bild mit Hilfe der Präsentation in die "erste Klasse" erweitern.

WEM DIENT EINE GESCHÄFTSVERSAMMLUNG?

Die Präsentation dient den Interessenten eines *jeden* - und auch neuen Beratern! Es ist auch ganz in Ordnung, wenn der mögliche Mitarbeiter bei der Präsentation zum ersten Mal mit dem Produkt und der Chance in Berührung kommt.

Obwohl jeder von der Teilnahme profitiert, ist der Zweck, Ihre Gäste (Interessenten und neue Berater) einen ersten, freien Blick in dieses phantastische Unternehmen werfen zu lassen. Die Präsentation ist die formelle Einführung in die Firma und das Netz.

Sie werden andere Leute kennenlernen, die wie sie neu in der Branche sind und gerade anfangen. Sie werden erfahrene, erfolgreiche Berater treffen, mehr über die Firma erfahren und darüber, was sie zu bieten hat. Am wichtigsten ist jedoch, daß sie direkte eigene Erfahrungen mit der spannenden, kraftvollen, professionellen Organisation machen, der sie sich anschließen sollten und können.

GESCHÄFTSVERSAMMLUNGEN LIEFERN EIN UMFELD

Aus diesem Grunde sind sie so geeignet für Ihre Interessenten. Sie "zeigen und erzählen" Ihren Mitarbeitern, daß alle Möglichkeiten, über die Sie in Ihrer Präsentation gesprochen haben, in der Tat zu verwirklichen sind.

Die Firma gibt es wirklich. Die Produkte und Dienstleistungen existieren und funktionieren tatsächlich. Und es gibt Dutzende, sogar Hunderte oder Tausende von Menschen aus Fleisch und Blut wie sie selbst, die das Geschäft erfolgreich betreiben. Sie wissen, daß alles seine Richtigkeit hat, weil sie viele dieser Menschen bei der Geschäftsversammlung persönlich kennenlernen.

Die Geschäftsversammlung macht noch etwas greifbar - das Wissen, daß sie nicht alleine dastehen! Glauben Sie mir, das ist einer der größten Zweifel, die jeder Interessent und neue Berater hat. Sehen sie sich im Raum um und sehen alle diese erfolgreichen Leute und die ganzen Neueinsteiger, wissen sie nicht nur, daß es möglich ist, in der Branche Erfolg zu haben - sie können es gar nicht erwarten anzufangen!

Interessant ist, daß Leute, die mit Network Marketing beginnen, zwei gegensätzliche Wünsche haben. Sie wollen früh einsteigen - sie wissen, "Wer zuerst kommt, mahlt zuerst". Sie wollen aber auch eine "sichere Sache" - etwas, von dem andere schon bewiesen haben, daß es funktioniert. Eine gute Geschäftsvorstellung vermittelt sowohl die Begeisterung über eine vielversprechende Chance auf "erster Ebene" als auch die Sicherheit, an einer Sache mitzuwirken, die sich bei vielen schon als erfolgreich bewährt hat.

DIE ELEMENTE EINER GUTEN PRÄSENTATION

Eine Geschäftsversammlung ist in der Tat ein Kunstwerk. Jede ist einzigartig, was Sie selbst, das Produkt und die Firma angeht.

Geschäftsversammlungen erfordern Anstrengungen

hinsichtlich der Bildung eines Netzwerkes. Alle Berater und Leiter kommen auf einem bestimmten Gebiet zusammen, um diese Anstrengung zu unternehmen. Da jeder in dem Netz profitiert, ist es eine Frage der Zusammenarbeit - nicht der Konkurrenz. Es gibt keine Probleme, wer in wessen Organisation oder Downline ist. Es ist eine Familienangelegenheit.

Die viele Arbeit hinter den Kulissen, die für eine Geschäftspräsentation nötig ist, wird unter allen Beraterverflechtungen in dem Gebiet aufgeteilt. Ich schlage vor, daß die Verantwortung von den Verkaufsleitern reihum delegiert wird. Auf diese Weise nimmt jede Gruppe an den verschiedenen Teilen einer Geschäftsversammlung teil und leistet ihren Beitrag. Es hilft auch jedem beim Training seiner Leute. Ich werde die einzelnen Funktionen im Laufe dieses Kapitels erläutern.

Hier einige grundlegende Punkte, die Teil jeder Geschäftsversammlung sein sollten.

EIN GEEIGNETER VERANSTALTUNGSORT

Zunächst findet die Präsentation in einem Hotel oder einer bekannten Einrichtung für solche "geschäftlichen Veranstaltungen" statt. Geschäftsversammlungen sollten nicht zu Hause, in Garagen oder freien Räumen jeglicher Art abgehalten werden. Unter Umständen kann sich ein Saal, in dem sonst kirchliche Veranstaltungen stattfinden, eignen. Entscheidend ist, daß der Ort sofort ein Gefühl von Wohlstand und Erfolg vermitteln *muß*.

Vergessen Sie nicht, wir befinden uns hier in der ersten Klasse. Ein bekannter, sinnvoll ausgewählter Veranstaltungsort in einer guten Umgebung und mit hell erleuchteten Parkmöglichkeiten wird unbedingt empfohlen

Ist das Hotel groß, sorgen Sie dafür, daß jemand Ihre Gäste in der Halle begrüßt und ihnen zeigt, wo die Veranstaltung stattfindet. Verlassen Sie sich nicht auf Schilder oder den Wegweiser im Hotel. Es gibt bestimmt nichts viel Schlimmeres, als sich in einem Hotel zu verlaufen und dann herumzuwandern und zu suchen, wo sich ein Konferenzsaal befindet. Falls es nötig ist, sollten Sie die Leute in den Saal begleiten, damit sie den Weg finden.

EINTRAGUNG

Als nächstes kommt der Platz für die Eintragung mit einem zu diesem Zweck aufgestellten Tisch. Am besten stellt man ihn außerhalb des Saales auf. Manchmal ist das nicht möglich, aber ich glaube, es ist das beste.

Hier begrüßen Sie Ihre Gäste "offiziell". Setzen Sie also die freundlichsten, höflichsten Mitarbeiter an diesen Tisch. Suchen Sie die Damen und Herren aus, die über das gewinnendste Lächeln und das angenehmste Wesen verfügen. Denken Sie daran, wie wichtig der erste Eindruck ist. Setzen Sie diejenigen dorthin, die Ihre Gäste zuerst kennenlernen sollen.

NAMENSSCHILDER SIND UNERLÄSSLICH

Viele Menschen können sich Namen nicht gut merken. Namenschilder entlasten das Gedächtnis eines jeden und sorgen für eine entspannte Atmosphäre.

Ich schlage Namensschilder mit verschiedenfarbigen Rändern vor. So können ihre Gäste eine Farbe bekommen und die "alten Hasen" eine andere.

Erklären Sie den Leuten das Farbschema, wenn Sie ihr Namensschild ausfüllen. Sie wissen dann, daß sie sich an die richtigen Leute wenden, wenn sie eine Frage haben oder etwas sagen möchten.

Das System mit verschiedenfarbigen Namensschildern hilft auch erfahrenen Beratern, wenn sie sich Ihren Gästen vorstellen. Und wenn fünf oder sechs Leute auf einen zugehen und sagen: "Hallo, mein Name ist Soundso, schön, daß Sie da sind", fühlen die Leute, daß sie willkommen sind, entspannen sich und bekommen einen positiven Eindruck.

LERNEN SIE SO VIELE LEUTE WIE MÖGLICH KENNEN

Machen Sie es sich zur Aufgabe, bei Präsentationen mit *jedem* Gast zu sprechen. Finden Sie heraus, wie er oder sie zu dem Treffen gekommen ist, welche Produkte sie probiert haben und wie sie ihnen zusagen. Lassen Sie sie darüber sprechen, was sie sich von dem Geschäft erhoffen. Ihre Gäste werden dabei nicht nur warm, sondern es ist auch für Sie eine gute Gelegenheit, neue Erfahrungen zu sammeln und üblicherweise auch Ihren Geschichtenkasten zu vergrößern.

AUSSICHT UND KLÄNGE

Ich halte viel von Musik bei Geschäftsversammlungen - sogar bei Trainingstreffen. Sie sorgt für einen guten Ton - Wortspiel unbeabsichtigt - und verleiht dem Geschehen mehr Schwung.

Wählen Sie etwas Schwungvolles, Lebhaftes. Nehmen Sie nichts Exotisches oder Eigenartiges. Suchen Sie Musik aus, die die Leute anspricht und sie dazu veranlaßt, in den Saal kommen zu wollen. Beschwingte, positive, hoffnungsvolle Musik. Stellen Sie sie nicht zu laut, es ist aber gut, wenn sie dafür sorgt, daß die Leute etwas lauter sprechen.

Ich war in Toronto, Kanada, bei einem Seminar. Ein paar Verkaufsleiter brachten mich in dieses tolle Restaurant mit einem Blick von 360° auf die Stadt. Es war mitten am Nachmittag und obwohl eine ganze Reihe von Gästen da waren, war es mucksmäuschenstill.

Ich habe es zu dem Zeitpunkt nicht bemerkt, aber wir waren ebenfalls ziemlich zurückhaltend. Sie wissen ja, gedämpfte Stimmen, entspannt, wenig Energie.

Plötzlich sah ich, daß Leute aufstanden, umhergingen, die Stimmen waren lauter geworden. Unsere Gruppe war auch lebhafter. Die Energie im Raum war vollkommen umgewandelt. Ich fragte mich, ob sie uns irgendetwas in den Wein getan hatten, als die Kellnerin zu uns kam, so daß ich sie fragte, was passiert sei.

Sie sagte: "Oh, sie haben die Musik eingeschaltet. Das ist immer so, sobald die Musik angeht."

EINE PRODUKTVORFÜHRUNG

Präsentieren Sie hinten im Saal Ihr Produkt in einer guten Aufmachung.

Suchen Sie einige Berater aus, die besonders kreativ sind, und lassen Sie sie entwerfen und aufbauen. Ich meine nicht ein paar Flaschen auf einem Tisch. Ich spreche von einer wirklich guten Auslage! Wie ein Stilleben.

Es gibt viele kleine, preisgünstige Dinge, die Sie verwenden können, um einen Tisch mit einer wirklich ansprechenden Präsentation zu gestalten.

Nehmen Sie kleine Holzblöcke oder stoffüberzogenen Karton, damit Sie die Produkte in verschiedener Höhe auf dem Tisch aufstellen können. Sie können preisgünstige Rahmen oder kleine Tischstaffeleien anschaffen, um verschiedene Firmenkataloge, Zitate zufriedener Kunden, interessante Tabellen oder Grafiken, etc. zu präsentieren.

Sie können auch Requisiten verwenden. Für ein Nahrungsmittelprodukt z. B. einige Zutaten, wie Weizenhalme, frisches Obst, etc. Für ein Diätprodukt Bilder "Vorher" und "Hinterher", ein Metermaß und eine Badezimmerwaage.

Nutzen Sie Ihre Phantasie und machen Sie etwas Besonderes daraus. Die Aufmerksamkeit, die man Ihrer Produktpräsentation schenkt, wird sich in mehr als einer Hinsicht bezahlt machen. Die Tatsache, daß der Wert des Produktes hoch eingeschätzt wird, und eine Gruppe von Leuten, die die Produkte schätzen, sind nur zwei Punkte.

STÜHLE - WENIGER IST MEHR

Sorgen Sie zunächst dafür, daß Ihnen jeder bestätigt, ob er kommt und wieviele Gäste er mitbringt. Stellen Sie weniger Stühle auf, als Sie Leute erwarten. Stapeln Sie zusätzliche Stühle ordentlich hinten auf, und beauftragen Sie jemanden, mit steigender Anzahl von Besuchern neue Stühle aufzustellen.

Leere Stühle vermitteln den Eindruck, daß das Treffen schlecht besucht ist - egal wie viele Leute wirklich da sind. Werden ständig neue Stühle dazugestellt, denken sie: "Meine Güte, hier ist was los!"

SHOWTIME

Zunächst: Fangen Sie pünktlich an und hören Sie pünktlich auf. Das ist die professionelle Art. So können alle Ihre Mitarbeiter ihre Verabredungen einhalten und Sie achten die Mühe, die die Gäste auf sich genommen haben, um pünktlich einzutreffen. Ich schlage 45 Minuten für den offiziellen Teil der Präsentation als optimale Dauer vor. Der Kopf kann nur etwas aufnehmen, solange man Sitzfleisch hat. Also nicht länger als eine Stunde maximal!

Man kann jedoch viel vor und nach dem offiziellen Teil Ihrer Gelegenheitspräsentation erreichen. Denken Sie daran, daß ich gesagt habe, Sie sollten mit so vielen Leuten wie möglich vor der Präsentation sprechen. Dabei werden die Gäste warm und bauen positive Erwartungen hinsichtlich der Redner und des Treffens selbst auf. Nach der Präsentation teilen Sie Ihren Gästen mit, daß Leute zur Verfügung stehen, um Fragen zu beantworten und über Erfahrungen in der Branche zu sprechen. Das ist auch eine gute Gelegenheit, sich besser kennenzulernen, und gibt Ihren Interessenten Zeit, ihre Anträge auszufüllen, die Produkte zu kaufen oder sich zum Training anzumelden.

DER ERSTE REDNER

Suchen Sie diesen sorgfältig aus. Sie brauchen jemanden mit starker eigener Energie und Begeisterung. Jemanden, den die Leute von Anfang an gerne mögen. Es muß nicht der größte und cleverste Star-Berater Ihres Vertriebsnetzes sein. Es ist sogar gut, wenn er noch ziemlich neu ist. Dann können sich Ihre Gäste besser mit ihm identifizieren. Einige Leute präsentieren gleich ihre Superstars.

zu meinen ersten Präsentationen gegangen, und ich habe zwei Verkäufe getätigt und einen Berater gesponsert! Es war toll. Ich kann es kaum glauben - ich hatte vorher noch nie etwas verkauft!"

"Ich habe soviel Spaß. Ich arbeite acht Stunden in der Woche, und diesen Monat haben mir mein Bonusscheck und mein Erlös aus Direktverkäufen ermöglicht, meine Autorate zu bezahlen und mir das mobile Telefon anzuschaffen, das ich mir seit mehr als einem Jahr wünsche! Alle sind so nett zu mir. Es ist einfach toll. Sie müssen da mitmachen. Mensch, wenn ich das kann - können Sie das auch!"

Und Norman Normal springt von der Bühne in eine Runde zufriedener, begeistert applaudierender Menschen! Vergessen Sie nie den Applaus. Egal, wie oft Sie Norman oder jemanden anders schon gehört haben. Schenken Sie jedem die Aufmerksamkeit und Anerkennung, die er verdient. Es ist für ihn äußerst wichtig und noch wichtiger für Ihre Gäste. Auch wenn Sie diese Woche keine Gäste haben - indem Sie Norman Anerkennung zollen, fördern Sie seine Begeisterung für nächste Woche, wenn Sie vielleicht fünf Gäste haben.

ICH KANN DAS AUCH

Der Punkt ist ganz einfach - und sehr weitreichend! Sie wollen, daß Ihre Gäste sich sagen: "Wenn er oder sie das kann, kann ich das ganz sicher auch." Und wenn einige Ihrer berichtenden Berater das laut sagen - umso besser.

Sehen wir uns an, was für Ihre Gäste hier abgelaufen ist:

Ich glaube, das schüchtert die Leute eher ein, als daß es sie ermutigt.

Der erste Redner stellt sich vor und begrüßt alle. Er beginnt gleich mit einer begeisterten Darstellung des Network Marketing. Er macht jedem im Saal klar, was für ein phantastisches Geschäft das ist. Daß es das Zeichen der Zukunft ist, das führende Unternehmen des 21. Jahrhunderts - und wie sie heute einsteigen können!

"Ihre Einleitung" enthält viel wertvolle Informationen über unsere Industrie, die Sie hier verwenden können. Ich wünschte wirklich, es gäbe ein gutes Buch, in dem unsere Industrie, die Konzepte und Prinzipien erklärt würden und Leuten verdeutlicht würde, welche außergewöhnlichen Möglichkeiten in Network Marketing auf sie warten. Es wäre eine tolle Quelle für Berater, besonders in ihren Präsentationen und in diesem Teil der Geschäftsversammlung.

Was? Jetzt fordern *Sie mich* heraus. Sie sagen: "Okay, John, wenn Sie das für eine so tolle Idee halten, daß es so dringend gebraucht wird und so wichtig ist, dann schreiben Sie etwas darüber."

Na gut, überhaupt nichts dagegen zu sagen. Akzeptiert! Davon wird mein nächstes Buch handeln. Ein einfach geschriebenes Buch für die breite Masse, das die ganze Welt auf Network Marketing aufmerksam macht. Tolle Idee. Danke!

Jetzt, nachdem der Redner die Leute auf das Geschäft neugierig gemacht hat, teilt er oder sie gleich anschaulich seine oder ihre Erfahrungen mit dem Produkt und dem Geschäft mit. Kurz und nett - eine wirklich angenehme, erfreuliche und überzeugende Erfolgsstory.

Dann fährt der Redner mit den folgenden drei Punkten fort, auf die er für seine Rede vorbereitet wurde.

DIE FIRMA, DIE PRODUKTE UND DAS GESCHÄFT

Zuerst geht der Redner auf die Firma selbst ein. Lassen Sie ihn einen allgemeinen Überblick mit dem Schwerpunkt auf Unternehmensphilosophie und Erfolg geben. Vermeiden Sie jegliche Details, und erzählen Sie Geschichten, wann immer das möglich ist. Sprechen Sie über das Wachstum, die Anzahl der hinzugekommenen Berater, etc. Zeichnen Sie ein hervorragendes Bild von einem starken, erfolgreichen, offensichtlich sehr gut geführten, expandierenden Unternehmen.

Als nächstes: die Produkte oder Dienstleistungen.

Gehen Sie wieder nicht auf Details über jedes Produkt oder technische Einzelheiten ein. Es ist ein Überblick. Am besten erzählt man die eigene Geschichte und eine oder zwei Geschichten, die man kennt. (Hier ist wiederum Ihr Geschichtenkasten praktisch.) Zeigen Sie das Produkt, wenn Sie können. Wie im ersten Teil über die Firma, gestalten Sie auch diesen Teil der Präsentation heiter und erfolgreich - tolle Produkte, die den Menschen *wirklich etwas einbringen*.

Sprechen Sie dann von der beruflichen Chance.

Noch einmal, gestalten Sie es als Überblick und bleiben Sie persönlich.

Lassen Sie den Redner darüber berichten, wie er oder sie begonnen hat und was bisher geschehen ist. Lassen Sie ihn oder sie auch von den Erwartungen für die Zukunft sprechen. Lassen Sie das Publikum merken, wie begeistert sie sind, wie sie schon ihr Geschäft aufbauen und erweitern, und wie selbstverständlich es scheint, daß der Redner Erfolg hat - *im großen Stil*!

Lassen Sie den Redner während der gesamten Präsentation vorne mit einer Tafel arbeiten - oder sogar mit zweien. Das macht das, was gesagt wird, anschaulicher und hilft dem Redner, sich darauf zu konzentrieren, wie er oder sie die einzelnen Punkte mit Begeisterung und Schwung übermitteln kann. Es ist auch eine geschickte Methode, damit der Redner die angeschriebenen Stichworte als Rahmen für die Präsentation verwenden kann, ohne auf Notizzettel zurückgreifen zu müssen.

Präsentieren Sie die Startausrüstung und führen Sie dem Publikum alle Vorteile vor Augen, die man hat, wenn man Berater wird. Erwähnen Sie, daß man das Produkt zum Großhandelspreis bekommt, die aktuellen Informationen, die man jeweils von der Firma bekommt, das Material zur Verkaufsunterstützung und andere greifbare Vorteile für Berater. Noch einmal: "Zeigen und erzählen" Sie. Besprechen Sie die Anfangsinvestitionen und gehen Sie kurz auf den Marketingplan vom Anfang bis zur Trennungsebene ein. Gehen Sie nicht ins Detail. Die meisten Marketing- und Einkommenspläne sind zu komplex, um sie in kurzer Zeit verstehen zu können.

Der erste Teil dauert 20 bis 30 Minuten.

IRGENDWELCHE FRAGEN? - ABER SICHER!

Ihr Gast hat nun ein ziemlich positives Bild von der Firma, den Produkten und der Chance. Er hat auch einige

Fragen. Sehr wichtige Fragen. Um genau zu sein: Fünf. Hier sind sie:

1. Ist das Geschäft einfach?
2. Kann es mir Spaß machen?
3. Kann ich dabei Geld verdienen?
4. Bekomme ich dabei Hilfe?
5. Ist die Zeit günstig für mich, um einzusteigen - jetzt?

Die Beantwortung dieser Fragen ist der Schlüssel zur Gewinnung des Gastes als Mitarbeiter und zur Schaffung eines Schnellstartes für jeden Ihrer neuen Berater. Es ist das Hauptziel der Präsentation.

Wie geben Sie ihnen also die richtigen Antworten?

Vielen Dank für die Frage. Zuerst die schwierige Möglichkeit. Lassen Sie jemanden, der 20.000 $ im Monat verdient und seit fünf oder zehn Jahren im Geschäft ist, auf die Bühne, der sagt: "Sehen Sie mich an".

Warum ist das die schwierige Möglichkeit? Weil die meisten der Gäste sich schwer mit diesem Superstar identifizieren können. Es ist eine Frage des Bezuges.

Zwanzigtausend Dollar im Monat sind eine Viertel Million Dollar im Jahr. Was hält jemand, der vielleicht zehn Jahre braucht, um so viel Geld zu verdienen, von einer Möglichkeit, diesen Betrag in einem Jahr zu bekommen? An diesem Punkt der Begegnung mit Network Marketing - nichts!

Was denkt jemand, der in Betracht zieht, für ein zusätzliches Einkommen in Teilzeit zu sorgen, und die am weitesten verbreitete Angst von allen hat, nämlich in der Öffentlichkeit zu sprechen, wenn er mit einem erfahrenen Vollzeitprofi, der auch ein ausgefeilter, lockerer Superredner ist, konfrontiert wird? "Ich nicht, ich könnte das nie."

Wie schon gesagt, es gibt geeignetere Orte, wo motivierende Verkaufsleiter eine große Rolle spielen können.

Bei der Geschäftsversammlung setzte ich sie gerne ganz am Ende oder sogar nach dem offiziellen Teil des Treffens ein. Es beeindruckt die Leute in der Tat, wenn man sie beiseite nimmt und sagt: "Was halten Sie davon, Frau Soundso kennenzulernen? Sie ist einer der Top Ten Mitarbeiter im gesamten Unternehmen und wird eine Ihrer Upline Sponsoren. Sie gehört zu den erstaunlichsten Menschen, die ich je kennengelernt habe. Kommen Sie, ich stelle Sie ihr vor."

Das ist überaus wirkungsvoll!

Das Folgende halte ich für die beste Art, diese wichtigen Fragen zu beantworten.

TUSCH FÜR DEN DURCHSCHNITTSMENSCHEN

An dieser Stelle sagt der Redner so etwas wie:

"Liebe Zuhörer, ich habe Ihnen jetzt alles über die Firma, Produkte und die Geschäftsmöglichkeiten berichtet, jetzt möchte ich, daß Sie auch einige unserer neuen Leute hören - Damen und Herren wie Sie, die erst einige Wochen oder Monate im Geschäft sind. Ich möchte, daß sie Ihnen erzählen, wie es war, ihr (Soundso) Unternehmen aufzubauen. Kommen Sie, und berichten Sie uns darüber."

Der erste Redner verwandelt sich jetzt in einen Verkehrspolizisten. Leute kommen auf die Bühne, erzählen ihre kurze ein- oder zweiminütige Erfolgsstory und setzen sich dann lächelnd wieder hin.

Nun, diese Leute sind *ausgebildet* worden. Auf diese Weise sind Sie sicher, daß alle fünf Schlüsselfragen beantwortet werden. Mischen Sie die Leute - unterschiedliche Typen, Größen, Hintergründe, Vorgehensweisen innerhalb der Branche, etc.

Wichtig ist, daß sie mit ihren Geschichten die fünf Schlüsselfragen beantworten müssen.

WAHRE GESCHICHTEN UND TRAINING

Ich will damit *nicht* sagen, daß die Leute diese Erfolgsstories erfinden sollen. Fälschen klappt nicht. Außerdem ist nichts so motivierend wie die Wahrheit, und in diesem Geschäft gibt es so viele Erfolgsstories, daß man sich keine ausdenken muß!

Ich will damit sagen, daß Sie die Leute, die berichten sollen, dahingehend trainieren müssen, daß sie auf jeden Fall alle fünf Schlüsselfragen beantworten. Das ist ein Muß.

“Hallo, ich bin Norman Normal und ganz begeistert, hier dabei zu sein!”

“Ich habe vor zwei Monaten mit (dem und dem) begonnen. Ich habe die Produkte ausprobiert, das und das ist passiert, und ich fühle mich toll. Ich bin dann bei Natalie Networker eingestiegen, die einfach großartig ist.”

“Natalie hat mir gezeigt, wie alles funktioniert. Sie hat mir dabei geholfen, meinen Vertrag abzuschicken und meinen ersten Auftrag zu erstellen. Dann ist sie mit mir

Sie haben Norman gesehen und gehört und wissen jetzt, daß alles ganz einfach ist und Spaß macht - Norman hat in der allerersten Woche zwei Verkäufe getätigt und seinen ersten Berater gesponsert. Sie wissen, daß sie die nötige Unterstützung bekommen werden, weil wiederum Norman erzählt hat, daß Natalie ihm geholfen hätte und einfach toll sei! Und sie wissen auch, daß sie Geld verdienen können. Normans Angaben "...hat ermöglicht, meine Autorate zu bezahlen und ein mobiles Telefon anzuschaffen ..." machen das ebenfalls deutlich.

Und die letzte Frage: "Ist der Zeitpunkt günstig für mich, um einzusteigen - jetzt?" Norman hat auch darauf eine gute Antwort gegeben. Sein "Es ist toll. Sie müssen da mitmachen. Mensch, wenn ich das kann, können Sie das auch" bringt zum Ausdruck, daß es immer günstig ist einzusteigen, wenn man das nur will. Und wenn eine Reihe Erfolgsberichte von Leuten kommen, die erst ein paar Wochen oder Monate im Geschäft sind, heißt das doch, daß der Zeitpunkt günstig ist!

Nachdem 45 Minuten *insgesamt* vorbei sind - das war's. Der Redner sagt:

"Das war hervorragend! Vielen Dank an alle."

"Das war der offizielle Teil unserer Präsentation. Sie können gerne noch bleiben und sich unterhalten. Es werden auch Mitarbeiter zur Verfügung stehen, um Ihre Fragen zu beantworten. Wir haben auch Anmeldeformulare und Startausrüstungen für Sie alle bereit, die heute noch ihr Unternehmen begründen wollen."

Bitte kündigen Sie auf jeden Fall den Termin für die nächste Präsentation an. Nennen Sie auch andere besondere Veranstaltungen - insbesondere, wann das nächste Training für neue Berater stattfinden wird. Ermutigen Sie die Leute zur Teilnahme. Informieren Sie sie, daß es eine tolle Möglichkeit sei, einen guten Start zu haben. Wenn sie nicht können, ermutigen Sie sie, sich mit ihrem Sponsor zu treffen und ein Einzeltraining durchzuführen.

Lassen Sie den Redner folgendermaßen schließen:

"Nochmals vielen Dank, daß Sie gekommen sind. Wir schätzen Sie sehr - und bitte, lassen Sie sich auf jeden Fall alle Ihre Fragen beantworten. Guten Abend."

Die Musik wird wieder angestellt. Geben Sie Ihrem Interessenten eine Anmeldung und unterstützen Sie ihn beim Start. Jetzt ist der richtige Zeitpunkt, Ihren neuen Berater mit einigen der erfolgreicheren, erfahreneren Leiter bei der Präsentation bekanntzumachen. Das zeigt Ihre Anerkennung des neuen Geschäftspartners und bestärkt ihn oder sie darin, daß die Entscheidung richtig war.

ZEITEN UND DATEN

Am besten eignen sich der Dienstag, Mittwoch oder Donnerstag für Geschäftspräsentationen. Die beste Anfangszeit ist Punkt 19.30 Uhr, Öffnungszeit 19.00 Uhr.

Ich halte ein Training für neue Berater gerne Samstag vormittags ab, und wenn die Präsentation am Donnerstag stattfindet, bleiben nur ein paar Tage, bevor sie ein Training absolvieren.

Wenn Ihre Gruppe klein genug ist, können Sie in Erwägung ziehen, das Training für neue Berater gleich im Anschluß an die Geschäftsversammlung durchzuführen. Machen Sie 15 Minuten Pause, und legen Sie dann gleich los.

Das Training kann in ungefähr zwei bis höchstens zweieinhalb Stunden durchgeführt werden. Kündigen Sie auf jeden Fall an, daß Sie direkt nach dem Treffen ein Training für neue Berater durchführen werden. Es wird zwar dann etwas spät, aber dafür dann auch ein schneller und starker Start mit Düsenantrieb für die neuen Mitarbeiter.

NUTZEN SIE SYNERGIE, UM ZÜNDENDE PRÄSENTATIONEN ZU GEWÄHRLEISTEN

Große Veranstaltungen haben einen Hauptvorzug gegenüber kleineren, privateren Treffen. Diesen Vorteil nennt man *Synergie*. Synergie ist ein mathematischer Begriff, der besagt, daß die einzigartige Fähigkeit einer Gesamtheit größer ist als die der Summe ihrer Einzelteile. Der Futurist Buckminster Fuller brachte das Konzept der Synergie in das Bewußtsein der Allgemeinheit und fand die folgende Formel zur Erklärung. (Bitte halten Sie durch und verfolgen es genau. Haben Sie es einmal verstanden, werden Sie das effektivste Werkzeug im Bereich des Networking in Händen haben.)

Nehmen Sie die Anzahl der Leute, die bei dem Treffen anwesend sind und multiplizieren Sie sie mit sich selbst (oder die Anzahl der Leute zum Quadrat).

Ziehen Sie dann die Anzahl der Teilnehmer davon ab.

Dividieren Sie dieses Ergebnis dann durch zwei, und Sie haben *die Gesamtzahl der Verbindungen zwischen allen Anwesenden.*

Zum Beispiel: Wenn Sie ein Treffen zu Hause veranstalten und fünf Leute teilnehmen, geht es folgendermaßen:

5 (Anzahl der Leute) x 5 = 25 - 5 (Anzahl der Leute) = 20 ÷ 2 = 10, die Zahl der Verbindungen zwischen allen Anwesenden.

Auch wenn nur fünf Leute anwesend sind, können 10 verschiedene Verbindungen zwischen ihnen hergestellt werden.

Nehmen wir nun an, 60 Leute nehmen an einem Treffen teil, und sehen wir, wieviel Synergie sie zusammen bilden:

60 x 60 = 3600 - 60 = 3540 ÷ 2 = 1770.

Das sind eintausendsiebenhundertsiebzig mögliche Verbindungen bei einem Treffen!

Wenn nun alle diese Verbindungen die Eigenschaft einer riesigen Begeisterung für die Produkte, Überzeugung und Loyalität gegenüber der Firma und ehrliches Bemühen und Unterstützung untereinander gemeinsam haben - was für eine Energie sammelt sich dann im Raum am Ende der Veranstaltung?

Riesige Antriebskraft? Aber sicher!

Synergie ist das Geheimnis der großen Kraft in Network Marketing. Sie erklärt, wie eine Organisation von nur 1000 Mitarbeiterinnen und Mitarbeitern Ergebnisse erzielen kann, für die man normalerweise eine halbe Million Leute benötigen würde. Sie können die Kraft der Synergie in jedem Bereich Ihres Network Marketing Unternehmens nutzen. (Insbesondere für dynamische und produktive Präsentationen!)

Es ist Zeit, daß Sie erfahren, was zu Ihrem Trainingsprogramm für neue Berater gehört. Sind Sie bereit? Gut!

Kapitel Zehn: Das Trainieren neuer Berater

Alle einzelnen Elemente, die wir besprochen haben - Ziele und Zweck, Denksysteme und Prospektieren, Präsentationen und Einwände, von der Betreuung bis zur Geschäftsversammlung - sind Teile eines effektiven Trainingssystems, um Ihrem erfolgreichen Network Marketing Unternehmen den richtigen Antrieb zu verschaffen. Beim Lesen der vorhergehenden Kapitel haben Sie vermutlich viele tolle "Aha-Erlebnisse" gehabt. Jetzt ist es an der Zeit, sie zu einem umfassenden Trainingsprogramm für neue Berater zusammenzufassen, das jedem in Ihrer gesamten Network Organisation Erfolg bringen wird.

Wie Sie wissen, vertrete ich die Meinung (und sie hat sich als realistisch erwiesen), daß Training das ist, was Ihren Erfolg in diesem Geschäft garantiert - und mit Erfolg meine ich wirkliche und andauernde persönliche und finanzielle Freiheit.

Wissen Sie, was ein gutes Training garantiert? Tanzen.

Überrascht? Lassen Sie mich erklären.

Ob Sie im Königlich Dänischen Ensemble tanzen - oder bei Dan und Delores Danish in der Royal's Disco - was Ihre Art zu tanzen zu etwas Besonderem macht, so daß jeder stehenbleibt und applaudiert, ist die *Choreographie.*

Choreographie bedeutet, daß jeder Schritt oder jede Bewegung mit der Musik übereinstimmt und nahtlos ineinander übergeht. Die einzelnen Schritte sind Ihre Technik. Alles in einen kontinuierlichen, dynamischen Fluß zu bringen - ist Ihre Choreographie.

CHOREOGRAPHIETRAINING

Haben Sie die richtige Choreographie für Ihr Trainingsprogramm, fließen Ihre neuen Mitarbeiter buchstäblich von einem Schritt zum nächsten. Es ist nichts Statisches oder Ruckartiges dabei und schafft erheblichen Antrieb zum Erfolg, da jeder Schritt auf dem anderen aufbaut und zum nächsten führt.

Sie beginnen mit ihren Zielen und dem Sinn. Bringen Sie ihnen bei, ein Feuer der Leidenschaft und Energie anzufachen, um Leistungen zu erzielen. Dann führen Sie sie 1-2-3-4-5-6 durch Prospektieren, Präsentationen, Einwände, Betreuung, die Geschäftsversammlung und Training ihrer eigenen neuen Berater.

Jeder dieser "Schritte" geht nahtlos in den nächsten über. Und jeder ist eine praktische Erfahrung. Ihre neuen Berater stellen ihre eigene Liste der Interessenten zusammen, führen die Präsentationen und die Betreuung mit ihren eigenen Mitarbeitern durch, bringen Gäste zu den Geschäftsversammlungen mit und fangen an, ihre eigenen neuen Berater zu trainieren.

Sie lernen, wie man erfolgreicher Berater wird, indem sie erfolgreiche Berater sind.

Dieser "Learning by doing"-Ansatz ist so viel effektiver, als sie stundenlang irgendwo sitzen zu lassen, während ihnen jemand "erklärt", wie es gemacht wird.

Wenn Ihre neuen Berater die erste Trainingsrunde glücklich absolviert haben, sind sie in der Lage, ihre eigenen neuen Berater zu trainieren. Darum ist dieser Ansatz so etwas Besonderes. Sie haben nicht nur Leuten beigebracht, wie es im Geschäft läuft, sondern auch, wie sie anderen beibringen können, damit zu arbeiten.

Wir können also vom "Verdienst während der Ausbildung" sprechen! Toll!

DAS RICHTIGE TIMING

Eine gute Choreographie beim Training hat viel mit Timing zu tun.

Erinnern Sie sich, die Gelegenheitspräsentation fand Dienstag, Mittwoch oder Donnerstag abend statt. Wenn Sie nicht mit einer kleinen Gruppe gearbeitet haben und die Anfangsphase des Trainings für neue Berater bereits am gleichen Abend nach der Präsentation durchgeführt haben, ist Samstag morgen die beste Zeit. Darum halte ich am meisten von Präsentationen am Donnerstag - eine kleinere Zeitspanne bis zum Training am Samstag.

DEN RICHTIGEN RAHMEN SCHAFFEN

Der beste Rat, den ich Ihnen geben kann: *Sobald Ihr Interessent sich entschließt, neuer Berater zu werden, geben Sie ihm oder ihr eine Ausgabe dieses Buches.* Machen Sie es zu Ihrer ersten Handlung als Sponsor, daß Sie Ihren neuen Geschäftspartner "Ihre Einleitung" und die ersten beiden Kapitel lesen lassen - bevor Sie mit ihm durch Ihr formelles Trainingsprogramm für neue Berater "tanzen".

Denken Sie daran, wie wichtig Glaubenssysteme sind. Sie liefern den "Kontext" zum Inhalt Ihres Trainingsprogramms - und für Ihr Verhältnis zu Ihrem neuen Berater. Darum ist es so wichtig, diese Kapitel zu lesen. Damit wird der Rahmen für Ihr Trainingsprogramm geschaffen.

"Ihre Einleitung" und die ersten beiden Kapitel behandeln eindrucksvoll die Gründe für ihr neues Unternehmen. Sie helfen ihnen, sich in Network Marketing zu verlieben und ihre Chance zu erkennen, daß sie damit alles sein, tun und haben können, was sie im Leben wollen.

Lassen Sie dieses Buch also für Sie beide arbeiten - zunächst. Lassen Sie sie "Ihre Einleitung" und die ersten beiden Kapitel lesen - und die schriftlichen Übungen ausfüllen. Dabei können sie ihre eigenen Ziele und Absichten festlegen, und sie lernen, wie sie ihre Begeisterung anfachen können, indem sie die vier Antriebskräfte verwenden: Vorstellungskraft, unerschütterlicher Glaube, Bildung und Wissen und ein unterstützendes Umfeld. Erkennt Ihr neuer Berater erst einmal die enge Verbindung zwischen seinen oder ihren Zielen und wie Ihre Network

Marketing Chance ihnen bei deren Verwirklichung hilft, haben Sie einen nicht zu bremsenden neuen Mitarbeiter! Jetzt ist er soweit, daß er sich mit Ihnen und anderen hinsetzen kann, um zu lernen, wie es geht. Und die Zeit, die Sie jetzt zusammen investieren, wird sehr viel produktiver und lohnender für Sie beide sein!

Sprechen Sie mit ihnen, wenn möglich, (zumindest telefonisch), um ihre Ziele und den Zweck zu überdenken - vor ihrem formellen Trainingsprogramm. Das führt zu einer engeren Verbindung und einem besseren Verhältnis zwischen Ihnen. Es trägt dazu bei, daß Sie verstehen, was ihnen in ihrem Leben wichtig ist und gibt Ihnen die Gelegenheit, sie besser zu unterstützen und zu stärken.

Gehen wir jetzt zum formellen Teil Ihres Trainingsprogramms für neue Berater über.

NEUE BERATER BRAUCHEN TRAINING VON *NEUEN* BERATERN

Ich habe es schon in Kapitel Drei erwähnt, es ist jedoch so wichtig, daß ich es wiederholen möchte. *Neue Berater brauchen Training von neuen Beratern.* Und warum lassen Sie nicht neue Berater neue Berater trainieren? Wenn Sie eine gute Choreographie für ein praktisches Trainingsprogramm haben, ist das ideal. Zu oft wollen Mitarbeiter die besten und cleversten “alten Hasen” auswählen, um das Training durchzuführen. Wie bei der Geschäftsversammlung ist ein erfolgreicher Berater, der seit einigen Wochen oder Monaten im Geschäft ist, besser.

Warum? Weil sie von Anfang an glaubwürdiger sind - und was noch wichtiger ist, sie sind duplizierbar!

Sie wollen, daß Ihre Trainer anschauliche Modelle

sind. Begeisterte, lebhafte Leute, von denen andere lernen können. Sie wollen auch ständig neue Trainer trainieren. Ist Ihre Organisation darauf aufgebaut, Trainer hervorzubringen, wird sie sprunghaft wachsen. Neue Berater, die neue Berater trainieren, gute, starke Trainer, die Trainer trainieren und Trainer der Trainer bis zu den leitenden Positionen ... Das ist effektives Networking!

DER GEEIGNETE ORT FÜR DAS TRAINING NEUER BERATER

Zu Hause oder im Hotel. Beides ist geeignet. Sorgen Sie nur für eine Umgebung, die für eine professionelle Arbeitssitzung von zwei bis zweieinhalb Stunden Dauer angemessen ist. Keine Haustiere. Keine Kinder.

Sorgen Sie dafür, daß einige Ihrer neueren Berater anwesend sind, die schon über etwas praktische Erfahrung bei einem Training für neue Berater verfügen. Sie sind eine große Hilfe, um Fragen und Antworten, Brainstorming und Geschichten, wie dies oder jenes am besten funktioniert, hervorzubringen. Sie können auch jeden von ihnen einen Teil des Trainingsprogramms übernehmen lassen. Das ist eine gute Methode, sie auf die Veranstaltung eigener Trainingsveranstaltungen vorzubereiten.

TRAININGSARBEITSBLÄTTER

Halten Sie einen vorsortierten Stapel Material zum Verteilen an jeden einzelnen bereit. Fügen Sie Informationsmaterial und die Arbeitsbögen, die Sie besprechen wollen, bei. Beispiele für einige Arbeitsbögen befinden sich am Ende des Kapitels.

Besprechen Sie Dinge, über die sie Notizen haben sollten, schlage ich vor, Sie stellen die Notizen zusammen und geben ihnen eine Kopie. Sie können nicht erwarten, daß die Leute gleichzeitig zuhören, aufnehmen, üben und teilnehmen. Liefern Sie einen Überblick, können sie aufmerksam zuhören und "präsent" sein, anstatt sich selbst mit ausführlichen Notizen abzulenken.

ZEIGEN UND ERZÄHLEN

Ich habe erwähnt, daß Ihr Training praxisnah sein sollte. Es ist klar, daß Sie Leuten immer viele Dinge "erzählen" werden. Hierbei ist es wichtig, daß Sie auf jeden Fall auch etwas "zeigen".

Am besten beziehen Sie sie dabei direkt in den Prozeß mit ein. Deshalb verwende ich kreatives Brainstorming und Rollenspiele bei jedem Training. Um das zu verdeutlichen: Wenn die Teilnehmer am Ende des Workshops gebeten werden, ein Bewertungsformular auszufüllen - womit, glauben Sie, antworten die meisten von ihnen auf die Frage ... "Was hat Ihnen am besten an dem Workshop gefallen?" Richtig geraten. Achtzig Prozent oder mehr antworten... "Die Rollenspiele".

Die verschiedenen Arbeitsblätter, von denen ich spreche, ermöglichen es den Teilnehmern, direkt am Prozeß mitzuwirken. Verwenden Sie zum Beispiel Rollenspielübungen, wenn Sie über Einwände oder die am häufigsten gestellten Fragen hinsichtlich des Produktes oder der gebotenen Chance sprechen. Bevor Sie ihnen die Vorzüge des Produktes nennen, lassen Sie sie besser selbst darauf kommen. Das ist eine sehr viel effektivere Unterrichtsmethode, und zwar aus drei Gründen:

1. *Sie haben es selbst gemacht.* Das gibt ihnen das Gefühl, selbst auf die Idee gekommen zu sein.

2. *Sie haben als Gruppe zusammengearbeitet.* Kreatives Brainstorming und Rollenspiele sind wesentliche Aspekte des aktiven Networking. Sie wissen jetzt, daß sie aufeinander zählen können, was Kreativität und Unterstützung angeht.

3. *Das Erinnerungsvermögen wird um ein Vielfaches gesteigert.* Verteilt man einfach eine Liste, müssen sie sie mühsam lernen. Erstellen sie die Liste selbst, können sie sich sehr viel besser daran erinnern.

DAS DREI-PHASEN-TRAINING

Das Training für neue Berater besteht aus drei Teilen. Zuerst behandeln wir Denksysteme, dann das Produkt und danach das Geschäft.

Kommen wir zu den Höhepunkten eines jeden Abschnitts. Ich habe für Sie eine Mini-Checkliste der Dinge vorbereitet, die Sie für jede Phase benötigen. Bitte gehen Sie zu jedem der vorherigen Kapitel zurück, um detailliertere Erklärungen zu jedem speziellen Thema zu bekommen.

ERSTE PHASE: DENKSYSTEME (15-20 MINUTEN)

- [x] Checkliste
- [ ] Überarbeiten Sie die Kapitel Eins, Zwei und Drei gründlich
- [ ] Halten Sie Erfolgsberichte und Nachweise bereit
- [ ] Beispiel einer Schatzkarte

Ich habe in Kapitel Drei über Denksysteme gesprochen. Tschechow sagte: "Der Mensch ist, was er glaubt". Wie wahr! Ihre neuen Berater müssen daran glauben, daß sie diese Arbeit leisten können und daß sie es mit Erfolg tun können.

Erinnern Sie sich: Als wir darüber gesprochen haben, was zu einer Geschäftsversammlung gehört, haben wir gesagt, daß es fünf Fragen gäbe, die jeder Interessent beantwortet haben muß, bevor er oder sie eine Entscheidung zugunsten einer Mitarbeit treffen könne? Hier noch einmal die Fragen:

1. Ist das Geschäft einfach?
2. Kann es mir Spaß machen?
3. Kann ich dabei Geld verdienen?
4. Werde ich Hilfe dabei bekommen?
5. Ist der Zeitpunkt geeignet für mich, jetzt einzusteigen?

Obwohl Sie diese in der Geschäftsversammlung abgedeckt haben, sollten Sie sie noch einmal in der ersten Phase Ihres Trainings für neue Berater eindeutig klarmachen.

Wenn irgend möglich, tun Sie dies mit Hilfe von Erfolgsberichten und Nachweisen. Teilen Sie Ihre eigenen Erfahrungen mit und gehen Sie auf jede der oben angeführten Fragen ein. Lassen Sie einige der “erfahrenen” Berater über ihre Geschichten und Begeisterung erzählen. Das sorgt bei den neuen Beratern für die richtige, positive Einstellung und zeigt ihnen, daß sie auch Erfolg verdienen. Und erkennen Sie auf jeden Fall bei jedem an, daß er über die Einstellung von “Sigi und Susi Schaffer” und deren Denksystem verfügt.

Ist jemand bereit, lassen Sie ihn seine Schatzkarte zeigen, so daß jeder die Macht der Bilder und Darstellungen erkennt.

Um dieses Material detailliert zu überarbeiten, gehen Sie bitte zurück zu: "Ihre Einführung"; Kapitel Eins: "Ihre Ziele und Absichten"; Kapitel Zwei: "Die vier Brennstoffe"; und Kapitel Drei: "Training: Ihr erster Schritt."

ZWEITE PHASE: KENNTNISSE ÜBER PRODUKT ODER DIENSTLEISTUNG (45 MINUTEN - EINE STUNDE)

- [x] Checkliste
- [ ] Überarbeiten Sie Kapitel Vier gründlich
- [ ] Flip-Chart, Staffelei und farbige, dicke Filzstifte
- [ ] Produkte zur Präsentation
- [ ] Arbeitsblätter "Vorzüge des Produktes"
- [ ] Arbeitsblätter "Häufig gestellte Fragen"

Einfach gesagt, "Sie müssen selbst Ihr bester Kunde sein." Denken Sie daran, was ich über das Wort *Begeisterung/Enthusiasmus* gesagt habe. Das ist der Schlüssel.

Arbeitsblatt Vorzüge des Produktes oder der Dienstleistung. Das sollten Sie als erstes verteilen. (Ein Beispiel befindet sich am Ende dieses Kapitels.)

Jetzt ist es Zeit für kreatives Brainstorming. Lassen Sie sich von Ihren neuen Beratern (und auch einigen der "Erfahrenen") einige Vorzüge nennen.

Denken Sie an die Unterscheidung zwischen Merkmalen und Vorzügen! Wir suchen nach den Ergebnissen, von denen die Leute profitieren, nicht was hinsichtlich der Zutaten so besonders ist, oder die speziellen Einzelheiten des Produktes oder der Dienstleistung.

Schreiben Sie die Vorzüge an die Tafel vorne im Saal. Nehmen Sie sich auch die Zeit, daß alle diese entscheidenden Vorzüge in ihren Arbeitsbogen eintragen können. Wenn möglich, übertragen Sie alles und geben an die neuen Berater so bald wie möglich eine getippte Kopie.

Wer wird das Produkt oder die Dienstleistung am ehesten in Anspruch nehmen? (Das ist ein Teil des Arbeitsblattes "Vorzüge des Produktes".) Haben Sie eine Versammlung von Leuten mit ganz verschiedenem Hintergrund, kommen sie mit erstaunlichen Ideen an, wer die Vorzüge Ihres Produktes oder Ihrer Dienstleistung wahrnehmen könnte. Ich tue das ja seit Jahren, und bin noch immer erstaunt, wie viele neue Ideen dabei herauskommen. Und wie schnell die Liste der möglichen Interessenten dabei anwächst.

Häufig gestellte Fragen. Nochmals kreatives Brainstorming und ein weiteres Arbeitsblatt. (Ein Beispiel befindet sich am Ende dieses Kapitels.) Schreiben Sie die am häufigsten gestellten Fragen an die Tafel. Gehen Sie dann auf jede Frage zurück und veranstalten Sie für die Antworten ein Brainstorming. Einige der erfahreneren Mitarbeiter können hierbei hilfreich sein. Jetzt ist es an der Zeit, Rollenspielübungen durchzuführen, um die gut durchdachten Antworten zu festigen. Sie können dieses Rollenspiel vor der Gruppe durchführen oder kleine Teams bilden.

Bei Network Marketing ist die Firma noch mehr als in konventionellen Bereichen von großer Bedeutung. Investieren Sie also etwas Zeit, um über die Firma zu sprechen, deren Grundphilosophie und Mitarbeiter.

Halten Sie sich bei diesem Teil nicht lange auf. Viele der benötigten Informationen sind in der Verkaufsausrüstung für Berater enthalten. Gehen Sie kurz darauf ein, und gehen Sie dann zum nächsten Teil über.

Die Informationen für eine erfolgreiche zweite Phase Ihres Trainingsprogramms für neue Berater sind in Kapitel Vier: "Die Produkte" enthalten.

DRITTE PHASE: BRANCHENKENNTNISSE (EINE STUNDE)

- [x] Checkliste
- [ ] Überarbeiten Sie Kapitel Fünf bis Neun gründlich
- [ ] Flip-Chart, Staffelei und farbige, dicke Filzstifte
- [ ] Arbeitsblätter "Interessentenliste"
- [ ] Ein Musterpräsentationsbuch
- [ ] Arbeitsblätter "Einwände"
- [ ] Ein Beispiel für einen Karteikasten "Betreuung"
- [ ] Ein Veranstaltungskalender - Präsentationen und Trainingsveranstaltungen
- [ ] Liste mit Aufgaben bei Präsentationen - wer möchte mitmachen?

Prospektieren. Fügen Sie dem ausgeteilten Material eine Reihe von Arbeitsblättern "Interessentenliste" bei. (Ein Beispiel befindet sich am Ende dieses Kapitels.)

Leiten Sie sie an, wie sie ihre Interessentliste ausfüllen sollten, komplett mit Telefonnummern. Wenn Sie den Termin für das Training festlegen, bitten Sie jeden neuen Berater, sein privates und geschäftliches Adreßbuch mitzubringen. Ermutigen Sie sie, eine l-a-n-g-e Liste anzulegen und keine voreiligen Schlüsse zu ziehen.

Prioritäten für die Interessentenliste. Zeigen Sie ihnen, wie sie bei jedem Namen auf der Liste die drei folgenden Prioritäten setzen sollten.

1. Kontaktfreudige Leute voller Energie.
2. Positiv eingestellte Leute.
3. Erfolgreiche Leute.

Erklären Sie ihnen, warum Sie diese Prioritäten setzen, so daß sie mit den Interessenten zuerst Kontakt aufnehmen können, die einer Präsentation am ehesten zustimmen würden.

Terminvereinbarung per Telefon. Bringen Sie ihnen bei, wie sie das Telefon nutzen können, um Termine zu vereinbaren.

Denken Sie an die erwähnten fünf wesentlichen Punkte:

1. Ist die Zeit günstig für ein Gespräch?
2. Vermitteln Sie Ihre Begeisterung.
3. Machen Sie Ihrem Interessenten ein Kompliment.
4. Bieten Sie eine Garantie an.
5. Steuern Sie Ihr Ziel an.

Gehen Sie auf jeden Fall darauf ein, wie sie mit Interessenten außerhalb ihres Gebiets arbeiten sollten, unter Verwendung der Geldrückgabegarantie und anderer Verkaufsmaterialien.

Wir haben das alles in Kapitel Fünf: Die "Goldsuche" behandelt.

Präsentationen. Beginnen Sie damit, ihnen verschiedene Präsentationsbücher, die Ihre Berater verwenden, zu zeigen. Erklären Sie ihnen, wie das Präsentationsbuch ihnen hilft, sie Schritt für Schritt durch die Präsentation zu führen. Jetzt ist der richtige Zeitpunkt, um einen Abend zu vereinbaren, an dem zusammen Präsentationsbücher erstellt werden sollen.

Wir haben dies in Kapitel Sechs: "Die Vorstellung Ihres Geschäfts" behandelt.

Einwände. Das kann ein emotionell "geladenes" Thema sein. Beginnen Sie also damit, ihnen zu verdeutlichen, daß Einwände "verkleidete Chancen" sind. Erklären Sie ihnen, wie sie diese Stolpersteine in einen Weg verwandeln, indem Sie diese sechs Schritte anwenden:

1. Zuhören
2. Werden Sie zum Detektiv - finden Sie die zugrundeliegende Frage heraus
3. Stimmen Sie zu und erkennen Sie den Einwand an
4. Gehen Sie auf Ihre Gesprächspartner ein - verwenden Sie "*Gefühl und Ergebnis*"
5. Holen Sie sich Bestätigung
6. Lassen Sie ihnen die Wahl

Diese sechs Schritte bilden ein starkes, effektives System, um Ihr Verhältnis zu Ihrem Interessenten zu vertiefen und ihn dazu zu bringen, die bestmögliche Wahl zu treffen!

Verwenden Sie ein Arbeitsblatt "Einwände" und halten Sie eine weitere kreative Sitzung ab. (Ein Musterarbeitsbogen befindet sich am Ende dieses Kapitels.) Die Leute lieben diesen Teil, was sie jedoch überrascht, ist, wie einfach es ist und wieviel Spaß es macht, Berater zu sein und die wirklich in den Einwänden versteckten Fragen zu beantworten.

Sie haben darüber in Kapitel Sieben "Einwände" gelesen.

Betreuung. Erklären Sie ihnen, wie das Karteikartensystem zu verwenden ist. Zeigen Sie ihnen einen Musterkarteikasten und führen Sie sie durch das System.

Dies wurde in Kapitel Acht: "Am Ball bleiben" behandelt.

Was nun?

IHR GESCHÄFT IN DER AUSSTELLUNGSVITRINE

Sorgen Sie dafür, daß immer Präsentationen laufen, so daß jeder seine "frischen Interessenten" mitbringen kann, um ihnen das große Bild (erster Klasse) zu zeigen und sie für das Unternehmen zu gewinnen. Wie Sie gehört haben, ist es unerläßlich, immer Einzel- oder Gruppentraining für neue Berater nach jeder Präsentation zu veranstalten, so daß jeder wieder von vorne anfangen kann. (Wenn möglich, geben Sie jedem einen Terminplan für die bevorstehenden Veranstaltungen).

Bei diesem Zeitrahmen (Präsentation mit nachfolgendem Trainingsprogramm für neue Berater) können Sie schnell und zuverlässig eine starke Network Organisation aufbauen. Versuchen Sie es nur selbst, damit Sie sehen, wie effektiv das ist!

WER MÖCHTE MITMACHEN?

Das Training für neue Berater bietet eine gute Gelegenheit, den Zweck der Präsentation zu erläutern und neuen Mitarbeitern die Möglichkeit zu geben, aktiv teilzunehmen.

Es gibt viele Möglichkeiten, wie Berater bei der Organisation der nächsten Gelegenheitspräsentation mitwirken können. Etwas, was jeder tun kann, ist, seine Geschichte zu erzählen. Das ist der wichtigste Teil der Präsentation, und bei dem Training können Sie jeden anleiten, daß er auf jeden Fall die fünf Schlüsselfragen, die jedem Gast im Kopf herumspuken, beantwortet. Hier sind sie noch einmal:

1. Ist das Geschäft einfach?
2. Kann es mir Spaß machen?
3. Kann ich dabei Geld verdienen?
4. Bekomme ich dabei Unterstützung?
5. Ist der Zeitpunkt günstig für mich, jetzt einzusteigen?

Wenn Ihre neuen Berater ihre Geschichte erzählen und diese Fragen beantworten - ist Ihre Gelegenheitspräsentation ein starker Lieferant von Motivation und Energie!

Zum Überarbeiten: Alles das wird in Kapitel Neun: “Ihr Geschäft in der Ausstellungsvitrine” behandelt.

Meine Güte! Da scheint man in einem Trainingsprogramm ja viel behandeln zu müssen!

Sie können all dies eigentlich ganz leicht in einem produktiven und doch entspannten Tempo, in nur zwei bis zweieinhalb Stunden, abdecken! Wirklich. Sie müssen gut organisieren und das Training nicht durch Ablenkungen aus der Bahn werfen lassen, aber ich weiß, Sie schaffen das.

Investieren Sie in der ersten Woche soviel Zeit wie möglich, um mit Ihren neuen Beratern zu ihren ersten Präsentationen zu gehen. Ich werde darauf im nächsten Kapitel über das Duplizieren näher eingehen.

Tatsache ist, daß Sie mit diesem Trainingsprogramm nicht immer wieder mit ihnen gehen müssen. Die Prinzipien, die Sie ihnen hier beibringen, schaffen eine Grundlage, die so solide ist, daß viele sehr schnell allein klarkommen können. Sie werden Sie bald nicht mehr brauchen. Es ist wie bei Kindern, die die Schule beenden und dann auf eigenen Füßen stehen. Sie haben sie darauf vorbereitet, im wirklichen Leben Erfolg zu haben.

EIN LETZTER PUNKT

Wer ist am geeignetsten, um einen neuen Berater zu trainieren? Jeder! Tatsächlich sollte es auch jeder tun.

Denken Sie daran, Network Marketing schafft uns mehr persönlichen und beruflichen Freiraum als jedes andere Unternehmenssystem. Wir sind wirklich im freien Unternehmertum tätig.

Wie der weise Chinese sagt: "Yin und Yang: alles hat zwei Seiten - eine Vorder- und eine Rückseite. Je größer die Vorderseite, desto größer die Rückseite." *Die Vorderseite unserer außergewöhnlichen Chance ist Freiheit. Die Rückseite ist Verantwortung. Und der Kern der Verantwortung ist Sponsoring.*

Jeder Sponsor ist Lehrer und Trainer, und jeder Sponsor kann ein hervorragendes Training für neue Berater veranstalten. Es ist leicht und macht Spaß. Und je mehr Trainingsveranstaltungen Sie besuchen, desto mehr werden Sie das, was ich sage, zu schätzen wissen.

Nehmen Sie die Checkliste für jede Phase in diesem Kapitel und probieren Sie sie aus. Und wenn Sie feststellen, wie viel sie den Leuten bringt, wie es sie beflügelt und das verwirklicht, was sie immer für möglich gehalten haben und *mehr*, werden Sie nicht wieder vom Training loskommen. Glauben Sie es mir. Ich weiß es!

Und jetzt zum Endspurt - Duplizieren!

ARBEITSBLATT VORZÜGE DER PRODUKTE

"Warum sollten Leute meine Produkte kaufen und verwenden?" Verwenden Sie das folgende Arbeitsblatt, um Merkmale und Vorzüge Ihrer Produkte herauszufinden. Die Leute wollen Vorzüge hören.

Produkt oder Produktpalette________________________

____

Welche Vorteile haben die Leute? (Wofür ist es gedacht?)

____

____

____

____

____

____

____

____

____

____

____

____

Wer wird es am ehesten verwenden?
(Personen- und Berufsgruppen) ____________________

____

____

____

____

____

____

____

AM HÄUFIGSTEN GESTELLTE FRAGEN

Frage Nr.____

Antwort ____

Frage Nr.____

Antwort ____

Frage Nr.____

Antwort ____

Frage Nr.____

Antwort ____

ARBEITSBLATT INTERESSENTENLISTE

Priorität (A-B-C)

	Notizen
Name	
Adresse	
Telefon tagsüber	
abends	
	Notizen
Name	
Adresse	
Telefon tagsüber	
abends	
	Notizen
Name	
Adresse	
Telefon tagsüber	
abends	
	Notizen
Name	
Adresse	
Telefon tagsüber	
abends	
	Notizen
Name	
Adresse	
Telefon tagsüber	
abends	

ARBEITSBLATT EINWÄNDE

Einwand ____________________

Versteckte Frage ____________________

Antwort ____________________

____

____

Bestätigung ____________________

Einwand ____________________

Versteckte Frage ____________________

Antwort ____________________

____

____

Bestätigung ____________________

Einwand ____________________

Versteckte Frage ____________________

Antwort ____________________

____

____

Bestätigung ____________________

Einwand ____________________

Versteckte Frage ____________________

Antwort ____________________

____

____

Bestätigung ____________________

Kapitel Elf: Das Duplizieren

Eines der grundlegenden Konzepte bei Network Marketing ist das Duplizieren. Und das aus gutem Grund. Duplizieren sorgt für wirklichen und andauernden Erfolg. Eine Einschränkung: Es wirkt in beide Richtungen - positiv und negativ. In diesem letzten Kapitel werde ich Ihnen ein positives System vorstellen, damit Sie Ihre Trainingsbemühungen duplizieren können, und ein System, das es Ihnen ermöglichen wird, ein wirklich außergewöhnliches Network Marketing Unternehmen zu schaffen.

Also gut. Sie verfügen über eine Gruppe von begeisterten, frisch ausgebildeten Partnern, die es nicht erwarten können, mit ihren Interessentenlisten zu arbeiten! Toll! Das ist ein aufregender Moment. Jetzt geht's los!

Wie man am Broadway sagt: "It's Show Time!"

Zuerst sollten wir noch etwas mehr Hintergründe kennen, bevor wir auf die Bühne gehen und den verdienten Beifall genießen. Lassen Sie uns noch kurz über das Wort Duplizieren sprechen.

BEGRIFFSDEFINITION

Im Wörterbuch wird Duplizieren folgendermaßen definiert: *eine genaue Kopie des Originals herstellen; etwas noch einmal tun oder wiederholen.*

Duplizieren kommt aus dem Lateinischen *duplicare*, was "verdoppeln" bedeutet. Haben Sie je von dem "Verdopplungskonzept" bei Network Marketing gehört? Das Verdopplungskonzept wird meistens darauf angewandt, wie Ihre Network Organisation wächst.

Sie sind allein. Sie verdoppeln sich und sind zu zweit. Zwei verdoppelt sind vier. Vier werden acht, acht sechzehn. 16 werden 32, 32 zu 64, 64 zu128, 128 zu 256, 512, 1024, 2048 und so weiter. Das ist die riesige Wachstumsmöglichkeit bei Network Marketing.

WARUM VERDOPPELT SICH NICHT JEDER?

Weil nicht jeder erfährt, daß der Schlüssel zu Verdopplung ein anderes verwandtes Wort ist - *Duplizieren.*

Die einzige Art, wie Sie je zahlenmäßig Erfahrung mit

diesem sich verdoppelnden Wachstum in Ihrer Network Organisation machen können - und damit meine ich die Zahlen, die jeden Monat auf Ihrem Ausdruck oder Bonusscheck stehen - ist das Duplizieren. So wie Duplizieren der Schlüssel zum Aufbau eines ständig expandierenden Network Marketing Unternehmens ist - ist Training der Schlüssel zum Duplizieren. Darum ist das vorliegende Buch ein Trainingsbuch für Trainer.

DIE WASSERHYAZINTHE

Ich möchte Ihnen eine sehr aufschlußreiche Geschichte über die Macht des Duplizierens erzählen.

Es gibt eine schwimmende Wasserpflanze, die man Wasserhyazinthe nennt. Sie wächst an der Oberfläche von Seen und Teichen in tropischen Gebieten.

Die Wasserhyazinthe wächst durch Duplizieren. Sie verdoppelt sich jeden Tag. Aus einer werden zwei. Aus zwei werden vier, etc. Sogar auf einem großen Fluß oder See kann diese Pflanze bei günstigen Bedingungen innerhalb von dreißig Tagen die gesamte Wasseroberfläche einnehmen. Keine Boote können übersetzen. Die Hyazinthe wächst so schnell, daß sie einfach übermächtig wird.

Und das ist das Interessante. Am 29. Tag, nur einen Tag bevor der See vollständig bedeckt ist - ist nur die Hälfte der Oberfläche voll davon!

Das stimmt. Fünfzig Prozent der Wasseroberfläche ist Wasser, die andere Hälfte voller Hyazinthen! Erinnern Sie sich, wie der ganze Ablauf begann: mit einer kleinen grünen Pflanze, die nicht größer ist als Ihre Hand! Das ist die Macht des Network Marketing.

Am Anfang kann man sich schwer vorstellen, wie groß das verschlungene Netz der Pflanzen letztendlich werden wird. Wenn aus zwei vier werden und aus vier acht, ist das in einem riesigen See voller Wasser nicht viel. Schauen Sie aber etwas weiter - 1000 Mitarbeiter, dann 2000, dann 4000... und denken Sie daran, an dem Tag, bevor die Wasserhyazinthe die Oberfläche bedeckt, ist der See nur halb voll. Komisch, nicht?!

DUPLIZIEREN WIRKT IN BEIDE RICHTUNGEN

Sie können auch alle falschen Dinge duplizieren, genau wie die richtigen.

Ein Anwerber, der nur herumrennt und Leute unter Vertrag nimmt, sie dann aber sich selbst überläßt, ohne Unterstützung, schlecht ausgebildet (oder überhaupt nicht), wird sehr wohl dupliziert. Es kommt schließlich zu einer Network Organisation, in der das getan wird, was er tut. Mitarbeiter ausfindig machen - sie unter Vertrag nehmen - und sie vergessen.

Andererseits wird ein Sponsor, der sich für die Mitarbeiter, die er wirbt, verantworlich fühlt, sie trainiert und unterstützt, ebenso gut dupliziert.

Wie Sie sehen, kann man sich negativ duplizieren, während andere sich positiv duplizieren. Wie wollen Sie selbst duplizieren?

DUPLIZIEREN: DIE MACHT DES GUTEN BEISPIELS

Um ein positives Duplizieren in Network Marketing zu erreichen, müssen Sie anderen mit gutem Beispiel vorangehen.

Denken Sie an die Definition im Wörterbuch: *eine genaue Kopie des Originals herstellen.*

Ich will damit nicht sagen, daß einfach "geklont" werden soll. Natürlich ist jeder Mensch einzigartig, was seine Werte, Ziele, Talente, seinen Charakter usw. angeht. Einer der hervorragenden Aspekte bei Network Marketing als System und Struktur ist ja, wie selbstverständlich es den Menschen gestattet und ermöglicht, die Einzigartigkeit und Individualität ihres Lebens zum Ausdruck zu bringen.

Ich meine damit, daß Sie sich als ein Beispiel für ein System präsentieren und so an das Geschäft herangehen, daß Leute duplizieren können, um an ihrem eigenen Erfolg zu arbeiten.

Haben Sie schon einmal den Ausdruck "Turn-key" gehört? Er wird im Geschäftsleben verwendet, um eine bereits gegebene Situation zu beschreiben, wo Sie lediglich einzutreten brauchen, den Schlüssel umzudrehen, und alles läuft großartig von selbst. Das können Sie in Ihrem Network Unternehmen erreichen, indem Sie ein duplizierbares Beispiel geben, das die Leute nachahmen können, um ihr eigenes Unternehmen aufzubauen - *nur indem sie den Schlüssel umdrehen.*

Und was ist der Schlüssel? Training für neue Berater.

DREI MÖGLICHKEITEN, UM GELD ZU VERDIENEN

Sie können in einem Beruf arbeiten. Das tun die meisten Menschen. Und es gibt Berufe, die einen sowohl ausfüllen als auch einträglich sind. Aber tatsächlich ist eine Arbeit meistens nur eine - Arbeit - und Sie arbeiten schließlich *für* die Arbeit! Sie tun es nur, um die Rechnungen bezahlen zu können, und häufig ist das auch alles, was Sie damit tun können.

Sie können Geld für sich arbeiten lassen. Das ist eine hervorragende Art, um Geld zu verdienen und funktioniert großartig! Falls Sie, sagen wir, 500.000 $ bis 750.000 $ auf der Bank oder in Form von Anlagen wie Immobilien haben, können Sie ein monatliches Einkommen von 5.000 bis 10.000 $ erzielen. Leider verfügen aber die meisten Menschen nicht über solch ein Vermögenskonto. Eines Tages, da bin ich sicher, werden Sie darüber verfügen. Aber was haben Sie jetzt für Alternativen?

Sie können andere Leute für sich arbeiten lassen. Tusch! Das ist die Lösung.

Sie verwenden die bewährten Erfolgsmethoden und bringen sie anderen bei. Diese werden sie wieder anderen Leuten beibringen, und diese wieder.

Diese Möglichkeit, Geld zu verdienen wird von der überwältigenden Mehrheit wohlhabender Leute auf der ganzen Welt genutzt. Ein anderer Begriff dafür ist "Resteinkommen".

Wie der erste Milliardär unseres Landes - der verstorbene, großartige Andrew Carnegie sagte ... "Ich würde lieber ein Prozent aus den Anstrengungen von 100 Leuten verdienen als 100 Prozent von meinen eigenen Anstrengungen."

Ich finde es gut, Leuten die Wahl zu lassen. Welche Art Geld zu verdienen ist die richtige für Sie? Eine tolle Wahl. Jetzt ist es Zeit, daß Sie lernen zu duplizieren und andere Leute für sich arbeiten zu lassen - während diese für sich selbst arbeiten.

LEUTEN DAS ANGELN BEIBRINGEN/FLIEGEN WIE EIN ADLER

Sie kennen vielleicht den Spruch: “Wenn Sie jemandem einen Fisch geben, geben Sie ihm Nahrung für einen Tag. Bringen Sie ihm das Angeln bei, geben Sie ihm Nahrung für das ganze Leben.” Darauf wollen wir hinaus.

Sie wollen Ihr Verhältnis zu Ihren neuen Beratern gleich insofern klarstellen, daß diese wissen, daß Sie ihnen beibringen, wie sie selbständige Geschäftsleute werden - keine abhängigen. Hier ein interessantes Beispiel aus der Natur, das verdeutlicht, wie das geht.

Ein weiblicher Adler sucht einen Partner - übrigens für das ganze Leben - und fängt an, ein Nest zu bauen. Sie beginnt mit starken, dicken Stöcken und Schlamm, den sie wie Zement für den Grundstein verwendet. Dann webt sie das Nest mit leichteren, weicheren Materialien, bis sie schließlich einen angenehmen, weichen, warmen Platz für ihre Eier hat. Sie legt die Eier, die Jungen schlüpfen aus, und sie füttert sie. Ich glaube, ein Adler hat normalerweise nur ein oder zwei Junge.

Dann passiert etwas Interessantes. Die Adlermutter beginnt langsam, das weiche Material aus dem Nest zu entfernen. Sie zupft die Blätter und weichen Federn heraus und wirft sie beiseite - das Nest wird also immer unbequemer. Dann, wenn sie die Zeit für gekommen hält, daß die Jungen fliegen lernen, fängt sie an, diese aus dem Nest zu schubsen. Erst stößt sie sie nur leicht an. Dann werden die leichten Stöße immer kräftiger. Kommt es dazu, daß der junge Adler nach einigen kräftigen Stößen immer noch nicht begreift, nimmt die Mutter ihn und wirft ihn aus dem Nest.

Fällt nun der junge Adler, wird sein Instinkt in dieser Situation geweckt, und er fliegt. Passiert das aus irgendeinen Grunde nicht, stößt die Mutter hinab und ergreift ihn, bevor er auf den Boden fällt, fliegt mit ihm zurück nach oben ins Nest und wirft den jungen Adler nach einer gewissen Erholungszeit wieder hinaus. Sie wird das solange tun, bis er selbst aus dem Nest fliegt!

Worauf ich hinauswill, ist, daß Sie, wenn Sie wollen, daß Ihre neuen Berater wie Adler fliegen, sie vielleicht aus dem Nest werfen müssen.

MACHEN SIE SIE SO SCHNELL WIE MÖGLICH ZU SELBSTÄNDIGEN GESCHÄFTSLEUTEN

Sie mögen ein Star-Berater in dieser Branche sein. Es gibt deren viele. Ich möchte jedoch, daß Sie ein *Star-Trainer* werden. Dazu sind zwei Dinge nötig: Sie müssen Ihren Mitarbeitern beibringen, wie das Geschäft gemacht wird und wie sie anderen Mitarbeitern wieder beibringen können, das Geschäft zu machen.

WIE WIRD ES GEMACHT?

Setzen Sie sich zunächst mit Ihren neuen Beratern direkt nach dem ersten Training zusammen und vereinbaren Sie eine bestimmte Zeit - sagen wir drei Stunden an einem Werktag abends oder drei bis vier Stunden an einem Samstag nachmittag. In dieser Zeit können sie ihre Termine mit wichtigen Interessenten wahrnehmen. Sie können dies bei den Interessenten zu Hause oder an einem anderen geeigneten Ort tun.

Diese Treffen dauern je eine Stunde der vorgesehenen Zeit.

Ihre Aufgabe ist es, ihnen dabei zu helfen, mit der Interessentenliste diese ersten Termine zu vereinbaren. Dann begleiten Sie sie zu diesen Treffen.

Lassen Sie sich von Ihrem neuen Berater als außenstehenden Fachmann vorstellen. Sie bilden Ihren neuen Partner aus, so daß Sie die ersten Präsentationen durchführen.

Da Sie jede Stunde einen Termin haben, müssen Sie ein gewisses Tempo einhalten. Haben Sie den Interessenten Ihres neuen Beraters überzeugt, das Produkt zu verwenden, gehen Sie die Karteikarten über das "Betreuungssystem" mit dem neuen Berater durch und lassen Sie ihn diese Leute regelmäßig anrufen. Sie können ihm für diese Anrufe Tips geben und ihm behilflich sein.

WAS HABEN SIE GETAN?

Sie haben Ihren neuen Berater ausgebildet, ihm dabei geholfen, Direktkunden zu bekommen, und für einen "Schnellstart" in seinem Geschäft gesorgt. Es sieht also sehr gut aus, Sie haben ihn beim Aufbau seiner Network Organisation unterstützt, indem Sie ihm geholfen haben, seine ersten Berater zu sponsern.

Da Sie ein Präsentationsbuch verwenden, kann Ihr neuer Berater die Präsentationen nach den ersten drei bis fünf Terminen selbst durchführen. Mit allen im Training für neue Berater gelernten Elementen hat jeder von ihnen die Kenntnisse und Erfahrung, die er braucht, um erfolgreich arbeiten zu können. Sehen Sie, wie effektiv das Trainingssystem ist?

Bei der vierten, fünften oder sechsten Präsentation sitzen Sie dabei und sprechen nur, wenn Sie gebraucht werden. Sie haben von Anfang an einen selbständigen Partner herangebildet, der weiß, wie es läuft. Duplizieren - eine genaue Kopie des Originals.

Drei Gründe für die Wirkung dieses Systems:

1. Es ist unglaublich schnell. Sie warten nicht, bis die Interessenten zu Ihnen kommen. In einem Tag hat Ihr neuer Berater eine erfolgreiche, vielseitige Karriere begonnen.
2. Indem Sie sich dem Interessenten als Team nähern, erhöhen Sie die Erfolgsaussichten, einen Kunden zu gewinnen und andere in das Unternehmen aufzunehmen - für Ihren neuen Berater wichtig. Und
3. Sie haben Ihren neuen Beratern beigebracht, *sich zu duplizieren*.

Außerdem haben Sie ihnen nicht einfach etwas erzählt, sie haben es gezeigt. Sie haben nun direkte Erfahrung damit gemacht.

Alles spricht dafür, daß sie innerhalb von Tagen das gleiche mit einem der Interessenten tun, die Sie gerade kennengelernt haben. *Fördern mit Erfolg in MLM* von Tom Schreiter ist ein hervorragendes Buch, um dieses Prinzip der Teamarbeit und des außenstehenden Fachmannes zu verdeutlichen. Tom geht auf die häufigsten, selbstzweiflerischen Ängste vieler neuer Berater am Anfang auf großartige und humorvolle Weise ein. Es ist lustig zu lesen, effektiv und sagt wirklich etwas Besonderes aus.

BEIBRINGEN WIE MAN UNTERRICHTET

Es folgt ein bewährtes Programm, das außergewöhnliche Ergebnisse erzielt!

Zuallererst: das Programm ist für einen Monat gedacht. Sie suchen einen Abend in der Woche aus, sagen wir Dienstag, und es wird bei Ihrem neuen Berater zu Hause durchgeführt.

Sorgen Sie dafür, daß Ihr neuer Berater sechs bis acht Interessenten einlädt. Er wird während des Treffens nicht viel zu tun haben, er begrüßt einfach jeden und stellt Sie vor. Es ist wie eine Gelegenheitspräsentation im kleinen Rahmen, bei der in der ersten Woche Sie das meiste zu tun haben.

Präsentieren Sie die Produkte und eine Beraterausrüstung. Führen Sie die Veranstaltung so durch wie eine Präsentation und verwenden Sie Ihr eigenes Präsentationsbuch. Das ganze ist völlig zwanglos. Räumen Sie die Wohnung Ihres neuen Beraters nicht vollkommen um. Halten Sie das Treffen am Eßzimmertisch oder an einem Couchtisch im Wohnzimmer ab.

Sie zeigen den Gästen das Produkt, berichten über die Vorzüge und Ihre Erfahrung damit. An dieser Stelle kann Ihr neuer Berater die von ihm festgestellten Vorzüge mitteilen und seine eigene Geschichte erzählen. Beantworten Sie auf jeden Fall diese fünf Schlüsselfragen, wenn Sie von den Vorzügen des Produktes oder der Dienstleistung sprechen, und wie es im Unternehmen so läuft. Denken Sie daran: Ist das Geschäft einfach? Macht es Spaß? Kann ich damit Geld verdienen? Wird man mir helfen? Ist jetzt der richtige Zeitpunkt für mich einzusteigen?

Am Ende des Treffens sagen Sie unbedingt allen Gästen, daß Sie nächste Woche um die gleiche Zeit wieder dorthin kommen und sie gerne Gäste zum nächsten Treffen mitbringen können - Verwandte oder Freunde.

Nach dem Treffen übernimmt der neue Berater die Betreuung, um sicherzustellen, daß alle Interessenten gut bedient werden und zufrieden sind.

STOSSEN SIE SIE AUS DEM NEST

Lassen Sie Ihren neuen Berater in der nächsten Woche mehr neue Leute einladen. Und dieses Mal übernimmt er einen Teil der Präsentation.

Lassen Sie ihn Notizen machen und die erste Sitzung auf Cassette aufnehmen, so daß er nachvollziehen kann, was Sie gemacht haben. Lassen Sie ihn dann den Teil oder die Teile übernehmen, bei denen er sich am wohlsten füht, und lassen Sie ihn diese bei dem zweiten Treffen durchführen. Er kann über die Firma, das Produkt oder die Dienstleistung sprechen, etc.

Mit jeder Woche übernimmt Ihr neuer Berater mehr Teile der Präsentation - und Sie tun weniger. Bis zur vierten Woche sind Sie nur ein besonderer Gast. Ihr Berater und möglicherweise einer oder mehrere seiner neuen Mitarbeiter übernehmen die Präsentation.

WÄHLEN SIE DAS IHNEN ANGENEHME TEMPO

Unabhängig davon, wieviel Zeit Sie in Ihr Unternehmen investieren, können Sie diese Duplizierstrukturen der Ko-Präsentation und Treffen zu Hause verwenden. Das Schema ist immer das gleiche. Es ist sehr flexibel.

Bauen Sie Ihr Unternehmen in Teilzeit auf, können Sie jede Woche ein oder zwei solcher Treffen veranstalten. Sie können nur mit einem neuen Berater auf einmal arbeiten.

Eine raschere Vorgehensweise läuft genauso. Man führt die Arbeit nur mit mehreren neuen Beratern und häufiger durch.

Lassen Sie mich ein Beispiel anführen: das letzte Mal, als ich eine Organisation aufgebaut habe, bin ich früh an einen Punkt gelangt, an dem ich wirklich wollte, daß sie explosionsartig anwuchs! Ich war bereit, alles dafür zu tun und alle persönlichen Verpflichtungen, die dafür nötig waren, auf mich zu nehmen.

Ich bin also losgezogen und habe fünf ernsthafte Interessenten innerhalb einer Woche gesponsert. Dann habe ich dieses Programm bei den Beratern zu Hause durchgeführt, mit jedem von ihnen vier Abende im Monat, für mich fünfmal die Woche, um jeweils mit einem anderen Berater bei der Präsentation zu Hause zu arbeiten.

Am Ende des Monats hatte ich mich mit diesen fünf Mitarbeitern dupliziert, und sie begannen mit ihren eigenen neuen Beratern.

Ich habe sofort weitere fünf neue Interessenten gesponsert und mit ihnen das gleiche durchgeführt - sie trainiert, Termine festgesetzt und Präsentationen zu Hause veranstaltet.

Das habe ich drei Monate gemacht - neunzig Tage. Am Ende dieser kurzen Zeit liefen Dutzende dieser Präsentationen in der ganzen Stadt - und ich mußte nicht dabei sein! Bei der Geschäftsversammlung einmal im Monat haben mich meine Mitarbeiter ihren neuen Beratern vorgestellt. Ich fing dann an, Trainingsveranstaltungen für fortgeschrittene Mitarbeiter durchzuführen, in denen ihre Präsentationstechniken verbessert wurden, und brachte ihnen bei, wie sie mit immer größeren Gruppen klarkommen konnten.

Ich fing auch an zu reisen und neue Städte zu "erforschen". Dabei habe ich den größten Vorteil dieses Systems erkannt.

Ich habe meine "Hauptniederlassung" zu Hause für circa einen Monat verlassen und an einem anderen Ort mein Unternehmen aufgebaut. Jetzt denken Sie sicher, daß mein Geschäft zu Hause etwas litt während meiner Abwesenheit. Im Gegenteil, es expandierte! Ich hatte solch eine starke Organisation engagierter Leute aufgebaut, die wußten, wie sie neue Mitarbeiter unterrichten und trainieren mußten, daß mein Unternehmen sich auch ohne mich mehr und mehr vergrößerte. Und das ist der Schlüssel.

Zwei wichtige Punkte:

1. *Ich habe nicht aufgehört, Leute auf der ersten Ebene zu sponsern.* Dadurch ist mein Unternehmen sowohl in die Höhe als auch in die Breite gewachsen - und dieser Ausgleich ist unbedingt nötig.

2. Es ist ein bewährtes und in der Praxis funktionierendes Verfahren, durch das Sie sowohl persönliche als auch finanzielle Freiheit erreichen können.

Ob Sie Teilzeit oder, so wie ich, mehr als Vollzeit arbeiten, das Ziel ist, sich zu duplizieren, so daß Sie andere Leute haben, die für Sie Geld verdienen, unabhängig davon, ob Sie direkt an den täglichen oder wöchentlichen Geschäften des Unternehmens beteiligt sind.

Funktioniert dieses Dupliziersystem einmal, unterstützen Sie die Mitarbeiterinnen und Mitarbeiter in Ihrer wachsenden Organisation und sponsern und trainieren selbst neue Leute. Diese tun das gleiche. Deren Leute wiederum, und deren Leute, und deren Leute.

Und das ist der Punkt, nicht nur in diesem Kapitel, sondern im ganzen Buch. Es ist der entscheidende Punkt bei jedem einzelnen Aspekt Ihres Network Marketing Unternehmens.

DIE GANZE STRECKE

Wenn Sie Ihre Leute auf der ganzen Strecke mit dem Training begleiten, ist ihre Fähigkeit, Ihr Beispiel zu duplizieren, gesichert.

Ihre Fähigkeit, andere darin zu unterrichten und zu trainieren, es ihnen gleichzutun - ist gesichert.

Ihr Erfolg - dauerhaft, steigend und sich in ihrem Unternehmen fortsetzend - ist gesichert!

Ein professioneller Spieler geht selten ein offenes Risiko ein. Er schließt gut überlegte Wetten ab, die einzig auf den Chancen zu dem bestimmten Zeitpunkt beruhen.

Ausbildung und Training bringen in diesem Geschäft folgendes:

1. Es zeigt Ihnen und Ihren neuen Beratern genau, wie die Chancen stehen. Und...
2. Es beeinflußt die Chancen so sehr zu Ihren Gunsten,

daß Sie beide gar nicht anders können, als immer und immer wieder zu gewinnen.

Wichtiger Punkt: Wenn Sie einen neuen Berater haben, der die Zeit und das Geld für effektives Training scheut, sollten Sie neu überdenken, wie ernst es ihm wirklich ist. Ihre Zeit ist kostbar. Investieren Sie sie für Leute, die das zu schätzen wissen.

MIT WELCHER ANZAHL VON LEUTEN SOLLTEN SIE ZUSAMMENARBEITEN?

Ich würde sagen mit fünf Leuten auf einmal. Fünf ist das Höchste.

Betrachten Sie das Militär. Sie lehren seit Jahren das Duplizieren, und die Kommandokette besteht selten aus mehr als fünf Leuten. Es hängt davon ab, wieviel Zeit Sie für Ihr Unternehmen investieren. Mehr Zeit - mehr Partner. Ist das Training der fünf abgeschlossen, sponsern Sie wieder fünf, dann wieder fünf, und so weiter.

Denken Sie nicht einen Augenblick, daß Sie Hunderte und nochmals Hunderte von Leuten direkt sponsern und jeden einzelnen trainieren müssen. Freunde, dazu reicht nicht einmal das Leben von zehn Leuten zusammen aus!

Die erfolgreichsten Berater, die ich in dieser Branche kenne, haben sehr wenige Leute gesponsert.

Das stimmt. Einer, der in seinem Unternehmen Teilzeit arbeitet, verdient 60.000 $ im Jahr, fährt einen von der Firma gestellten Mercedes - und hat 25 Leute auf der ersten Ebene in zweieinhalb Jahren gesponsert! Er sagt: “Ich interessiere mich nur dafür, Leiter zu sponsern.”

Ich kenne einen Network Marketing Millionär, der seit 15 Jahren im Geschäft ist und über eine riesige

Downline Organisation verfügt - und *weniger als 100 Leute* gesponsert hat. Das sind nur zehn pro Jahr! Er sieht diese Tatsache als wesentlichen Grund für seinen Erfolg an.

Network Marketing sieht vielleicht wie ein Zahlenspiel aus. Das stimmt und stimmt auch wieder nicht. Es ist ein Spiel der "Qualität der Verbindungen". Zehn Startrainer sind nicht in Gold aufzuwiegen. Haben sie sich dupliziert und in jeder ihrer eigenen Organisationen zehn Startrainer hervorgebracht - und das haben sie - arbeiten 100 Startrainer für Sie!

ERREICHEN SIE *JEDEN*

Ich habe eine Herausforderung für Sie. Ich möchte, daß Sie eine monatliche Telefonrechnung von 500 bis 1000 $ haben!

"Halt, Kalench. Sind Sie verrückt?!"

Nicht im geringsten. Ich möchte, daß Sie eine hohe Telefonrechnung haben und sie ohne Mühe bezahlen - ohne auch nur einen Gedanken daran zu verschwenden. Das ist der Grund. Im Gegensatz zur herkömmlichen Network Marketing-Lehre glaube ich, daß man Leute über eine größere Entfernung sponsern kann und *sollte*.

Denken Sie einen Moment darüber nach. Wie lange gibt es Network Marketing? Vor 50 Jahren gab es noch nicht viele Unternehmen.

Ja, ich weiß, es gab schon immer solche Strukturen in konventionellen Unternehmen, im Bildungswesen und der Regierung. Aber keine speziellen Unternehmen, die auf den Network Marketing-Prinzipien basieren, die wir heute verwenden. Fragen Sie sich schon immer, warum?

Die Vorfahren der heutigen Network Marketing Unternehmen waren diejenigen, die das Geschäft direkt mit dem Kunden aufbauten. Wie der Mann mit den Bürsten, der von Tür zu Tür ging und andere im Direktverkaufsgeschäft. Was Network Marketing zum Leben erweckte, war jedoch die neue Technologie.

Nach dem Zweiten Weltkrieg standen eine Vielzahl neuer unterschiedlicher Technologien zur Verfügung, die das Leben - und die Arbeit - der Amerikaner veränderten. Das Auto, Telefon, Düsenflugzeug und Kopierer waren vier der wesentlichen. Können Sie sich Network Marketing ohne Auto, Telefon, Flugzeug oder Kopierer vorstellen?

Merken Sie, worauf ich hinaus will? Network Marketing existiert durch die Fortschritte der Technik, die jedem von uns ermöglicht, dieses einzigartige Geschäft zu betreiben.

Network Marketing Mitarbeiter haben heute alle möglichen hervorragenden technischen Möglichkeiten zur Verfügung, die es gestern einfach nicht gab. Faxgeräte, Konferenzgespräche, Kurierservice, Voice Mail, Videorecorder, Cassettenrecorder, etc. Und immer mehr Leiter in dieser Branche machen davon Gebrauch.

Den Personal Computer gibt es erst seit ungefähr zehn Jahren! Denken Sie daran, was er verändert hat.

Die Mitarbeiter von heute haben also alle möglichen erstaunlichen Kommunikationsmittel zur Verfügung, um Informationen auszutauschen, zu prospektieren, Leute zu sponsern und zu trainieren - mehr als je zuvor - und sie können dies fast alles *über sehr große Entfernungen durchführen.*

QUALIFIZIEREN SIE IHRE LEUTE SCHNELL

Ich kenne einige Verkaufsleiter, die ihren Leuten beibringen zu prospektieren, indem sie meistens die neuesten Kommunikationsmethoden einsetzen. Zunächst eine Audiokassette, die Leute als geeignete Interessenten erkennen hilft. Nach einer Einführung von nur einem oder zwei Schritten erfahren diese Interessenten etwas über die spezielle Firma, Produkte oder Dienstleistungen. Auf diese Weise spricht der Berater, wenn er sich mit jemandem zusammensetzt, schon mit einem qualifizierten Interessenten.

Solange die Methoden professionell und zu der gebotenen Chance passende Darstellungen derselben sind - bin ich für jedes System, das engagierten Mitarbeitern einen Vorteil beim Prospektieren verschafft.

DER SCHLÜSSEL IST TRAINING UND DUPLIZIERUNG

Mit den bewährten Prinzipien und einfachen Systemen, die ich Ihnen vorgestellt habe, können Sie eine landesweite, sogar weltweite Organisation aufbauen. Die einzigen Grenzen liegen in den Einschränkungen der Marketingvereinbarungen Ihrer Firma.

Prospektieren und Betreuen sind über große Entfernungen machbar. Sie können Leute trainieren, indem Sie das benötigte Material kopieren und ihnen am Telefon erklären, was sie tun und sagen sollten. Sie können dieses Buch verwenden. Sie können Videos und Cassetten verschicken. Es gibt die Möglichkeit des Konferenzgesprächs. Jeder Aspekt dessen, was ich Ihnen hier erklärt habe, kann mit Leuten, die 3000 Meilen entfernt wohnen, durchgeführt werden!

Superverkaufsleiter nutzen heutzutage die Prinzipien und neuen Technologien, die uns zur Verfügung stehen, in erheblichem Umfang.

Firmenvideos und -cassetten ermöglichen es Ihnen, über eine Entfernung hinweg überaus produktiv zu sein. Konferenzgespräche sind ein beeindruckendes Beispiel der Verbindung zwischen den bewährten Prinzipien, die ich Ihnen erläutert habe, und neuen Technologien. Direktversand und Werbung können nützlich sein, um über das ganze Land - sogar über die ganze Welt - verstreute Leute zu interessieren und zu gewinnen.

Nein, Sie können mit weit entfernt wohnenden Leuten nicht an ihrer Gelegenheitspräsentation teilnehmen - zumindest nicht, wenn sie nicht ein paar hundert Leute haben, die jeden Donnerstag kommen. Dann können Sie einmal im Monat hinfliegen. Sie können aber diese Methoden, Werkzeuge und Techniken verwenden und Ihre neuen Berater trainieren, wo auch immer sie sich befinden. Und Sie können das ganz einfach und mit Erfolg tun.

Das Geheimnis liegt darin, alten Network Marketing Methoden einen neuen technologischen Schubs zu geben. Nehmen Sie Ihr Telefon, Ihre Voice Mail Box, Ihr Modem, Fax, Videorecorder, Ihre Desktop Publishing Ausrüstung, etc. und nutzen Sie sie, um das, was Sie hier gelernt haben, zu duplizieren.

Genau das hat John Naisbitt "High Tech - High Touch" genannt.

Das ist die Zukunft des Network Marketing, und es ist auch Ihre Zukunft.

Nachwort und persönliche Mitteilung

NACHWORT

Als einen Menschen, der auf dem besten Wege ist, ein Mastertrainer und Lehrer zu werden, möchte ich Sie ermutigen, mit anderen Meistern Kontakt zu halten.

Hier einer von ihnen aus dem Osten, der in ein paar Worten viel zu sagen hat.

ENTSCHEIDEN SIE SICH, ANDERE ZU FÜHREN

Der weise Chinese Lao-tzu hat das vor mehreren tausend Jahren hervorragend ausgedrückt:

Ich habe drei wertvolle Dinge, die ich festhalte und schätze.
Das erste ist die Freundlichkeit, das zweite die Sparsamkeit, das dritte ist die Bescheidenheit,
die mich davor bewahrt, mich über andere zu erheben.
Sei freundlich - und Du kannst keck werden.
Sei sparsam - und Du kannst großzügig sein.
Vermeide, Dich über andere zu erheben, und Du kannst ein Führer unter den Menschen werden.

PERSÖNLICHE MITTEILUNG

Ich möchte Ihnen meine Anerkennung aussprechen.

Bevor ich das tue, möchte ich sichergehen, daß Sie *wirklich* zuhören, was ich Ihnen sagen will. Tun Sie mir also den Gefallen und holen Sie ein- oder zweimal richtig tief Luft und entspannen Sie sich vollkommen.

Stellen Sie sich vor, wir beide sitzen uns jetzt gegenüber. Wir sehen uns an, Auge in Auge. Ich möchte, daß Sie wissen, daß ich Sie für jemanden Einzigartigen und Besonderen halte. Ich weiß das aus einem bestimmten Grund - Sie sind in diesem Buch so weit gekommen. Dafür braucht man einige Eigenschaften, über die Sie sich vielleicht nicht im klaren sind. Und es ist sehr wichtig für mich, daß Sie wissen, was für ein guter, engagierter und auch bereits erfolgreicher Lehrer und Trainer Sie meiner Meinung nach sind.

Ich möchte Ihnen meine Anerkennung dafür aussprechen, daß Sie sich die Zeit genommen haben, dieses Buch zu lesen. Dafür, daß Sie entweder ein "Sigi oder eine Susi Schaffer" sind. Sie haben die Bedeutung von Ausbildung und Wissen erkannt. Das tut nicht jeder. Sie sind bereit zu lernen. Sie stellen Fragen. Sie wollen der Wahrheit auf die Spur kommen. Dies sind alles wichtige Eigenschaften für einen guten Lehrer.

Sie mögen unsere Branche, weil Sie sie wirklich verstehen. Nicht viele Leute tun das. Sie wissen, daß sie mit Ihrem Lebenssinn verbunden ist und eine hervorragende Art und Weise bietet, viele Ihrer Herzenswünsche und Ziele zu verwirklichen.

Sie sind sich der Macht, das Leben anderer Leute zu

verändern, bewußt. Sie kennen und akzeptieren die Verpflichtung, die Geschenke, die Ihnen gemacht wurden, mit anderen zu teilen. Und Sie wissen, *warum* und *wie* Sie Ihre Freiheit mit entsprechender Verantwortung ausgleichen müssen.

Betrachten Sie sich, was Sie alles wissen und woran Sie glauben. Kein Wunder, daß ich sage, Sie sind etwas Besonderes.

Nun, ich möchte Sie herausfordern. Ich weiß, ich stelle immer Herausforderungen. Aber ich verspreche Ihnen, das ist das letzte Mal - zumindest in diesem Buch.

Ich fordere Sie heraus, jeden Ihrer neuen Berater so gut zu unterrichten, daß sie Sie übertreffen. Wenn die Mitarbeiterinnen und Mitarbeiter in Ihrer Network Organisation schlechter sind als Sie, haben Sie bald eine Organisation voller Zwerge. Sind Sie besser als Sie, haben Sie eine Organisation voller Riesen. Es ist das Geheimnis des größten Erfolges in diesem Geschäft und das Geheimnis, von dem ich Ihnen versprochen habe, daß Sie es entdekken würden, nachdem Sie das Buch gelesen haben.

Hier ist noch eines.

Ein guter Freund hat mich kürzlich überredet, einen klassischen Film mit dem Titel It's a Wonderful Life mit Jimmy Stewart anzusehen. Obwohl es ein klassischer Weihnachtsfilm ist, hatte ich ihn noch nicht gesehen.

Er handelt von einem guten, freundlichen Mann, George Bailey, dessen Träume und Hoffnungen im Leben durch eine unvorsichtige Handlung, die ihn finanziell ruiniert, zerstört werden. Die Stadt und seine uralten Freunde haben sich von ihm abgewandt, und er ist auf dem Weg, um eine Freiheitsstrafe zu verbüßen. Seine miserablen Lebensbedingungen zwingen ihn, sich zwischen Leben und Tod zu entscheiden.

Er wankt auf die vereiste Zugbrücke außerhalb der Stadt mit seiner Versicherungspolice fest in der Hand. Er sagt sich, er sei tot mehr wert als lebend.

Gerade als er im Begriff ist, sich von der Brücke zu stürzen, schreit ein um sich spritzender, ertrinkender Mann vom Fluß unten um Hilfe. George rettet ihn, und wie sie so zusammen warten, daß sie trocken werden, erzählt ihm der alte Mann, er sei sein Schutzengel, Clarence, der ihm in dieser Stunde der Not geschickt worden sei. George macht sich darüber lustig (auf diese herrliche Weise, wie Jimmy Stewart das tut), aber Clarence bleibt dabei und sagt ihm, er habe die Macht, George zu beweisen, wieviel sein Leben wirklich wert ist.

Er bringt George zurück in ein anderes Leben - in eines, in das er nie geboren wurde.

Die ganze Stadt hat sich dramatisch verändert - und ganz erheblich zum Schlechteren!

Sie heißt nun Pottersville, benannt nach dem grausamen, reichen Tyrannen, der davor den Zusammenbruch von Georges Bausparkasse verursacht hatte, indem er sein Geld gestohlen hat. Wo ehemals schöne Geschäfte und Parks waren, wird jetzt getrunken und gespielt. George trifft die Menschen aus seinem wirklichen Leben, doch sie sind ganz anders.

Ohne George Bailey führte die ganze Stadt und alle Bewohner ein ganz anderes Leben. Ohne ihn waren Hunderte, ja Tausende von Menschen unglücklich, hoffnungslos und elend geworden.

Nun, Clarence hat es geschafft. George zieht das Leben dem Tod vor.

Ich sehe mit einem Kloß im Hals, wie George zurück in die Stadt rennt, die Bäume umarmt, den Boden küßt und die "gute alte Bausparkasse" preist. Er stürzt zur Tür herein und ruft nach seiner Frau Mary.

Mary, die ihn draußen schon verzeifelt gesucht hat, kommt zur Tür herein, und er hebt sie empor und sagt: "Oh Mary, ich liebe Dich so sehr." Und dann scheint die ganze Stadt in sein Haus zu kommen.

Jeder, der aus Angst vorher sein Geld von der Bausparkasse genommen hatte, bringt es zurück und stapelt es auf dem Tisch. Alle fangen an "Auld Lang Syne" zu singen. Sogar der Wirtschaftsprüfer, der vor wenigen Stunden Georges Festnahme verlangt hatte, faßt in seine Tasche und legt 10 $ auf den Stapel auf dem Tisch und singt mit.

George schaut auf den Tisch, und inmitten des Geldhaufens, den alle seine Freunde gebracht haben, liegt eine Ausgabe des Buches *Tom Sawyer*. George sieht hinein und liest die Widmung darin.

Lieber George: Denke daran, jeder ist etwas wert, der Freunde hat.

Sie ist unterzeichnet mit: "Clarence".

Wie George haben auch Sie schon einen entscheidenden positiven Einfluß auf das Leben vieler Menschen genommen. Ich bitte Sie, über diese geleisteten Beiträge nachzudenken und sich deswegen höher einzuschätzen.

Denken Sie auch an die Zukunft - und was sie bietet! Die Chance, die dieses Geschäft und Ihr Unternehmen Ihnen geboten hat, ist wirklich ein besonderes und großes Geschenk. Ich hoffe jetzt mehr denn je, daß Sie dies erkennen und als eine Möglichkeit für immer bessere Neuanfänge und bleibende Beiträge sehen. Und weil Sie wissen, wie es zu verwenden ist - *verfügen Sie über die nötige Kraft und können sie jetzt einsetzen.*

Ich möchte Ihnen also meine Anerkennung dafür aussprechen, daß Sie sich für Ihr Unternehmen, Ihre Produkte oder Dienstleistungen und Ihre Industrie so engagieren. Noch wichtiger, ich möchte Ihnen meine Anerkennung dafür aussprechen, wie sehr Sie sich engagieren, um *Höchstform in MLM* zu erreichen.

Es war mir ein Vergnügen, Ihnen zu dienen. Ich möchte mich bei Ihnen bedanken, daß Sie mir gestattet haben, das zu tun, was ich mehr als alles andere auf der Welt liebe - und dafür, daß Sie einer meiner *Million Freunde* sind.

Ihr Freund,

John Kalench

Über den Autor

"Als ich Millionaires in Motion 1985 gründete," sagt John Kalench, "bestand in der Network Marketingindustrie ein schreiender Bedarf nach einem Aufklärungs- und Bildungsansatz ohne jeglichen Firlefanz. Seitdem hat Millionaires in Motion sehr viel dazu beigetragen, diese Lücke zu schließen."

John Kalench, ein führender Trainer, Berater und Visionär dieser Industrie, lernte Network Marketing im Jahr 1979 kennen. Im Laufe der folgenden acht Jahre baute John drei hoch-erfolgreiche Vertriebsgruppen auf und war Präsident, Direktor und Hauptaktionär seines eigenen Network Marketing-Unternehmens. Im Jahre 1985 war John an der Spitze eines Tausende von Beratern umfassenden Networks. Er gründete Millionaires in Motion (MIM), um seinem Network spezialisierte Trainingsprogramme anbieten zu können.

John's Trainingsprogramme wurden sofort von seinen führenden Verkäufern im ganzen Land begrüßt, und im Februar 1987 beschloß er, MIM in ein unabhängiges Trainingsunternehmen für die gesamte Network Marketing-Industrie umzuwandeln. Um dieses Ziel zu verwirklichen, trennte sich MIM von finanziellen Interessen in sämtlichen Unternehmen - Training und Beratung sollten die einzigen Tätigkeiten sein. Seitdem haben tausende Network Marketing-Unternehmer seine Seminare und Workshops besucht. Spitzenverkäufer und Geschäftsführer haben seine Sachkenntnis und seinen Rat benutzt, um ihre Geschäftsstrategien zu verbessern und zu erweitern. Für zwei aufeinanderfolgende Jahre erhielt MIM den Presidents Award For Training Excellence des MLMIA (Multi-Level Marketing International Association).

"Unser Auftrag ist klar," sagt John, "wir möchten Ihre weltweiten Botschafter des Network Marketing sein."

KENNEN SIE SCHON DIE

17
Geheimnisse
meisterhafter
Rekrutierung

VON JOHN KALENCH?

Dieses und weitere Produkte für Ihren Erfolg im Network Marketing
und Direktvertrieb finden Sie in unserem Online Shop unter

www.mlm-training.com